吉備の3大古墳

造山古墳（岡山県岡山市）写真提供：岡山県観光連盟

作山古墳
（岡山県総社市）
写真提供：総社市

両宮山古墳
（岡山県赤磐市）
写真提供：赤磐市教育委員会

『出雲国風土記』の世界

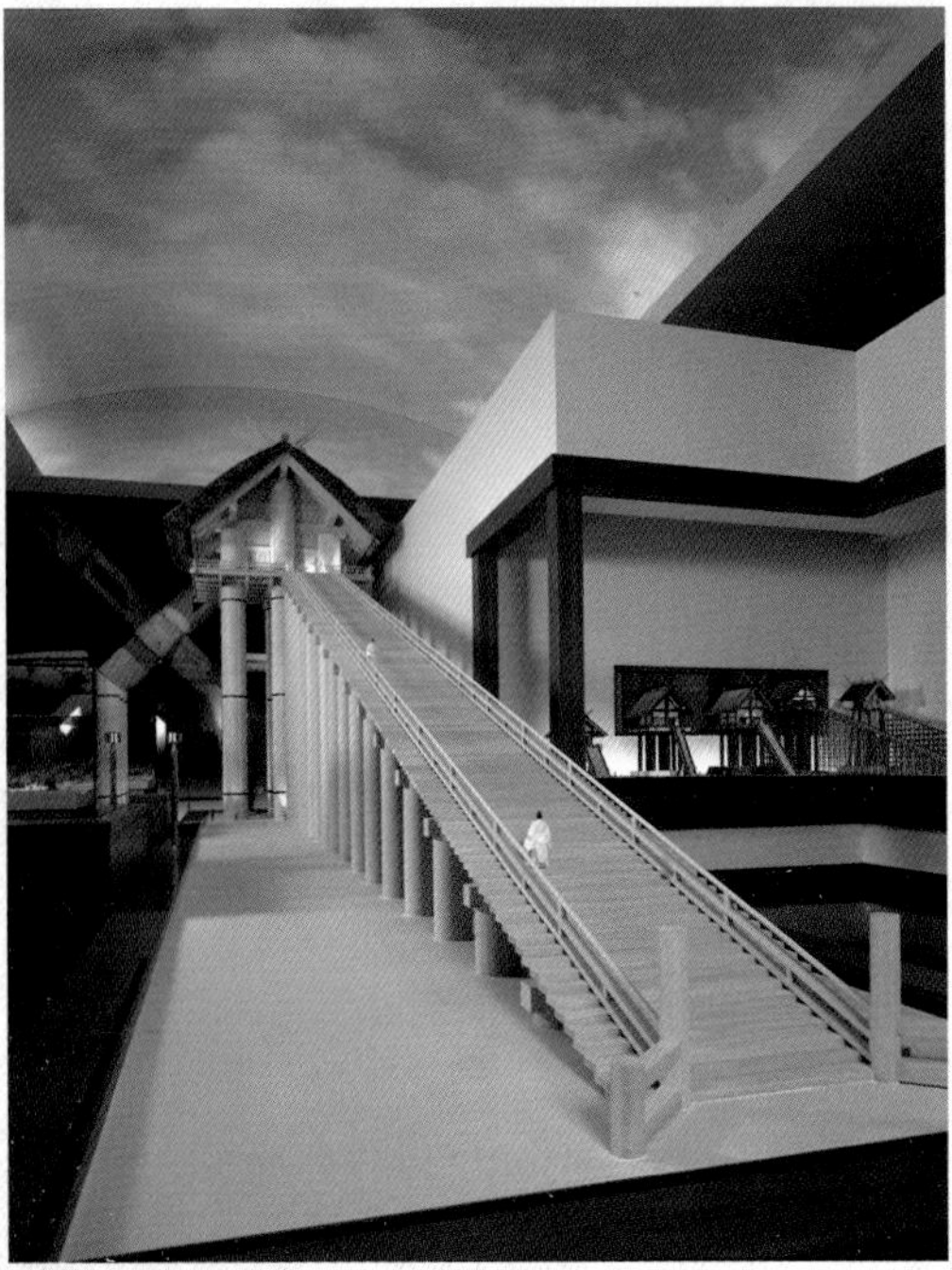

出雲大社 古代御本殿十分の一模型
出雲大社蔵
島根県立古代出雲歴史博物館展示
写真提供：島根県立古代出雲歴史博物館

『出雲国風土記』（古代文化センター本）
写真提供：島根県古代文化センター

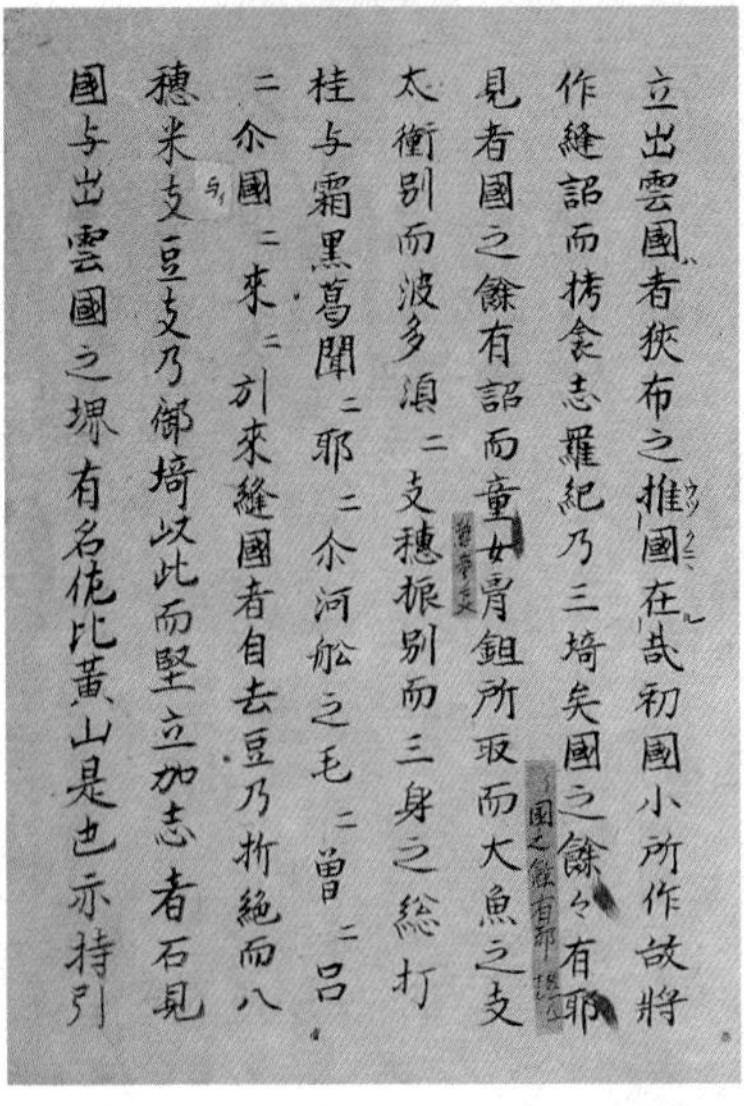
立出雲國者狹布之推國在哉初國小所作故將
作縫詔而栲衾志羅紀乃三埼矣國之餘々有耶
見者國之餘有詔而童女胸鉏所取而大魚之支
太衝別而波多須々支穗振別而三身之綱打
挂与霜黒葛聞々耶々尒河船之毛々曽々呂
々尒國々來々引來縫國者自去豆乃折絶而八
穗米支豆支乃御埼以此而堅立加志者石見
國与出雲國之堺有名佐比賣山是也亦持引

古代道路の跡

杉沢遺跡
（島根県出雲市）
写真提供：出雲弥生の森博物館

銅剣と銅鐸

加茂岩倉遺跡出土銅鐸
（島根県雲南市）
国（文化庁保管）
写真提供：島根県立古代出雲歴史博物館

荒神谷遺跡銅剣出土状況
（島根県出雲市）
国（文化庁保管）
写真提供：島根県立古代出雲歴史博物館

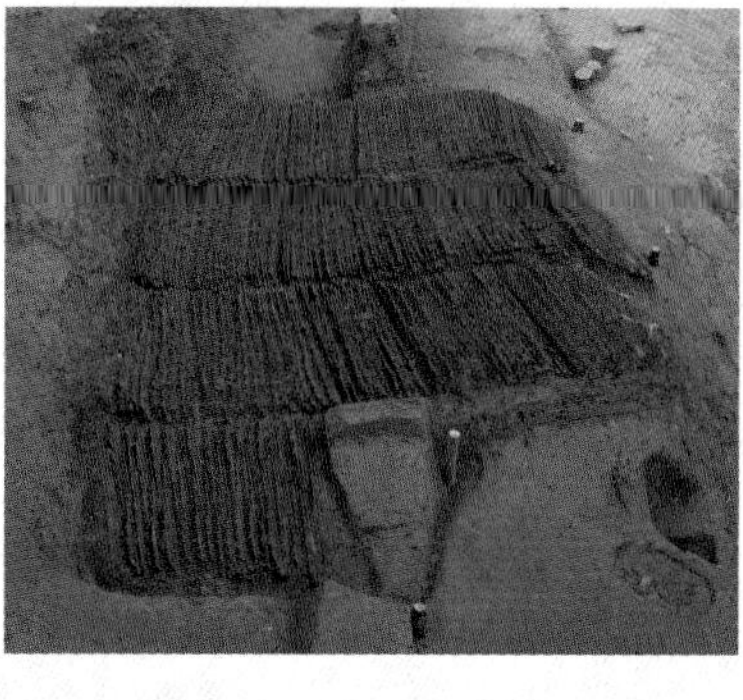

国府、官衙遺跡

久米評銘刻書　須恵器
松山市教育委員会蔵・松山市考古館保管・提供

出雲国庁跡
写真提供：島根県埋蔵文化財調査センター

古代山城

備中鬼ノ城復元西門（岡山県総社市）写真提供：亀田修一

シリーズ⁘地域の古代日本

出雲・吉備・伊予

吉村武彦
川尻秋生
松木武彦
編

角川選書
659

刊行にあたって

古代で倭国《わこく》・日本とされた列島地域は、『日本書紀』の国生み神話では「大八洲国《おおやしまのくに》」と呼ばれていた。本州・九州・四国島という主要な三島《さんとう》と隠岐《おき》・佐渡《さど》などの島々である。この大八洲国に、蝦夷《えみし》が居住する「渡島《わたりのしま》」がある北海道と、「南島」の南西諸島が加わって現在の日本国が構成されている。

律令制《りつりようせい》国家の時代は、行政的区分として五畿七道（天平宝字元年〈七五七〉の和泉国《いずみのくに》の建国までは四畿七道）に分かれていた。畿内は大和《やまと》・河内《かわち》・和泉・摂津・山背国《やましろのくに》からなり、七道は東海・東山・北陸・山陰・山陽・西海・南海道である（東海道から時計の逆回りに呼ぶ）。各国には国府《こくふ》と国分寺《こくぶんじ》があり、複数の郡から構成され、在地の有力者が郡司として地域の支配に加わっていた。

さて、人の一生をみるに、物心がついた居住地から郷土意識が芽生える。それが誕生地であれ、移住地であれ、マチやムラという馴染《なじみ》の地域となる。やがて成長するにつれ、村・町や市、そして都道府県へと行動範囲が拡がっていき、やがて日本を意識するようになる。

近年では、教育・メディアの影響で標準語が一般化している。しかし、たとえば「×」記号の読みは、関東では「ばつ」、関西では「ぺけ」、九州では「ばってん」などと読まれ、それぞれの地方に根づく言葉として使われている。地域に根ざした文化は、ひとつの言葉でさえ、特色のある呼び方として今日まで続いている。これが生活習慣となると、方言以上に地域独自の特徴を持っている。おそらく古代を含め、歴史的に形成されてきたものと思われる。このように、一人ひとりが個性を持つように地域にも独自の文化があり、それらが歴史的・複合的に形成されて、今日の日本文化を成り立たせている。

これまでKADOKAWAでは、地域の歴史に焦点をあてた書籍を多く刊行してきた。『角川日本地名大辞典』（全五一巻、一九七八～九〇年）は、都道府県別の地名研究に大きな足跡を残してきた。

そして、本企画の前身となるシリーズ『古代の日本』（全九巻、一九七〇～七一年）、『新版 古代の日本』（全一〇巻、一九九一～九三年）を出版し、地域に根ざした歴史の解明に寄与してきた。その後、三〇年近く経ち、都城や地域の国府・郡家《ぐうけ》の官衙《かんが》遺跡などの発掘による新発見や、数多くの木簡・墨書土器などの文字史料が出土し、地域の歴史研究もめざましく発展した。新聞を飾る考古学上の新発見もあいつぎ、研究者ばかりか一般の歴史愛好者の関心を集めている。

選書版『地域の古代日本』は、これまでの『古代の日本』シリーズの学術的意義を受け継いでいくとともに、新版刊行後における考古学・歴史学の研究成果を反映して、一般の読者に地域の歴史をわかりやすく解き明かすシリーズとして企画した。

シリーズの構成はコンパクトにまとめて全六巻とし、『東アジアと日本』を総論として、『陸奥と渡島』、『東国と信越』、『畿内と近国』、『出雲・吉備・伊予』、『築紫と南島』と展開する。ただし、地域編についても、各地域の具体的特徴がわかるようなテーマを設定するとともに、日本の全体像が理解できるように構成して、列島全域を再現することを試みた。

なお、巻末には地域を詳しく知るための文献案内のほか、博物館・埋蔵文化財センター展示室など地域の歴史遺産を実見できるように、ガイドを掲載した。ぜひ地域の歴史の面白さを実感してほしい。

吉村武彦
川尻秋生
松木武彦

執筆者一覧　266

本文中の「＊」は、巻末の「キーワード解説」の用語の初出に付けたものである。

本巻への招待

本巻が対象とする「中国・四国」という枠組みは、地理的なまとまりだけからみると、「九州」「近畿」など他の地域区分にくらべ、いささか落ち着きが良くない。独立した島である四国と、別の大きな島である本州の一部とを無理やり束ねたような不自然さがあるからだろう。四国生まれの私は、子供のころから違和感を覚えていた。

だが地域とは、地理的なまとまりによってのみ成り立つものではない。古来そこでさまざまな暮らしを営んできた人々の結びつきかた、物資の流れかた、情報の分かち合いかたなどが長い時間をかけて絡み合い積み重なって、地理とは必ずしも重なり合わない歴史の空間を作っていく。そのような人びとの営みが、自然を超えて作り出した空間世界の最たるものが中国・四国だということができる。

農耕が始まった後の日本列島―倭《わ》・やまと・日本―の歴史を大づかみにすると、その空間構造の推移にいくつかの段階が見出《みいだ》せる。一つめは、水稲農耕やそれにまつわる資源・文物・ひと・情報の大陸からの玄関口となった列島西端の北部九州が列島社会の中心となった段階で、これを「ツクシ時代」と私は呼んでいる。弥生《やよい》時代に相当する。二つめは、列島のさらに中寄りに位置する近畿がツクシを制して中心となった「ヤマト時代」で、古墳時代以降がこれに当たる。

このようにとらえると、中国・四国は、旧中心の北部九州と新中心の近畿との間にあって、その新旧中心の交替に深く関わっただけではなく、交替後もなお外交窓口としての先進性を保った北部九州と近畿の中央政権とを東西に媒介する地域として、独自の歴史的意義をもち続けたとみることができる。なお、ヤマト時代の後半から第三の中心が関東に現れ始め、現代は東京を首都とする「アズマ時代」に入っているが、中国・四国の存在意義が大きくかげったことはない。

歴史空間としての中国・四国の特性をさらに際立たせているのが、地理空間としての形の複雑さである。内海（瀬戸内海）とその両岸（山陽・北四国）が中軸をなし、南北には山地（中国山地・四国山地）が走り、さらにそれぞれの背後は海洋（日本海＝山陰、太平洋＝南四国）に面するという複合地帯的な特徴をもつ。地形や気候の異なるそれぞれの地帯が、ときにつながりあい、ときに競合しながら、東西の媒介として個性的な役割を発揮した。このような多様さが、密に込み入った史的展開を、中国・四国に付与したのである。冒頭で述べた地理的な落ち着きの悪さが、かえって豊かな歴史像をこの地域にもたらしたともいえるだろう。

この豊かな歴史空間の中から、本巻では、山陰の出雲《いずも》、山陽の吉備《きび》、北四国の伊予《いよ》をそれぞれタイトルに選んだが、各章の叙述はそれに限ったものではない。むしろ、これら特定の地域名を象徴的に意識しつつ、古墳や国府《こくふ》のような列島共通のテーマと、弥生墳丘墓、鉄生産、古代山城、出雲大社のような本地域にとくに顕著なテーマとを往復しながら、日本列島古代の歴史像を多面的に浮き彫りにすることを目ざした。

1章の松木武彦「山陰・瀬戸内・土佐」は、古代社会に向けて進み始める端緒となった弥生時代から、その形成期といえる古墳時代にかけての中国・四国の歴史を、主として考古学の資料に基づいて概観したものである。瀬戸内に顕著な弥生時代の高地性集落、地域性豊かな古墳の展開、終末型古墳と国府や寺院の動向など、とりわけ近年になって認識や知見の刷新が進んだ論点を並べることで、次章以下への導入とした。なお、次章以下で取り上げることがやや少なかった伊予を含む四国の動向についても、時代的な偏りはあるが、可能な限り補った。

2章の村上恭通「製鉄技術の開発と普及を担った中国地方――古墳～奈良時代を中心に」は、列島の中でも中国地域で最初に本格的に始まる鉄素材の生産とその後の展開を論じた。とりわけ、世界的にも珍しい構造をもった製鉄炉が、五世紀から六世紀にかけての吉備で、在地的な鍛冶《かじ》生産と渡来系技術の接触から生み出されていった過程を、最新の知見と資料によって復元する。村上が主導してきた鉄研究の成果の真髄の一つが、その核となった中国地方を格好の舞台として展開されている。

3章の新納泉「弥生墳丘墓と巨大古墳」は、弥生時代の後半から古墳時代にかけての中国地方を代表する考古学的事象を、その代表例である吉備の楯築《たてつき》墳丘墓と造山《つくりやま》古墳に焦点を当てて解説する。新納が切り拓《ひら》いてきた地理情報システム（ＧＩＳ）や三次元計測、および暦年代《れきねんだい》推定などの新しい手法による成果に、記紀などの文献史料の読み取りを巧みに組み合わせ、新たな地方史の叙述を提起した。

4章の加藤友康「国府と鋳銭司《じゅせんし》」は、古代国家の形成過程において重要な地方支配と銭貨流通について、伯耆国《ほうきのくに》・出雲国・美作国《みまさかのくに》・讃岐国《さぬきのくに》の初期国庁、公的支配拠点としての国庁と国司の私的で文化的な交流の場としての国司館との関係、および周防国《すおうのくに》と長門国《ながとのくに》に置かれた銭鋳司の展開過程などを中心に広く深く論じた。中国・四国の地域的分析から列島古代史全般にかかわる考察へと大きく展開していく成果である。

5章の大日方克己「古代の出雲――出雲大社、風土記、そして境界への認識」は、中国・四国地方のなかでもひときわ異彩を放つ出雲の古代史像に、新たな問題を提起する。朝廷に詣《もう》でて神賀詞《かんよごと》を奏上する儀礼の推移を通してみた出雲国造のあり方や、度重なる出雲大社（杵築《きづき》大社）の造営のための財政負担の変化に、古代における中央と出雲との歴史的展開を探る。また、新羅《しらぎ》や渤海《ぼっかい》などとの国際交渉を背景とした境界としての出雲観や、出雲大社の陰で見過ごされてきた出雲と仏教との関係など、今後の研究の指針を示した。

6章の亀田修一「瀬戸内の古代山城」は、古代の中国・四国を代表する歴史的景観として今日でも私たちの興味をそそる古代山城について、現在までの研究成果をまとめ、新たな知見に基づいて考察した。亀田が近年展開する、古代山城には未完成のものが多く含まれているという見解は、実資料の綿密な検討を踏まえた説得力があり、そのことによってよりリアリティに富んだ古代山城の歴史的背景が洞察されている。

ＥＳＳＡＹの千家和比古「『出雲大社』の古代的断想」は、玉の出土地、山そして「川合《かわあい》」

（二筋の川の合流）を点景に、出雲大社の本質と源流を洞察する。短い文章ではあるが、本巻の締めとして深い余韻を残す。

以上のように、本巻は、考古学と文献史学のさまざまな視座や方法によって、中国・四国の古代史を典型づけるいろいろな遺跡や歴史に光を当てた論考七本が並ぶ。執筆陣は、本シリーズの中ではもっともベテラン揃いではあるが、着眼や意識はきわめて清新で、「これまで」より「これから」の古代史像に視線は向かっている。同時に、前回のシリーズ（『新版 古代の日本』）以来三〇年間の研究の蓄積を引っぱってきた安定感にも事欠かない。過去から未来を大きなスケールで見据えた中国・四国の古代史像を堪能していただきたい。

松木武彦

主な古代の行政区分

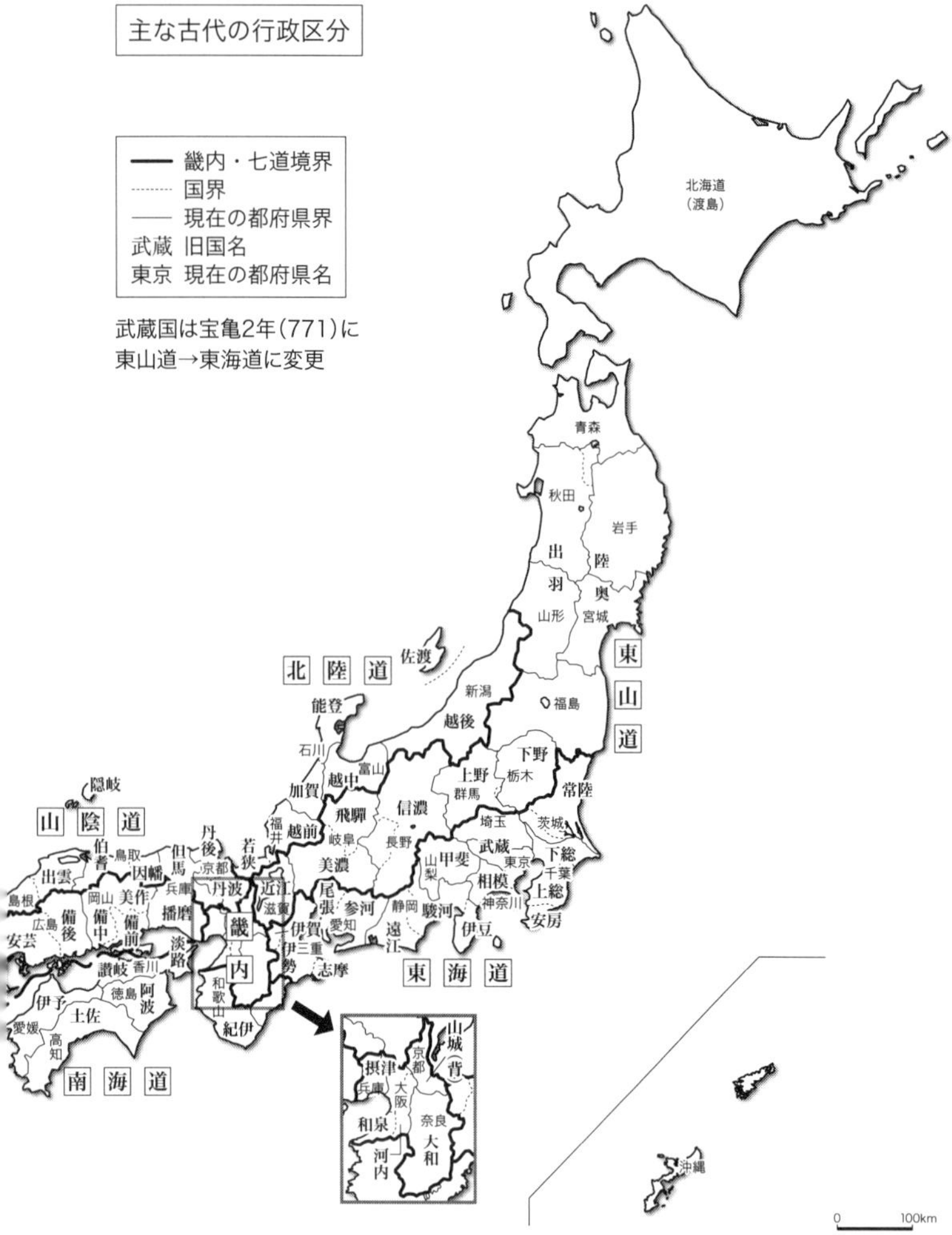

『図説　日本史通覧』(帝国書院)を元に作成

国名	よみ	都府県名	五畿七道
陸奥	むつ	青森・秋田・岩手・宮城・福島	東山道
出羽	でわ	秋田・山形	東山道
下野	しもつけ	栃木	東山道
上野	こうずけ	群馬	東山道
美濃	みの	岐阜	東山道
飛騨	ひだ	岐阜	東山道
信濃	しなの	長野	東山道
近江	おうみ	滋賀	東山道
佐渡	さど	新潟	北陸道
越後	えちご	新潟	北陸道
越中	えっちゅう	富山	北陸道
能登	のと	石川	北陸道
加賀	かが	石川	北陸道
越前	えちぜん	福井	北陸道
若狭	わかさ	福井	北陸道
安房	あわ	千葉	東海道
上総	かずさ	千葉	東海道
下総	しもうさ	千葉・茨城・埼玉・東京	東海道
常陸	ひたち	茨城	東海道
武蔵	むさし	埼玉・東京・神奈川	東海道
相模	さがみ	神奈川	東海道
伊豆	いず	静岡・東京	東海道
駿河	するが	静岡	東海道
遠江	とおとうみ	静岡	東海道
三河	みかわ	愛知	東海道
尾張	おわり	愛知	東海道
甲斐	かい	山梨	東海道
伊勢	いせ	三重	東海道
伊賀	いが	三重	東海道
志摩	しま	三重	東海道
山城	やましろ	京都	畿　内
摂津	せっつ	兵庫・大阪	畿　内
和泉	いずみ	大阪	畿　内
河内	かわち	大阪	畿　内
大和	やまと	奈良	畿　内
丹波	たんば	兵庫・京都	山陰道
丹後	たんご	京都	山陰道
但馬	たじま	兵庫	山陰道
石見	いわみ	島根	山陰道
出雲	いずも	島根	山陰道
隠岐	おき	島根	山陰道
伯耆	ほうき	鳥取	山陰道
因幡	いなば	鳥取	山陰道
播磨	はりま	兵庫	山陽道
備前	びぜん	岡山	山陽道
美作	みまさか	岡山	山陽道
備中	びっちゅう	岡山・広島	山陽道
備後	びんご	広島	山陽道
安芸	あき	広島	山陽道
周防	すおう	山口	山陽道
長門	ながと	山口	山陽道
紀伊	きい	和歌山・三重	南海道
淡路	あわじ	兵庫	南海道
阿波	あわ	徳島	南海道
土佐	とさ	高知	南海道
伊予	いよ	愛媛	南海道
讃岐	さぬき	香川	南海道
筑前	ちくぜん	福岡	西海道
筑後	ちくご	福岡	西海道
豊前	ぶぜん	福岡・大分	西海道
豊後	ぶんご	大分	西海道
日向	ひゅうが	宮崎・鹿児島	西海道
大隅	おおすみ	鹿児島	西海道
薩摩	さつま	鹿児島	西海道
肥後	ひご	熊本	西海道
肥前	ひぜん	佐賀・長崎	西海道
壱岐	いき	長崎	西海道
対馬	つしま	長崎	西海道

1章　山陰・瀬戸内・土佐

松木武彦

はじめに

米国の生物学者で人類学者のジャレド・ダイアモンドは、地球上での人類の文化伝達がユーラシア大陸でもっとも早く進んだのは、アフリカ・アメリカという他の二大陸と違って東西方向に長かったからだという。つまり、似た気候や環境が同じ緯度に沿って連なっていたことが、その理由だと説く。スケールは異なるが、日本列島の中でこのモデルがよく当てはまるのは、山陰・瀬戸内・南四国（土佐および伊予《いよ》南部・阿波《あわ》南部）からなる中国・四国地方である。

中国・四国地方は、中心や中核というよりも、経路や経由地としての役割が重視されてきた。日本はユーラシア大陸東端の島嶼《とうしょ》で、大陸からの影響下で形成された「二次国家」である。大陸への窓口となった北部九州と、社会の中枢となった近畿中央部とをつないで、中国・四国地方は、人や文物や情報が盛んに往来する回廊であった。

ただし、回廊といっても一本ではない。日本海岸の山陰、瀬戸内海の南北岸（北四国と山陽）、太平洋岸（南四国）という太い回廊が三本並び、それぞれに、気候・地勢・地質・植生などが大きく違う。性質の異なる「回廊の束」と表現できるだろう。

これは、本書の先駆シリーズである『古代の日本』四 中国・四国（近藤義郎・上田正昭編、一九七〇年）および『新版 古代の日本』四 中国・四国（稲田孝司・八木充編、一九九二年）でも示されてきた見方である。それを引きつぐ本章では、ここ三〇年間の新たな知見や認識を取り入れ、回廊どうしを縦方向につなぐ南北の交通や、回廊の中に形成されていく地域空間―代表として、本巻のタイトルである出雲《いずも》・吉備《きび》・伊予―の動向にも目を配りながら、中国・四国地方の古代像を描いてみたい。ただし、筆者の専門性から、弥生時代から古墳時代にかけての考古学をもとにした記述が中心となることをお許しいただきたい。

1　地域社会の形成――弥生時代以前

新しい文化の東進

中国・四国地域は、三万年以上も前にさかのぼる旧石器時代から、人びとの盛んな活動があった。日本海の沿岸や中国山地の尾根伝いに、北陸や東北にまでつながっていく交通路が、遺跡や石材の分布から復元されている［稲田、二〇一〇］。当時は陸続きだった隠岐島《おきのしま》の黒曜石や讃岐《さぬき》のサヌカイトも、新たな交通路を生み出した。氷期が終わって温暖化が進んだ約一万二〇〇〇年前には、四国山地の谷あいの交通路にのぞむ上黒岩岩陰遺跡（愛媛県久万《くま》高原町《こうげんちょう》）、太平洋の海岸平野に面した奥谷南遺跡（高知県南国市《なんごく》）など、岩陰で生活を営む人びとが現れる。

さらに海面が上昇して瀬戸内海という新しい回廊ができると、それにのぞむ山陽や北四国のほか、日本海沿岸や太平洋沿岸の回廊にも、人や情報が東西から流れ込む。常緑広葉樹林（山間の一部は落葉広葉樹林）や入江・潟湖《せきこ》・河川の恵みによって、竪穴《たてあな》建物で定住する集落が各所に営まれ、独自の縄文文化が栄えた。

この地域が「回廊の束」としての本領をみせ、独自の歴史空間を作り始めるのは弥生時代である。紀元前一〇世紀の後半以降、朝鮮半島南部から北部九州の玄界灘《げんかいなだ》沿岸に次々ともたらされた水田稲作、対人用武器、環濠《かんごう》集落などが、各回廊を東へと伝わっていった。稲作の始まりは、食糧生産に根ざした経済の枠組みを定め、古代国家に向けてのプロセスの出発点になった。それだけでなく、水田開発という行為そのものに宿る自然支配の観念、環濠や武器が心に呼びおこす対人抑圧の感情が、国家のもとになる世界観やイデオロギーを醸成していったのである。経済から心性にわたるこの新しい文化が、人の移動や情報の伝達とともに各回廊を東へと伝わったようすを、近年の研究成果によってたどっておこう［藤尾、二〇一五］。

もっとも主要な回廊となったのは瀬戸内海である。南岸の松山平野、北岸の岡山平野などに水田稲作の早い痕跡が見出《みいだ》され、到達点の大阪平野には紀元前七世紀に伝わった。以後、経由地の讃岐平野にある坂出《さかいで》市金山《かなやま》産のサヌカイトが、石器の石材として大阪平野の初期の水田稲作集落にもたらされている。新しい文化は、かつて考えられていたように短期間にいっきに広がったのではなく、初めの経由地をベースとして次の経由地へ、という尺取り虫のような歩み方で、数百年をかけて瀬戸内海回廊を東進したのである。

水田の波及を追うように、紀元前六世紀以降には、対人用武器や環濠集落も東へと進んだ。松山平野や岡山平野、徳島平野などに、朝鮮半島から九州北部に伝わった当時の面影を残す磨製石剣と磨製石鏃《せきぞく》が点々と出てくる。これらは、大阪平野まで来ると、縄文以来の打製石器の技術を用いて模作され、打製の石剣・石鏃というハイブリッドの武器が生まれた。石剣は、実用よりも、大切に身に帯びて周囲に見せる威儀具であった可能性が高い［寺前、二〇一〇］。

環濠集落も、紀元前六世紀から紀元前四世紀にかけて、瀬戸内海北岸の福山平野や岡山平野、南岸の讃岐平野などに点々と現れる。東へ伝わるほど環濠の規模が小さくなることが指摘されていて、これもまた実用性より象徴的な役割が強かったと考えられる［寺前、二〇一七］。武器や環濠の東進は、戦いが広がったことを示すのではなく、ましてや弥生の文化をもった人びとが縄文系の人びとを武力で追い立てたあとなどでもなく、水田稲作とともに、対立や戦いという新しい観念や世界観が、在来の人びとにも受け入れられたことの反映である。

いっぽう、日本海回廊の山陰では、紀元前七世紀前半の鳥取平野で、縄文以来の在地の人びとが水田稲作と畑作を取り入れたあとが見つかっている。ただ、日本海ルートでは環濠集落の普及がやや遅れ、対人用武器も、瀬戸内海ルートほどは顕著でない。つまり、弥生時代前半のこの時点では、水田稲作や、それにともなう文化が東進するメインの大回廊は瀬戸内海であった。しかし、あとで述べるように、弥生時代も後半に入った紀元後以降には、その地位を日本海が一時奪うことになるのである。

かたや太平洋回廊は、高知平野で水田と環濠をもつ初期の水田稲作集落が見つかっているが

（高知県南国市田村遺跡など）、瀬戸内海から吉野川の河谷《かこく》沿いに四国山地を越える、今のＪＲ土讃《どさん》線が走る南北ルートで伝わった可能性もあり、水田稲作の東進に太平洋回廊がどこまで機能したかについては、課題が残っている。

気候と社会の変動

二〇一〇年代に入ってから進んだ高精度古気候復元の研究成果によると、水田稲作とその文化が日本列島を東進し、近畿・中部からさらに東北に向けて伝わる年代は、春から夏の雨量が少なく温暖な時期へと向かう段階に当たっていた。ところが、紀元前一世紀に入ると、春から夏の雨量が多い冷涼期へと一転する［中塚、二〇二一］。夏の平均気温で数度にもなる低下であったとされるこの冷涼化と多雨化は、水田稲作に根ざす社会に大きな打撃を与えた。

この時期、瀬戸内海ルートにたくさん現れる高地性集落も、近年、この冷涼多雨化と結びつけて考えられている。典型的な高地性集落*は、海陸の交通路を見おろす比高差一〇〇メートルを超えるような高い山頂や尾根上にあるが、同時に、比高差数十メートルほどの丘陵や山麓にも多くの集落が営まれたことが明らかになった［柴田、二〇〇四］。つまり、弥生時代中期末の紀元前一世紀〜紀元後一世紀初めには、人びとは平地だけでなく、山麓・丘陵から尾根・山頂までのさまざまな高さの場所へと多様に住み分けたことがわかってきたのである［松木・近藤、二〇二一］。そして、この時期に栄えた松山平野の文京遺跡（愛媛県松山市）のような平地の大型集落もまた、「弥生都市」などと騒がれた一九九〇年代の評価から今は一変し、最近では、右のように移動性を高めた人びとが一時的に集住したところであったとの見解が有力になってきた［若林、二〇〇一／柴田、二〇〇九］。このような居住の多様化こそ、冷涼多雨化という環境変動に直面した人びとが、集まり住んで労働の力を合わせたり、新天地を求めて移動したり、畑作などの新たな生業を拓《ひら》いたり、不安定になった社会の中でより安全な居場所を求めたりなど、さまざまな対処を試みたあとではないかと考えられるようになっている。

さらに、冷涼多雨化によって農業生産が不安定になると、少しでも生産力を上げるための道具や技術、ときには生産物そのものを遠距離間でやり取りし合う交易網が発達し、セーフティ・ネットとしての役割を強め始めた。瀬戸内海ルート東端にある会下山《えげのやま》遺跡（兵庫県芦屋《あしや》市）の中国製銅鏃、東西交通の重要な支脈であった四国の吉野川の下流にのぞむカネガ谷遺跡（徳島県鳴門市）の朝鮮半島製らしい小型青銅鏡など、遠距離を伝わってきた交易品が、交通路を見おろす山頂や尾根の高地性集落からしばしば出土する。このことから、高地性集落が交換や取引の場にもなっていたという見解が、近年では有力である。

遠くからでも目立つ高地性集落は、交易という競争的環境の中で外向けの存在感を高めようとしていた地域集団にとって、ランドマークとしての役割ももっていた［柴田、一〇〇四］。日本海ルートの拠点であった宍道湖《しんじこ》を見おろす田和山遺跡（島根県松江市）は、特別な建物を載せた丘陵の頂部を三重の環濠と土塁が囲んだ威容が目を引く。

気候変動が人びとの動きを活発にした紀元前一世紀ごろに目立つ、もう一つの現象がある。土器の形や文様が複雑に洗練され、大きく整った形の打製石鏃が現れ、青銅製の祭器が各地で発達するなど、さまざまな器物に強い象徴性が盛り込まれるようになるのである。また、それらの形や様式に、明瞭な地域色が認められることにも注意される。具体的にみると、日本海回廊では、「出雲型」ともよばれる中細形C類銅剣とともに、山陰独特の文様を鋳出した銅鐸《どうたく》など、青銅製祭器の地域様式が確立する（口絵p.3）。瀬戸内海回廊（図1-1）は、凹線文《おうせんもん》という立体的な横スジを何条も巡らせた独特な飾りの土器を生み出し、とくに東部では、岡山平野・讃岐平野といった地域ごとに大きくきれいな形に定まった打製石鏃が現れた。もちろん、土器は煮炊きや貯蔵、打製石鏃は争いや武力の誇示に用いられはしたが、そのような機能とは関係のない方向に飾られ、同時に定まった形の青銅製祭器が地域ごとに生み出されたのは、それらをともに持って使う人びとの一体感や共同意識を高めるという社会的意図が、巧まずして込められたためであろう。

こうした動きがこの時期に強まったのは、移動や集散が盛んになる中で、もとの集団や地域のきずなが失われないように、人びとの心を結びつける力が求められたためだと考えられる。高地性集落、大型集落、そして青銅製祭器、土器や石器などの道具の装飾。気候の変動によって社会が不安定化した痕跡と、それを再編するためのさまざまな物質文化の凝りは、紀元前一世紀前後の列島各地に広く認められる〔松木、二〇二二〕。なかんずく、人と物と情報が「回廊の束」を激しく行き来する中国・四国地方では、それがひときわ鮮やかに際立った。

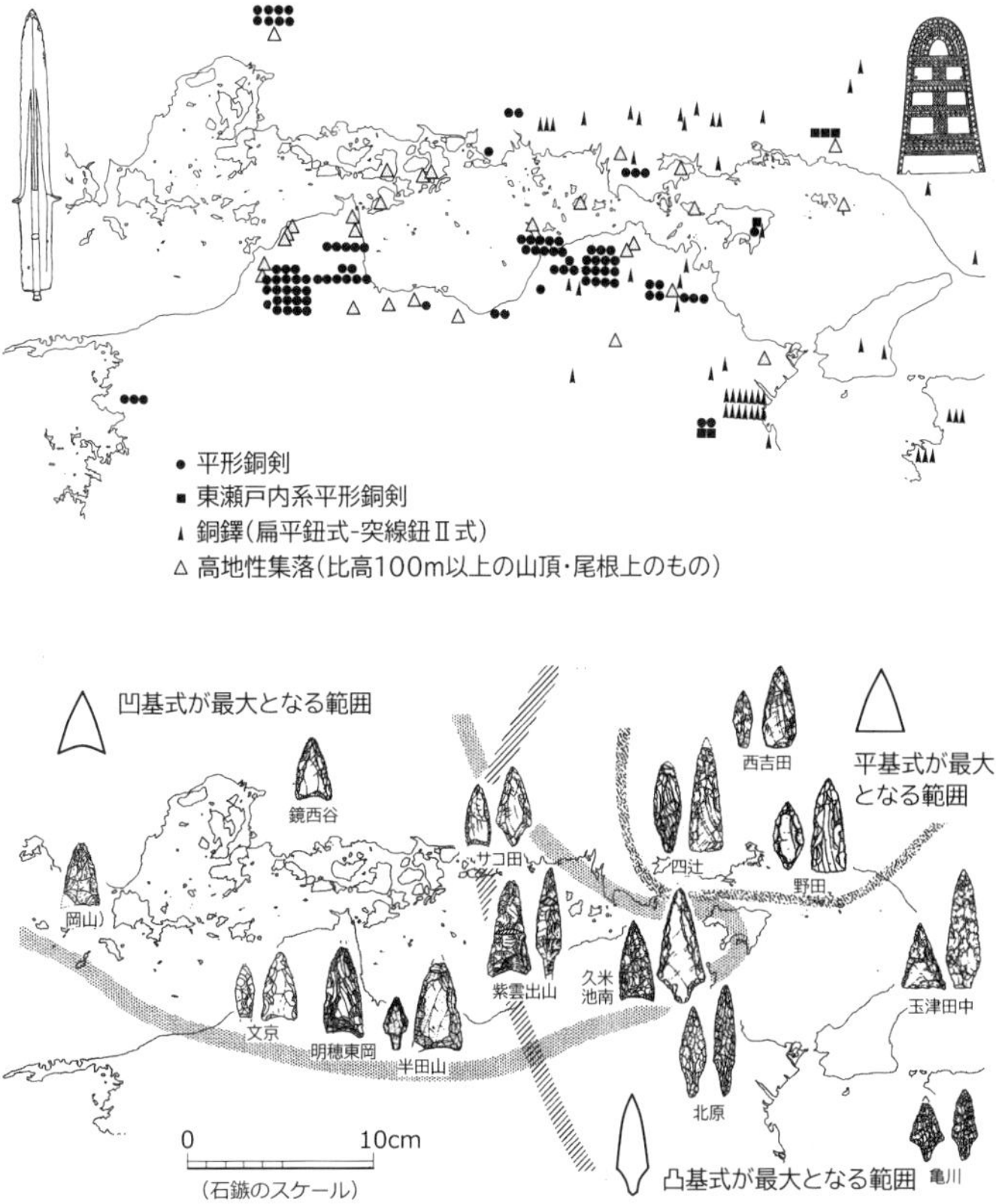

図1-1　弥生時代中期後半の青銅器・高地性集落・大型打製石鏃の広がり
松木武彦1998「中・四国の弥生戦争と畿内」香芝市二上山博物館編『第13回特別展　弥生戦争とサヌカイト―石材の原産地と消費地―』所収図を一部改変、石鏃の図は各報告書・報文から

交易がつなぐ地域

急激な気候の冷涼化が底を打った紀元後一世紀中ごろから二世紀にかけての弥生時代後期には、それに合わせて再び安定化した居住域や水田域が広がるようになる。たとえば岡山平野の百間川原尾島遺跡《ひゃっけんがわはらおじま》（岡山市）では、この時期に水田域が大きく拡張された。瀬戸内海ルート東端の大阪平野でも、池島・福万寺遺跡（大阪府東大阪市・八尾市《やお》）などで、整った灌漑《かんがい》網をもつ大規模な水田域が造成されている。このような水田の拡張と経営のために、おりから本格的に普及し始めた鉄器（斧《おの》・鎌・鋤《すき》先・鍬《くわ》先など）は不可欠であった。しかし、これらを作るための鉄素材はまだ列島内でほとんど作れなかったため、朝鮮半島からそれを運んでくる遠距離交易への経済的な依存度は、以後、古墳時代に向けて急速に高まっていた。

当時の遠距離交易が、回廊群の西の入口に当たる九州北部をハブ（結節点）として、朝鮮半島や中国との太いパイプにつながっていたようすが、白井克也氏や久住猛雄氏によって具体的に復元されている［白井、二〇〇一／久住、二〇〇七］。紀元後一〜二世紀の九州北部の有力者たちは、沖合に浮かぶ壱《い》岐島《きのしま》を通じた対外交易路を握り、鉄素材などの基幹物資や中国鏡などのぜいたく品を、ほぼ独占的に受け入れる力を握った（「原《はる》の辻《つじ》＝三雲《みくも》貿易」：久住、二〇〇七）。その九州本土側の拠点は、博多湾にのぞむ三雲遺跡（福岡県糸島市）や比恵《ひえ》・那珂《なか》遺跡（福岡市）で、そこから東や南に向けて、列島各地への交易網が伸びていた。その二大軸が日本海ルートと瀬戸内海ルートであり、両ルートに沿った回廊上に、のちの国家の「山陰道」および「山陽道」「南海道」につながる地域社会やそのまとまりが形成されていくのである。

さきに述べた紀元前の段階では、瀬戸内海ルートに、大陸や朝鮮半島からやってくる交易品の流入が目立った。ところが紀元後になると、朝鮮半島産の鉄素材や、それを加工した北部九州製の鉄器が、日本海ルートで山陰から北陸にたくさん伝わり、これら日本海側の鉄器の出土量が瀬戸内海側をしのぐようになった。日本海回廊を行き来する物資の動きが、紀元後に入った弥生時代後期に、いっきに活性化したのである。その山陰でのハブは出雲で、のちの出雲大社*に近い山持《ざんもち》遺跡（島根県出雲市）では、紀元後二世紀から三世紀前半にかけて大きな集落ができ、本州では異例なほどの量の朝鮮半島産や北部九州産の土器が出土する。因幡《いなば》の青谷《あおや》上寺《かみじ》地《ち》遺跡（鳥取市）などとともに、日本海ルートの主要な交易拠点であったと考えられる。

山持遺跡の交易に関わっていたとおぼしき有力者たちの墓が、南へ約七キロメートルの丘陵上に営まれた西谷《にしだに》墳墓群（出雲市）である。墳丘本体が四〇×三〇メートルもある三号墓を中心に、二世紀の中ごろから終わりごろまで、大型の四《よ》隅《すみ》突出型墳丘墓*（方形の四隅がとびだした形の墳丘墓）が築かれた。四隅突出型墳丘墓は、ここから日本海沿岸伝いに伯耆《ほうき》・因幡（今の鳥取県）および北陸の越前《えちぜん》・加賀・越中《えっちゅう》にまで分布する。遠距離交易で結ばれた日本海回廊の有力者たちが、物や情報をたがいにやり取りする中で共有された墓の祭りであろう。こうした新しい祭祀《さいし》や、それが根ざす価値観や世界観の広がりによって、銅剣や銅鐸などの伝統的な青銅製祭器は、日本海岸からほぼ姿を消した。

やや遅れて、玉などの手工業生産を元手に日本海ルートの遠距離交易に乗り出してきた北近畿（但馬《たじま》・丹後）も有力者の墓を大きくし、二世紀末には長辺四〇メートル近い人型の長方形墳丘墓を築くようになる。これら北近畿の大型長方形墳丘墓の四隅はとびださないが、同じころ、山陰の四隅突出型墳丘墓の突出部もまた低く平たくなって形は長方形墳丘墓に近づき、北陸でも四隅がとびださない長方形の墳丘墓が大型化する。このようにして、古墳時代前夜の二世紀末～三世紀初めには、出雲の西谷九号（四二×三五メートル、出雲市）、丹後の赤坂今井（三九×三六メートル、京都府京丹後市）、越前の南春日山《みなみかすがやま》（四三×三七メートル、福井県永平寺町）という三大長方形墳丘墓に葬られた日本海回廊の大有力者たちを核に、「山陰道」「北陸道」の原形ともいえる地域間のつながりが強まったとみられる。

古墳へつながる回廊

いっぽう、鉄を軸とする遠距離交易の主流路の地位を日本海回廊に奪われた紀元後の瀬戸内海回廊では、やや特異な墳墓や交易のパターンが現れた。

瀬戸内海ルートに沿った山陽や北四国でも、伝統的な青銅製祭器がほぼ姿を消し、二世紀の中ごろには有力者の墳丘墓が現れる。その白眉といえる楯築《たてつき》墳丘墓＊（岡山県倉敷市）の詳しい説明は3章にゆずるが、「双方中円形」ともいわれる印象的な墳形は、日本海ルートに沿った四隅突出型墳丘墓やそのあとを継ぐ方形墳丘墓のように、広く明瞭な分布域を作ることはなく、ほぼ楯築単独の個性といってもよい。そこに樹立された特殊器台（3章参照）も、広がりはむしろ北の山間部に向けて顕著で、当初は瀬戸内海岸に沿って東西に広がるわけではない。楯築と同時期の西谷三号墓の例をはじめとして山陰にも点在することから、二世紀の特殊器台はむしろ、瀬戸内・山陰両回廊間を縦につなぐ南北方向の交流と地域間紐帯《ちゅうたい》の成立を表すものとみられる。日本海を主舞台とする遠距離交易からは後背に甘んじた瀬戸内の集団が、吉備の有力者を代表として、中国山地を越え日本海ルートへのアクセスを図った動きの反映ともみなせるだろう。楯築のあとを継いだ吉備の最高有力者の墓とみられる鯉喰《こいくい》神社墳丘墓（倉敷市）は、さきに述べた日本海岸のものと同形同大、四〇×三二メートルの長方形であることは興味深い。

しかし、瀬戸内海ルートの交易の性格をより鮮やかに表すのは、中国から渡ってくる青銅鏡である。鉄器では日本海側にひけをとるが、二世紀の中国鏡の数は瀬戸内海側に多く、伊予の愛媛県今治《いまばり》市付近、讃岐の香川県高松市付近とさぬき市付近、吉備西部の広島県福山市付近、吉備東部の岡山県赤磐《あかいわ》市付近、阿波の徳島県板野町・鳴門市付近など、集中するエリアがある［上野、二〇一四］。これらが有力者の墓（古墳）に副葬されるのは三世紀以降の古墳時代に下ることが多いが、この地方にもたらされたのは二世紀にさかのぼる公算が強い［上野前掲］。

さらに、日本海ルートに直接アクセスできない瀬戸内海岸の人びとは、有力者の権威を演出するための鏡を求めて北部九州とつながり［辻田、二〇一九］、鉄もまたそこで入手した。そしてそれらが、さらに東の近畿中央部に渡るのを中継していた可能性もある。じっさい、瀬戸内海ルートを通ってきた中国鏡が集中するエリアが、近畿中央部への入口をなす大阪湾沿岸から淀川流域にかけて連なっている［上野前掲］。このように、鏡によって権威を演出するという、のちの古墳につながっていく行為が、鏡の入手先の北部九州と最大の需要元であった近畿中央部とを直結する瀬戸内海回廊の有力者たちによって促進されたのである。

最後に、南四国を通る太平洋回廊は、日本海と瀬戸内海の両回廊にくらべ、さらに特異な様相をみせる。北部九州からの銅矛（広形銅矛《ひろがた》）、近畿中央部付近からの銅鐸（突線鈕式《とっせんちゅうしき》）という、日本海・瀬戸内海の両回廊ではほとんど姿を消した青銅製の祭器二種の分布が、回廊中ほどの高知平野で交錯するのである。紀元後一～二世紀のこの時期、北部九州・近畿中央部とも、対外的な交渉を背景に、新旧さまざまな文物や情報を組み合わせて地域社会を拡大しようとしていた。その中で、青銅器*という古い伝統的な要素のみがあたかも選択されたかのように、太平洋回廊を往来したことには注目すべきであろう。

大陸からは反対側にあって、そこからの新たな文化の波をかぶることが少なかったため、太平洋岸の社会には、古い伝統がより強固に残っていた可能性がある。そのような伝統社会に対しては、青銅製祭器の供給という、そこの世界観や価値観に合わせたレベルでの働きかけをあえて行うことにより、北部九州と近畿中央部という古墳出現前夜の二大先導的社会は、みずからの影響力を拡大しようとしていたと考えられる。

2　つながりゆく地域社会――古墳時代以降

古墳時代の新たな理解―資源融通のセーフティ・ネット―

エジプト生まれの考古学者フェクリ・ハッサンは、ナイル川流域の諸地域が国家へと統合されるときに働いた力として、生産の不安定を地域間で調整する、いわばセーフティ・ネットの成立を考えた［Hassan, 1988］。それまで、国家形成のプロセスにおいて重視されてきたのは武力による統一で、ハッサンもそれを全否定したわけではないが、社会の統合をより強力に進めるのは、地域間の調整とそれを代表して行う首長の力であることを説いたこの論文は、以後の国家形成論に大きな影響を与えた。

古墳時代を、完全な国家の段階とみる研究者は少ない。ただ、近畿に政治的な中心ができ、列島各地をコントロールするようになったことは確かとみて、古墳時代を「初期国家」とよぶ説［都出、一九九一］には一定の支持がある。列島広域の社会統合が、未熟ながらも初めて達成されたのが古墳時代と考えていいだろう。この統合の前提として、考古学では、一九五〇年代には『日本書紀』にある神功・仲哀の西征［小野編、一九五三、一九八〇〜九〇年代には鉄の供給網をめぐる北部九州と「畿内・瀬戸内連合」との対立［都出、一九八六］などの武力抗争が想定され、瀬戸内海ルートがその主要な舞台とみなされた。古墳は、この抗争に勝った近畿中央部（畿内）に倭王の墓として築かれた大型前方後円墳を頂点に、倭王権に属した各地有力者が身分を表すものとして全土に広まったものとみなされた。弥生時代から古墳時代への移行は、武力を含むトップダウンの社会統合過程と考えられていたのである。

ところが、二一世紀に入ると、さきのハッサンのモデルのように、武力に多くをよらないボトムアップの社会統合が想定されるようになった。すなわち、冷涼な気候下で中国の後漢王朝が分裂し、扶余《ふよ》・韓・濊《わい》そして倭（日本列島）などが台頭して競い合う中で、倭の諸集団もたがいに連携を強め、各種物資や、のちには技術や軍事力のような人的資源までをも融通し合うネットワークを作り始めたという図式である。この図式は、古墳出現前夜の二世紀後半のこととして中国史書に記された「倭国乱る」に続く「乃《すなわ》ち一女子を共立して王と為《な》す」（『魏志《ぎし》倭人伝』）の、「共立」のイメージを最大限に評価したものといえるだろう。「倭国乱る」という表記が思わせる大規模な武力抗争の明確な痕跡を見出しがたいという考古学側の近年の実情が、この評価を支えている。

このように、古墳時代の社会統合を、列島各地集団の自発的なネットワーク化とみなし、そのセンターとなった近畿中央部の集団が徐々に中央性と支配性を強めていくその後のプロセスこそを古墳時代の歴史過程とみる考え方が、最近は力をもち始めた［溝口、二〇〇〇／下垣、二〇一八］。古墳は、こうしたネットワークの結び目として、当初はそこへ流れてくる人（労働力・工人など）や物（資材・副葬品など）や情報（技術・儀礼など）の集散や交換の場となり、やがては、それらの流れが近畿中央部へと集約されていくときの媒体としての役割を、強めていったというわけである。

古墳出現の地域差

古墳を以上のようにとらえたとき、瀬戸内海・日本海・太平洋の三大回廊で、その出現の具体相が、たがいに大きく異なることは興味深い。

まず、瀬戸内海ルートの山陽や北四国には、古墳時代が始まる三世紀中ごろから四世紀前半まで（古墳時代前期）、近畿に次ぐ規模のものを含む大小の前方後円墳が林立した。播磨《はりま》の丁《よろ》瓢塚《ひさごづか》（兵庫県姫路市、墳丘長一〇四メートル）、吉備の浦間《うらま》茶臼山《ちゃうすやま》（岡山市、一三八メートル）・網浜《あみのはま》茶臼山（同、九二メートル）・中山茶臼山（同、一〇五メートル）など、山陽東部に大きいものが多い。吉備では、墳丘規模において前方後円墳を上位、前方後方墳を次位とする秩序が見出される［宇垣、一九九二］。いっぽう、対岸の讃岐では、積石で造った地域色の強い中小の前方後円墳が集まる。

瀬戸内の西部では、前方後円墳の規模も密度も東部ほどではないが、北岸の周防《すおう》には竹島御家老屋敷（山口県周南《しゅうなん》市、五六メートル）が現れ、近畿中央部からの威信財とみられる銅鏃をもつ。南岸の伊予では、瀬戸内海に突き出す高縄半島の先端近くに、雉ノ尾《きじのお》一号（愛媛県今治市、三一メートル、前方後方墳）、国分（愛媛県今治市、四四メートル）などが相次いで築かれた。国分にも銅鏃がある。銅鏃は松山平野の朝日谷《あさひだに》二号（愛媛県松山市）にもあるが、前方後円墳ながら墳丘長二六メートルと小型である。

伊予で、のちに古代国家の中心となる松山平野よりも、臨海性の高い高縄半島先端（今治市付近）に、初期の有力な前方後円墳が多いのは興味深い。瀬戸内のその他の地域でも、この時期の前方後円墳はしばしば瀬戸内海にのぞんで立地する。瀬戸内海の交易へのアクセスを、経済的・政治的な基盤としていたことの反映であろう。弥生時代後期の二世紀よりこのかた瀬戸内海ルートの交易に関わってきた沿岸の有力集団が、ルート集約点の近畿中央部と密接に関係し、そこをセンターとする古墳のネットワークにいち早く参入したと考えられるのである。

かたや、同じ弥生時代後期に日本海ルートの交易を占めて豊富な鉄器や手工業製品を流通させた山陰では、前方後円墳出現の出足は鈍い。とりわけ出雲では、古墳時代前期の最大規模の古墳は、弥生時代末の日本海側に林立した長方形墳丘墓を踏襲した長方形墳で、大成《おおなり》（島根県安来《やすぎ》市、六〇×四七メートル）・造山《つくりやま》一号（同、六〇×五〇メートル）など、弥生時代の中心であった西谷墳墓群からは東へ四〇キロメートルほど離れた出雲東部の中海南岸に集中し、やや小型のものが出雲西部や東方・因幡の鳥取平野にも分布する。前方後方墳もあるが、長方形墳の裾の下方に前方部を付けた、山陰特有の形である［仁木、二〇一五／松木、二〇二二］。さらに、近畿中央部からの威信財で、軍事的な連携の象徴とみられる銅鏃が山陰にはないという事実も重要である。

大型の長方形墳には近畿中央部にゆかりをもつ竪穴式石室が用いられ、三角縁神獣鏡なども副葬されているので、山陰が近畿中央部と断絶していたわけではない。しかし、山陰の有力者たちは、瀬戸内海ルートとは異なって近畿中央部の関与がまだ小さかった日本海ルートの交易を、いまだ自在に握り続けていた可能性がある。長方形墳の卓越や銅鏃の不在など、古墳に表示された独自性は、そうした経済的な自律度の高さに根ざしたもので、中海南岸の有力者たちがそのアイデンティティの中枢にあったとみられる。

前方後円墳の波及

四世紀の中ごろ、古墳のネットワークの核に立つ近畿中央部の大型前方後円墳は、それまでの奈良盆地東南部を離れ、盆地の北部にも墳丘長二〇〇メートルを超えるものが現れる。さらに離れた大阪湾の西や南の入口に面した海辺やそれにのぞむ平野部にも、二〇〇メートルに迫るものが築かれるようになる。この前方後円墳の拡大は全土的で、東日本では、しばしばそれまでの前方後方墳に代わって地域最大規模の座を占め、西日本でもまた瀬戸内海回廊と日本海回廊を西進しつつ、各地の古墳の築造状況を大きく変えるのである。この動きとともに、円筒埴輪《はにわ》と初期の建物形埴輪（家など）・器財形埴輪（蓋・楯・靫《ゆぎ》など）からなる近畿中央部風の埴輪祭祀が伝わるところが多い。

瀬戸内海側をみると、北岸の吉備には尾上車山《おのうえくるまやま》（岡山市、墳丘長一三九メートル）、南岸の讃岐には快天山《かいてんやま》（香川県丸亀市、九九メートル）があるが、目立つのは西部で、北岸の周防に柳井《やない》茶臼山（山口県柳井市、九〇メートル、図1-2）や仁馬山《じんばやま》（山口県下関市、七五メートル）、南岸の伊予に相の谷一号（愛媛県今治市、八二メートル）などが築かれる。

いっぽう、それまで前方後円墳が低調であった日本海側ではこの動きが際立ち、北近畿の丹後に蛭子山《えびすやま》一号（京都府与謝野《よさの》町、一四五メートル）、網野銚子山《あみのちょうしやま》（京都府京丹後市、二〇一メートル）が、山陰の伯耆に馬ノ山四号（鳥取県湯梨浜《ゆりはま》町、一一〇メートル）といった大型前方後円墳が現れる。これらは、近畿中央部と密接につながった有力者によるものと考えられ、彼ら彼女らを通じて、近畿中央部の勢力が日本海ルートへの関わりを強め始めたようすをうかがわせる。その西端は石見《いわみ》の大元《おおもと》一号（島根県益田市、八六メートル）である。ただし出雲では、この時期に現れる前方後円墳は、廻田《さこだ》一号（島根県松江市、五八メートル）、大寺《おおてら》一号（島根県出雲市、

図1-2　瀬戸内海にのぞむ柳井茶臼山古墳（筆者撮影）

五一メートル）などと一回り小さく、規模の点では、次の五世紀にも引き続いて造られる伝統的な長方形墳の下位に甘んじる。すなわち出雲では、近畿中央部との親密な関係を結んだ有力者もまた、長方形墳の有力者を最上位とするローカルな秩序に組み込まれていたようすがうかがえるのである。地域のアイデンティティを古墳の外形に表現する伝統が、日本海回廊の核となった出雲では、依然として明示されていたと考えられる。

倭の五王と瀬戸内・山陰

次の四世紀後葉、近畿中央部の大型前方後円墳のおもな造営地は、奈良盆地からさらに大阪平野へとシフトする。古市《ふるいち》古墳群と百舌鳥《もず》古墳群の成立であり、古墳時代中期の始まりである。石上《いそのかみ》神宮の「七支刀《しちしとう》」や『日本書紀』神功五二年条などから読みとれる百済との通交開始、およびそれを契機とする朝鮮半島との関係や緊張の強まりが、背景にあったと考えられる。

　古市と百舌鳥という、著しい階層性をみせる二大古墳群が大阪平野に現れたことを契機に、列島の各地でも古墳や古墳群の分布や構成が大きく変わる［都出、一九八八］。それまでの中小の古墳群が絶え、限られた少数地域の平野部に、古市と百舌鳥を縮小コピーしたような階層的な古墳群が営まれるのである。同時に、新型の武器・武具の副葬が増え、それらの被葬者の多くが男性のジェンダーを付与されていることもわかってきた［清家、二〇一八］。この動きは、古墳を営んできた各地の出自集団が、対外的な緊張を背景に、男系色と軍事色を強めたより大きな集団へと再編されたことを示す［松木、二〇一九］。すなわち、倭王を出す百舌鳥と古市の二大最有力集団を核に、各地で再編された有力集団がつながり合い、それまでの交易ネットワークに重ねて軍事的な連携を誇示する一種の軍事王権が成立したのである。以後、中国王朝に求めた「将軍」号を権威のよりどころとする「倭の五王」が、五世紀を通じてこの王権から輩出することになる。

　この体制にもっとも深く関わったのが、三大回廊のうちでも瀬戸内海ルートに沿った地域であった。その核は吉備で、五世紀の前半から中ごろにかけて造山《つくりやま》（岡山市、墳丘長三五〇メートル）・作山《つくりやま》（岡山県総社市、二八二メートル）・両宮山《りょうぐうざん》（岡山県赤磐市、二〇六メートル）*という巨大な前方後円墳（口絵p.1）を築き、それらを頂点とする階層的な古墳群を営んだ（ただし作山では不明確）。対岸の讃岐にも、四国最大の前方後円墳である富田《とみだ》茶臼山（香川県さぬき市、一三九メートル）が現れ、阿波では渋野丸山《しぶのまるやま》（徳島市、一〇五メートル）がこれに当たる。瀬戸内の西部はやや散漫で規模も小ぶりとなるが、安芸《あき》に三ツ城《みつじよう》（広島県東広島市、九二メートル）、周防に白鳥《しらとり》（山口県平生《ひらお》町、一二〇メートル）がある。

注目すべきは、これらの大型前方後円墳が、海にのぞむ周防の白鳥をのぞけば前期の前方後円墳よりも内陸に位置し、とくに山陽のものはのちの山陽道に面することである。伊予では、主要な古墳が現れる地域が、これ以後、臨海性の高い高縄半島先端から松山平野へとシフトする。主要古墳の内陸化ともいえるこの現象は、内陸のやや高燥な場所での水田開発と生産物集約の利便性や馬の利用などによって、陸路の経済的比重が増したことが要因であろう。これら内陸の大型前方後円墳およびそれを核とする階層的古墳群は、旧国規模の範囲に一か所程度の分布をみせ、地域社会を形成する集団の単位が、陸路に沿って拡大したようすをうかがわせる。

瀬戸内海回廊のこうした状況に対し、日本海回廊には、大型前方後円墳を頂点とする階層的な古墳群が現れない。山陰随一の前方後円墳地帯といえた因幡と伯耆でも、古郡家《ここおげ》一号（鳥取市、九二・五メートル）や北山一号（鳥取県湯梨浜町、一一〇メートル）を最後に途絶える。出雲には少し残るが、依然として小ぶりで墳丘長六〇メートル前後を超えない。出雲で支配的なのは、廟所《びようしよ》（島根県松江市、六六×六三メートル）、丹花庵《たんげあん》（同、四七×四二メートル）、清水山《しみずやま》一号（島根県安来市、四二×三〇メートル以上）などの長方形墳で、小さな突出部を付設するという新たな地域的特徴が加わる。地域のアイデンティティを墓の外形に表す弥生以来の伝統は、なお続いていたとみられる。

近年、これらの長方形墳を、百舌鳥古墳群・古市古墳群の大型前方後円墳に従う陪塚《ばいちょう》としての方墳と同一視し、出雲の有力者が大王を頂点とする近畿中央部の政治構造の中核にいち早く取り込まれたことの反映とみる考えが、出雲の研究者の間で主流のようである［大谷、二〇一一／仁木、二〇一五／丹羽野、二〇一五］。興味深い説であるが、近畿中央部の陪塚の方墳は長方形を呈する出雲のものと異なってより強く正方形を志向する、出雲の例に多い墳丘突出部を付けない、出雲では知られない器物の多量埋納を主眼とする例が多い、出雲でピークとなった五世紀後半には衰退している、など、なおクリアすべき点がある。

さて、太平洋ルートの古墳は、三世紀から四世紀中葉までは存在そのものが不明瞭で、四世紀後葉になって初めて、確かな例が認められるようになる。当初それらは、のちに中心となる高知平野ではなく、阿波南部（徳島県阿南市国高山《くにたかやま》古墳、前方後円墳？）と土佐西南部の幡多《はた》地域（高知県宿毛《すくも》市高岡山古墳群、円墳）という東西両端に現れる。前者は突線鈕式銅鐸、後者は広形銅矛という、近畿と北部九州からそれぞれ広がってきた弥生時代後期の青銅器の動きと重なることから、近畿や北部九州との弥生時代以来の関係を伝手《つて》にもたらされた可能性がある。五世紀に入ると、近畿や瀬戸内の最新式と同じ鉄製武器（柳葉形鉄鏃）をもつ長畝《ながうね》二号（高知県南国市、径一〇・五メートルの円墳？）が現れる。その場所が、前期のように東西端ではなく、中央部の高知平野であることは重要である。吉野川の河谷沿いに現在のJR土讃線が走る南北ルートを通じた瀬戸内海回廊との接続が、この時期に活性化したことがうかがえるからである。高知平野は、このルートと、西側の仁淀川《によどがわ》沿いに三坂《みさか》峠を越えて松山平野に抜ける国道三三号線のルートが合流しており、次に述べる六世紀後半以降に向けて、この二本の南北ルートが太平洋・瀬戸内海の両回廊をつなぐ大きな動きをみせるのである。

継体―欽明朝の吉備・出雲―

六世紀に入ったころ、古市・百舌鳥の二大古墳群の衰退が示す「倭の五王」体制の崩壊のあと、継体以後に確立する大王のリネージ（家系）を中央や地方の有力集団が支えるという新たな体制ができる。これを「継体朝」の動きとして、古墳からその具体相が各地でとらえられている。継体墓とされる今城塚《いましろづか》（大阪府高槻市《たかつき》、墳丘長一九〇メートル）は、横穴式石室という新機軸の埋葬法を取り入れ、後円部径をしのぐまでに幅が広がった前方部をもつ。今城塚と似て、横穴式石室、幅広の前方部、および後円部・前方部とも基本二段（ただし今城塚は後円部三段の可能性も）でくびれ部があまり低くならない腰高の墳丘、やや広くなる前方部前端テラス、などの特徴をほぼ共有した大型前方後円墳の分布が、「継体朝」を支えた六世紀前葉の有力集団の手がかりとなる。五ケ庄二子塚《ごかしょうふたごづか》（京都府宇治市、墳丘長一一二メートル）、断夫山《だんぷさん》（愛知県名古屋市、墳丘長一五一メートル）、七輿山《ななこしやま》（群馬県藤岡市、一四五メートル）など近畿以東が主で、北部九州に岩戸山（福岡県八女市《やめ》、一三五メートル）があるが、瀬戸内や山陰では大型のものは顕著でない。吉備では、東部の築山《つきやま》（岡山県瀬戸内市、八二メートル）を挙げうる程度である。

吉備で大型古墳が下火となるのは、『日本書紀』雄略紀や清寧即位前紀に出てくる吉備の「叛乱伝承《はんらん》」と結びつけられてきたが、それよりも、古市・百舌鳥の両古墳群の衰退および

「継体朝」の大型古墳の台頭という、この時期に広域で生じた普遍的な事象の一環とみるべきであろう。とくに「倭の五王」体制を主体的に支えていた吉備をはじめ瀬戸内海回廊の諸地域は、「継体朝」へのシフトによって近畿中央部との結びつきが一時的に薄まった。かたや、日本海回廊の山陰をみると、出雲では中型の前方後方墳、伯耆では西部の向山《むこうやま》古墳群（鳥取県米子市）など中型の前方後円墳、因幡・石見・隠岐でも中小の前方後円墳をそれぞれ核とする古墳群の局地的な展開がみられる［大谷、二〇一二］。瀬戸内南岸の讃岐や伊予でも、中小前方後円墳を核に同様の状況が指摘されている［大久保、二〇一一］。しかし、核となる古墳はいずれも小さく、「継体朝」への中枢的な関与を示す有力な大型墳は見出しにくい。このことから「継体朝」は、近畿中央部と三大回廊との関係が一時的にゆるまった過渡期であり、むしろ地域内部の有力層の結集が進んだ時期と考えられるだろう。出雲の玉生産の急速な増大、埴輪の小地域色の顕在化［大谷、二〇一二］、吉備での鉄素材生産技術の開発などは、こうした状況下で、近畿中央部の関与を受けつつも、地域経済の自律的な活性度が高まったことが背景にあるだろう。

こうした状況が転換したのは六世紀中ごろの「欽明朝」期であった（図1-3）。三大回廊のいずれにおいても、大型古墳築造の盛んな動きが戻るのである。瀬戸内海回廊の枢である吉備では、こうもり塚（岡山県総社市、墳丘長一〇〇メートル）、鳥取上高塚（岡山県赤磐市、七五メートル）、二子塚（広島県福山市、六八メートル）という、この時期としては大型の前方後円墳が、のちに備中・備前・備後に分国されたそれぞれの中心域近くに現れる。欽明大王墓の可能性が高い五条野丸山（見瀬丸山、奈良県橿原市、三三〇メートル）について、河上邦彦氏は、前方後円形の低い土盛りの後円部の位置に腰高の円丘を載せた形とみて、類例に河内大塚山（大阪府松原市）を挙げた〔河上、一九九五〕。土生田純之氏は、このような墳丘形態を「見瀬丸山型」と称し、こうもり塚のほか、壱岐の双六（長崎県壱岐市、九一メートル）、三河の馬越長火塚（愛知県豊橋市、七〇メートル）など、この時期の各地最有力者にしばしば採用されていることから、欽明を核とする近畿の王権との密接なつながりを背景として案出され、外形が共有されたものと考えた〔土生田、二〇一二〕。鳥取上高塚もその可能性が高い〔光本・山口・ライアン、二〇二二〕。二基の「見瀬丸山型」の存在から、吉備は、ふたたび近畿との密接な関係に戻って地域を再編していったとみられるのである。なお、周防の大日古墳（山口県防府市、四〇メートル）も、やや小さいが「見瀬丸山型」前方後円墳の可能性があり、時期も一説に言われるような七世紀に下るものではあるまい。

いっぽう、日本海回廊の核の出雲で「欽明朝」と関わる古墳が現れたのは、西部の神門地域である。大念寺（島根県出雲市、九二メートル）は、「五条野丸山タイプ」かどうかは確認できないが大型の前方後円墳で、横穴式石室は九州に由来する複室構造（前室・玄室という複数の「部屋」が連なるプラン）ではあるが、巨石を積んで玄室を箱形の空間とするなど、近畿中央部の特徴も合わせもつ。巨大な刳抜式家形石棺の長側面に横口を開けることも、近畿中央部と九州との折衷的なありさまである。かたや、のちに出雲国府が置かれる中部の意宇地域に現れるのは山代二子塚（島根県松江市、九二メートル）で、「欽明朝」期には他に類例のない大型前方

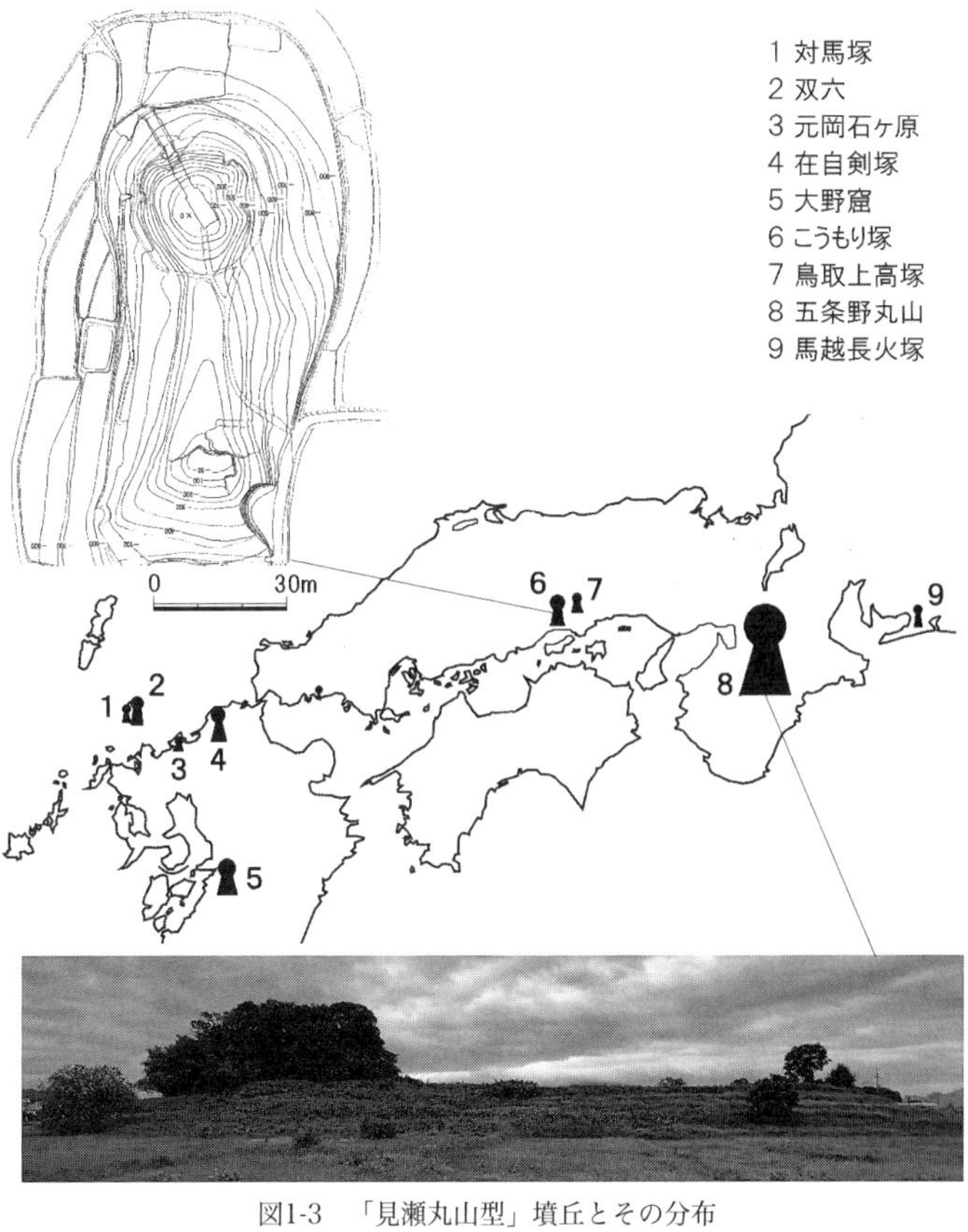

図1-3　「見瀬丸山型」墳丘とその分布
墳丘図は、葛原克人・近藤義郎・鎌木義昌1986「こうもり塚古墳」『岡山県史』第18巻考古資料より　写真は筆者撮影

後方墳である。山代二子塚の石室は明らかになっていないが、意宇地域ではこのころから九州に起源をたどれる石棺式石室（天井を屋根状にした板石組みの玄室に羨道を付けたもの）が多くなる。「欽明朝」期の出雲は、一般層の墳墓として横穴墓が多いことなどからみても総じて九州との関わりが強いなかで、のちに出雲大社が建てられる西寄りの神門地域に、わずかに近畿中央部とのつながりが認められるということになる。

太平洋ルートでは、「欽明朝」期以降になって地域の政治的編成が本格化した。一部屋の玄室に幅の狭い羨道をつけるという近畿中央部にゆかりをもつ横穴式石室が、高知平野から海岸沿いに西の幡多地域や東の安芸地域へと広がったのである。その数と規模が高知平野でもっとも卓越することから、近畿中央部系の石室が、瀬戸内ルートを経て吉野川河谷に沿う南北ルートで伝わり、さらに太平洋ルート沿いに東西に広がって、高知平野を核とする南四国の集団編成をつくり出したと考えられている［清家、二〇一〇］。

終末型古墳と国府

近畿中央部では六世紀末までに前方後円墳の築造が停止する。そのころ以降は、基壇付きの多段八角形（奈良県段ノ塚―「舒明陵」―など）、横長の長方形（大阪府山田高塚―「推古・竹田皇子合葬陵」―など）、多段方形（奈良県赤坂天王山など）、のちには基壇付きや二段の円形（奈良県高松塚など）が上位の墳形となった。それらのもつ横穴式石室は精緻化とともに縮小し、切石組みの石室や、横口式石槨（短辺側に口を開いた一人分の箱形埋葬空間）などが用いられた。

大和の飛鳥や、「近つ飛鳥」とよばれる河内の磯長谷にこれらの終末型古墳は密集し、「推古朝」から「天武・持統朝」にいたる飛鳥時代の中央支配層の墓域を形成した。

瀬戸内回廊の核として近畿との密接な関係をもちつづけてきた吉備の中枢部には、不思議なことに典型的な終末型古墳が少ない。むしろ、日本海ルートと結ぶ山間部の阿賀地域に、切石組み石室をもつ多段方形の大谷一号墳（岡山県真庭市）など、終末型古墳が集中する。

同様に、優勢な終末型古墳の集中と国府の場所とが空間的にぶれる例として、伊予がある。伊予では、東端に近い燧灘南岸の宇摩地域に、大型の横長長方形墳である宇摩向山（愛媛県四国中央市、七〇×四六メートル）が現れるが、これに匹敵する終末型古墳は、のちに伊予国府が置かれる松山平野には見あたらない。なお、宇摩向山の二つの横穴式石室の一つは、「角塚型」［山崎、二〇〇三］という、九州系譜の複室構造、近畿系譜の箱形玄室、および玄室奥壁を一個の巨石で構成するという吉備に多い特徴を合わせもった折衷型の大型横穴式石室で、燧灘に面した伊予東部・讃岐西部および備後南部から南四国にかけて、この時期の地域最有力者に共有された（図1-4）［清家、二〇一〇］。

土佐では、伊予の松山平野とつながる仁淀川ルート上の朝倉古墳（高知市）が「角塚型」で、七世紀前半の土佐最大の終末型古墳であるが、土佐国府が置かれたのは吉野川河谷を経て伊予東部や讃岐とつながるルート上で、ここにも複雑な関係が見てとれる［清家前掲］。さらに讃岐でも、「角塚型」の名祖となった角塚古墳（香川県観音寺市、四二×三八メートル）を中心に優勢な終末期古墳が集まるのは西端の三豊（三野・豊田）地域であるが、国府は東方の

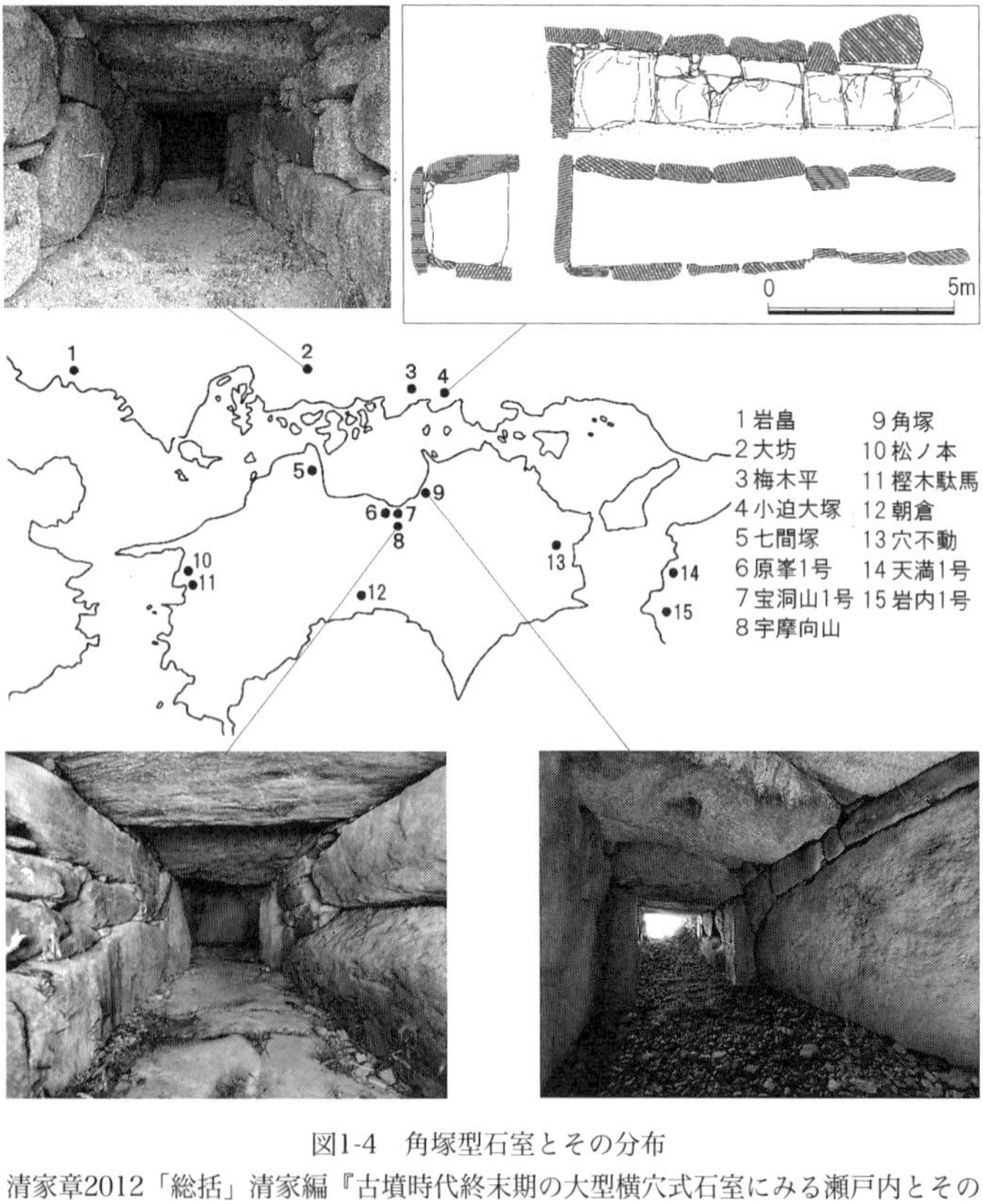

図1-4　角塚型石室とその分布

清家章2012「総括」清家編『古墳時代終末期の大型横穴式石室にみる瀬戸内とその周辺の政治的関係』高知大学人文学部考古学研究室 所収図をもとに作成、石室図は藤田憲司・伊藤晃1986「小迫大塚古墳」『岡山県史』第18巻考古資料より、写真は筆者撮影

阿野（綾）地域に置かれた。このような、終末型古墳と国府の空間的なぶれや、それが示す有力集団間の緊張の背景には、「欽明朝」期以降に活性化してくる南北ルートを通じた、地域間の新たな交流やつながりがあったと推測される。こうして複雑化した関係のもとで、近畿を核とする国家に向けての地方編成が進むとき、各地の有力集団どうしの間に、主導権争いや国府の「誘致合戦」のような緊張関係が生じたと考えられる。

ただし、吉備でも、後に備後として分国される西部では、終末型古墳から国府への展開は同じ芦田川流域で比較的スムーズである。周防も、国府の近傍で優勢な終末型古墳が展開する。出雲では、「欽明朝」期に大念寺と山代二子塚の両大型墳をそれぞれ築いて対峙した西部の神門地域と中部の意宇地域のうち、後者に一辺四五メートルを測る大型の山代方墳が現れて中枢性が明確になり、そのまま出雲国府へとつながった。

おわりに

中国・四国の諸地域が、古墳時代の社会から、仏教や律令を基盤とした国家社会へと移り変わるさまを描くには、古代山城や仏教寺院の展開、それを支える生産・流通や集団編成の変化など、多岐に及ぶ考察が必要であることはいうまでもないが、それらは以降の各章にゆだねることにしたい。考古学による限定的な記述に終わった本章ではあるが、所与の地理的枠組みであった日本海・瀬戸内海・太平洋の回廊が、水田稲作の拡がりを通じて地域社会としての体裁を整え、遠距離交易への依存によって互いに関係を強め、その中核に立った近畿中央部の王権のもとに編成されていく約一二〇〇年間の筋道を素描することはできたかと思う。

参考文献

稲田孝司　二〇一〇年『旧石器人の遊動と植民・恩原遺跡群』新泉社
上野祥史　二〇一四年「日本列島における中国鏡の分配システムの変革と画期」『国立歴史民俗博物館研究報告』第一八五集、三四九～三六八頁
宇垣匡雅　一九九二年「弥生墳丘墓と前方後円墳」稲田孝司・八木充編『中国・四国』新版『古代の日本』四、角川書店、九三～一一四頁
大久保徹也　二〇一一年「四国」広瀬和雄・和田晴吾編『古墳時代（上）』講座日本の考古学七、青木書店、一七五～二一二頁
大谷晃二　二〇一一年「山陰」広瀬和雄・和田晴吾編『古墳時代（上）』講座日本の考古学七、青木書店、一四七～一七四頁
小野忠熈編　一九五三年『島田川 1950-1953 周防島田川流域の遺跡調査研究報告』山口大学島田川遺跡学術調査団
河上邦彦　一九九五年「見瀬丸山古墳の墳丘と石室」『後・終末期古墳の研究』雄山閣、二九〇～三〇六頁
久住猛雄　二〇〇七年「「博多湾貿易」の成立と解体―古墳時代初頭前後の対外交易機構―」『考古学研究』第五三巻第四号、二〇～三六頁
下垣仁志　二〇一八年『古墳時代の国家形成』吉川弘文館
柴田昌児　二〇〇四年「高地性集落と山住みの集落」寺沢薫編『考古資料大観』第一〇巻 弥生・古墳時代 遺跡・遺構、小学館、三一五～三三〇頁
柴田昌児　二〇〇九年「松山平野における弥生社会の展開」『国立歴史民俗博物館研究報告』第一四九集、一九七～二三一頁
白井克也　二〇〇一年「勒島貿易と原の辻貿易―粘土帯土器・三韓土器・楽浪土器からみた弥生時代の交易

―」『第四九回埋蔵文化財研究集会 弥生時代の交易―モノの動きとその担い手―』埋蔵文化財研究会第四九回研究集会実行委員会、一五七～一七六頁
清家　章編　二〇一〇年『弥生・古墳時代における太平洋ルートの文物交流と地域間関係の研究』高知大学人文社会科学系
清家　章　二〇一〇年「横穴式石室にみる南四国太平洋沿岸地域の関係」清家編前掲、一三一～四三頁
清家　章　二〇一八年『埋葬からみた古墳時代―女性・親族・王権』吉川弘文館
辻田淳一郎　二〇一九年『鏡の古代史』KADOKAWA
都出比呂志　一九八六年「古墳時代への転換と高地性集落」『東アジアの古代文化』第四六号、一五～二七頁
都出比呂志　一九八八年「古墳時代首長系譜の継続と断絶」『待兼山論叢』第二二号史学篇、一～一六頁
都出比呂志　一九九一年「古代日本の国家形成論序説―前方後円墳体制の提唱―」『日本史研究』第三四三号、五～三九頁
寺前直人　二〇一〇年『武器と弥生社会』大阪大学出版会
寺前直人　二〇一七年『文明に抗した弥生の人びと』吉川弘文館
中塚　武　二〇二一年「先史・古代における気候変動の概観」中塚　武・若林邦彦・樋上　昇編『先史・古代の気候と社会変化』気候変動から読みなおす日本史 第三巻、臨川書店
仁木　聡　二〇一五年「巨大方墳の被葬者像」島根県古代文化センター編『前方後方墳と東西出雲の成立に関する研究―古墳時代中期における出雲の特質―』島根県古代文化センター調査研究論集 第一四集
丹羽野裕　二〇一五年「入海北岸地域の古墳の動向と松江の南北連合」松江市史編集委員会編『松江市史』通史編1 自然環境・原始・古代、三八〇～三八二頁
土生田純之　二〇一二年「墳丘の特徴と評価」豊橋市教育委員会『馬越長火塚古墳群』豊橋市埋蔵文化財調査報告書一二〇、三二九～三四一頁
藤尾慎一郎　二〇一五年『弥生時代の歴史』講談社
松木武彦　二〇〇二年「讃岐平野における打製石鏃の長期的変化」『犬飼徹夫先生古稀記念論集 四国とその周辺の考古学』四〇五～四二四頁
松木武彦　二〇一九年「国の形成と戦い」吉村武彦・吉川真司・川尻秋生編『前方後円墳―巨大古墳はなぜ造

られたか』シリーズ古代史をひらく、岩波書店、一三一～一七一頁
松木武彦　二〇二二年「日本列島先史―原史段階の社会変化と「環境」〈歴史変化の定量的把握とメカニズム解明に向けての試論〉」『国立歴史民俗博物館研究報告』第二三一集、二一一～二四四頁
松木武彦・近藤康久　二〇二一年「岡山平野における居住高度の通時的推移と気候変動―弥生・古墳時代を対象に―」中塚　武・若林邦彦・樋上　昇編『先史・古代の気候と社会変化』気候変動から読みなおす日本史第三巻、臨川書店
溝口孝司　二〇〇〇年「古墳時代開始期の理解をめぐる問題点―弥生墓制研究史の視点から―」北條芳隆・溝口孝司・村上恭通編『古墳時代像を見なおす―成立過程と社会変革―』青木書店、二一七～四八頁
光本　順・山口雄治・ライアン ジョセフ　二〇二二年「LiDAR測量による岡山県赤磐市鳥取上高塚古墳の墳丘の検討」『文明動態学』六七～八一頁
山崎信二　二〇〇三年『古代瓦と横穴式石室の研究』同成社
若林邦彦　二〇〇一年「弥生時代大規模集落の評価―大阪平野の弥生時代中期遺跡群を中心に―」『日本考古学』第一二号、三五～五四頁
Hassan, F.A. 1988, The Predynastic of Egypt, *Journal of World Prehistory*, 2-2, pp.135-185

2章　製鉄技術の開発と普及を担った中国地方

――古墳～奈良時代を中心に

村上恭通

はじめに

「たたら製鉄*」は中国地方で育まれたわが国の伝統的製鉄である。河瀬正利によれば、狭義のたたら製鉄は、炉の大型地下構造（床釣り）の築造、天秤鞴《てんびんふいご》の発明などの条件を備えた製鉄を指し、一七世紀末から一八世紀にかけて成立した〔河瀬、一九九五〕。今や天秤鞴の動力は電力へと変わり、たたらを育んだ村の景観も失われたとはいうものの、その時代に完成した技術は、今なお島根県奥出雲の日刀保《にっとうほ》たたらに受け継がれている。そこでは日本刀の原料となる玉《たま》鋼《はがね》を作り続け、全国の刀匠に供給し、現代の伝統工芸を支えている。

たたら製鉄の技術伝承は口伝が原則であり、その技術は文字としては遺《のこ》されなかった。唯一、江戸時代に下原重仲《しもはらしげなか》が『鉄山必要記事（鐵山秘書）』（享和三〔一八〇三〕年）としてたたらの技術、伝承や経営法などを記録した。これが一九三三年、俵國一によって『古来の砂鉄製錬法（たたら吹製鉄法）』のなかで紹介されることとなる〔俵、一九三三〕。同書は俵が一八九八年から翌年にかけて広島、島根、鳥取で操業を続けるたたら場での詳細な調査成果を収めており、たたら研究の最も重要な基本文献となっている。

しかし俵が調査する一〇年前に山陰地域のたたら場を調査し、たたらを世界の製鉄史のなかに位置づけた外国人がいた。それがウィリアム・ガウランド（William Gowland）である。たたらの起源について考察をめぐらしたガウランドの言葉にしばし耳を傾けてみたい。

1　世界のなかの「たたら」

ガウランドが見抜いた「たたら」の歴史

「日本考古学の父」とも称されるガウランドは、明治五（一八七二）年に英国から大阪造幣寮の冶金技師として招聘《しょうへい》された。日本各地の古墳を訪ね、その詳細な記録を遺しており、古墳研究に対する貢献を高く評価されている。渡辺貞幸によれば、ガウランドは雇用期限が満了し、帰国する前年の明治二〇（一八八七）年に島根、鳥取を訪れ、上塩冶《かみえんや》築山古墳や今市大念寺古墳（出雲市）をはじめとする古墳を調査し、精緻な記録を遺した［渡辺、一九七九ａ～ｃ］。もとより冶金学を修め、ヨーロッパの製鉄史にも造詣が深いガウランドがたたらを知らなかったはずはない。もしも山陰訪問がこの時期だけであるとすれば、古墳調査の合間を縫って当時稼働中であったたたら場を訪問したのではないかと推測する。少々長くなるが、ガウランドのたたらに関する調査成果と考察を引用してみよう。

「最近まで、すべての製鉄の原料となっていた鉱石は、柔らかく風化した花崗岩に含まれる磁鉄鉱系の砂鉄であり、それは本州西部の出雲、石見、安芸、そしてその周辺地域にあった。（中略）この砂鉄から鉄や鋼を生産するという今もなお続くプロセスは、冶金学的にも考古学的にも格別に興味深い。たたら師たちの伝承によれば、①炉はもともと現在よりもたいへん短く、風を送るための穴も2～4個しかなかったが、原理や構造に違いはなかった。炉は②ヨーロッパの原始的な製鉄炉が縦方向に延びたのとは対照的に、横方向にしか延びなかった。日本の製鉄炉は今でもいくつかの地域で使用されており、30年ほど前までは日本で必要とされる鉄のすべてを生産していたが、原始的な簡素な構造、そして短命性[1]という特徴において、③世界のいかなる地域にも匹敵するものはない。」［Gowland、一八九九・一九一五、丸数字・傍線は筆者による］。

この文章とともに示された製鉄炉の図面（図2-1上段）は、精緻な石室の図面を記録してきたガウランドにしては概念的であり、そのことは俵の図（同図下段）と比較すれば一目瞭然である。炉の内壁が頂部から底部に向けて一直線に伸びてV字形をみせる様《さま》は、ヨーロッパの製鉄炉に関する知識がそうさせたものであろう。ガウランドは、訪問時に製鉄炉が壊されていて観察できなかったか、あるいは秘匿技術として見学できなかった可能性がある。

しかしながら、たたら師から聞き取った①には、製鉄炉が基本的な構造を維持しながら長くなり、両側の送風孔（木呂《きろ》穴《あな》、ホド）の数を増していったという製鉄炉の発達過程が示されている。これは高度成長期以降、製鉄遺跡の発掘調査の蓄積によって二〇世紀後葉にようやく確信された現象である。また②はヨーロッパの製鉄炉と比較しての所見であるが、中国、朝鮮半

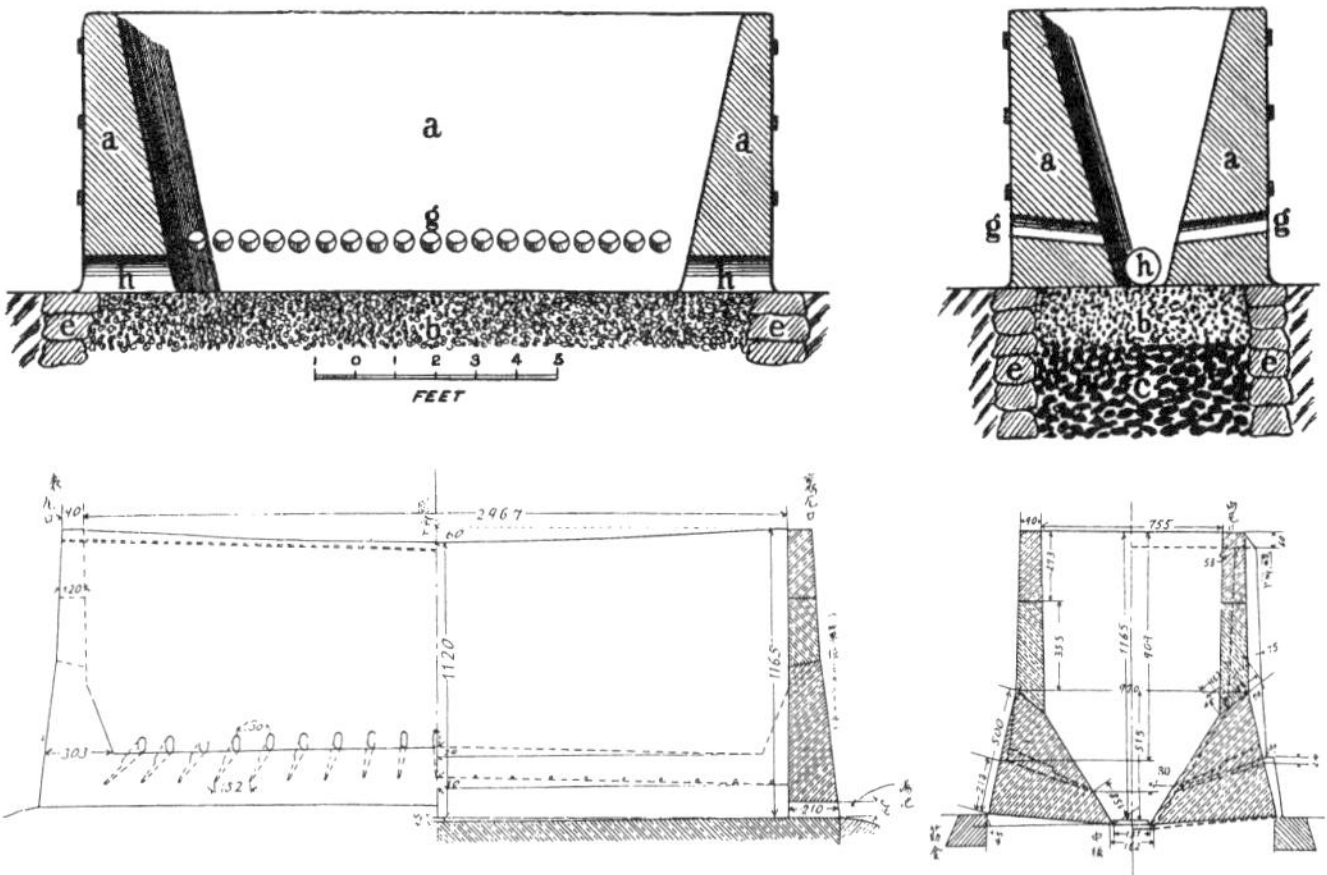

図2-1　製鉄炉の図面比較　上段：ガウランド　下段：俵國一（砺波たたら）
（Gowland、1899 / 俵、1933）

島での発掘成果にも追認される事実であり、議論できるようになったのは二一世紀を迎えてのことである。ガウランドが古墳調査の合間にどの程度の時間を割いてたたらを歩いたのか知るよしもないが、一〇〇年以上も前に製鉄炉の発展とその特異性を活写にしていた点は称賛を通り越して驚愕《きょうがく》に値する。

ここではまずガウランドの言葉にある「世界のいかなる地域にも匹敵するものはない」とした製鉄炉が、中国地方でいかに生まれ、発展してきたのか、その過程と背景について、古墳時代から飛鳥、奈良時代の考古資料にもとづいて論じてみたい。ただ中国地方における古代製鉄の個性を描出するためには、東アジア、日本列島全体という視野で見通した考察が必要である。

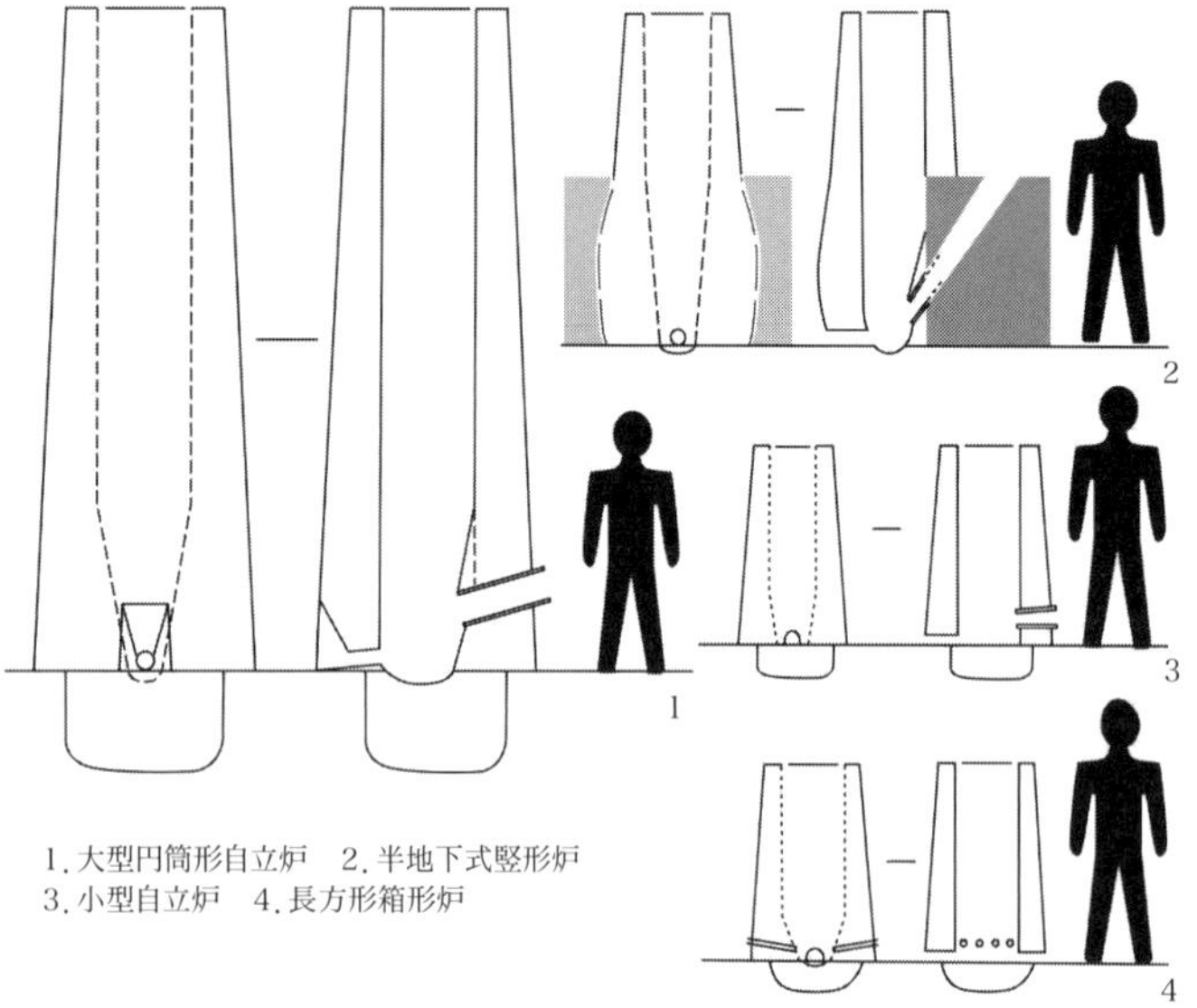

図2-2　東アジアの製鉄炉分類概念図

東アジアのなかの「たたら」の原形

南北朝時代～隋《ずい》代（四三九～六一八年）における中国の製鉄炉は、基本的に円筒形で、一本の大型送風管を炉内に挿入して鞴から風が送られ、送風管の反対側から鉄や鉄滓《てっさい》を流出させた（図2-2-1）。春秋時代（紀元前七七〇～紀元前二二一年）以降、大型化してきたこのタイプの炉に加え、唐代（六一八～九〇七年）を迎えると、炉下半部を法面《のりめん》に掘り込んで前面を粘土で覆い、その上部に円筒形の炉上半部を築くという半地下式竪《たて》形炉が登場した（図2-2-2）。この炉も一本の大型送風管を炉内に挿入して、製鉄が行われた。唐代以降、大型炉としては円筒形炉、小型炉には半地下式竪形炉の使い分けがあったとみられている。朝鮮半島は中国からの直接的な影響を受けて製鉄が開始されたため、製鉄炉は基本的に中国と同じであり、大型送風管一本を炉内に挿入する円筒形炉である。古墳時代にほぼ併行する三国時代の朝鮮半島にはこの円筒形炉しかない。この頃までの中国と朝鮮半島の円筒形炉はその地下に穴を掘って、内部に礫《れき》、鉄滓や木炭などを重層して作った防湿のための構造物を備えている。製鉄炉の大きさについては、現存する宋代の円筒形製鉄炉が炉高六メートル、最大内径約二・五メートルに達することから、その前身の炉高もおおよそ推測できる。朝鮮半島では三国時代の炉の底径が一メートル近くになる例があることから、底径と炉高の比率や炉内の熱効率を考慮すると、その高さも優に二メートルを超えていたと想定されている［村上恭、二〇〇七］。中国、朝鮮半島の製鉄炉はガウランドがヨーロッパの製鉄炉の特徴とした上方へ発達したものであり、送風管は一本であった。

一方、当該期の日本列島では多様な製鉄炉が展開し、変容形を除くとおおむね二つに分類される。中国、朝鮮半島のような円筒形の大型製鉄炉はない。しかし炉の後背から送風管一本で送風するという大陸の原理を継承した炉が二種類ある。その一つは半地下式竪形炉であり、八世紀中頃に出現し、北陸、東北、関東に分布域を広げた（図2-2-2）。中国に起源をもつこのタイプの炉が朝鮮半島には伝えられず、日本にのみ及んでおり、その背景を考えると興味深い。もう一つは平面形が楕円《だえん》形あるいは隅丸方形を呈する筒形炉であり、現在のところ最古例は九世紀の熊本・大藤遺跡の製鉄炉である（図2-2-3）［勢田編、一九九二］。ただし、北部九州にも古墳時代後期の製鉄炉があることは確実であり、著しい破壊を受けて炉形が判然としない製鉄炉のなかにこのタイプがあることが想定されている。九州には頻繁な日韓交流を背景に朝鮮半島の製鉄技術が漏洩《ろうえい》し、縮小しながらも技術的な原則を継承した鉄生産が行われたのである［村上恭、二〇〇七］。

そして三つ目の類型は平面形が方形、円形あるいは長方形、楕円形を呈し、相対する二方向から複数の管で炉内への送風が行われた製鉄炉である（図2-2-4）。残りの二方向には穴（湯口）があり、そこから生成した鉄や鉄滓を流し出し、また炉内が観察できた。そのため炉外には二方向に作業用の土坑や溝が付設された例もある。これこそガウランドが「世界のいかなる地域にも匹敵するものはない」と評した製鉄炉の原形であり、本稿の主役である。日本の古代製鉄炉をはじめて包括的に整理した穴澤義功や土佐雅彦はこれを「長方形箱形炉」と呼んだ［穴澤、一九八一・一九八二／土佐、一九八一］。この製鉄炉は六世紀中葉の岡山県総社市の千引《せんびき》カナクロ谷遺跡四号炉を最古例とし、それ以降、岡山県域に分布の中心をみせながら、広島県、島根県域に広がり、古墳時代終末期には滋賀県にまで及んでいる。律令《りつりよう》成立期前後には、その分布域を九州へ、東北へと拡張する。

ところで、この世界的に稀有《けう》な製鉄炉は、どこでどのように誕生したのであろうか？　送風孔が両側に複数あることから、一つ一つの孔に鞴から伸びた送風管が挿入されたことは容易に推測できる［大道、二〇二〇a］。そのイメージには岩手県大槌《おおつち》町に伝わる「大槌烱屋《どうや》鍛冶絵巻」に描かれた製鉄作業風景が大いに参考になる（図2-3）。古墳時代中期以降、鍛冶は十分な技術レベルで活発に行われていることから、鍛冶工人が力を合わせれば可能な作業であろう。

図2-3　大槌烱屋鍛冶絵巻の製鉄風景（岩手県立博物館提供）

とはいえ、製鉄は採掘後、破砕した鉄鉱石あるいは採集した砂鉄を原料とし、炭窯で焼いた木炭を燃料として必要とするきわめて高度な複合技術である。それが突如、ひらめきで生み出されるはずはない。彼我の製鉄炉の大きさや構造は全く異なるものの、渡来人が伝えた、あるいは海を越えて伝習した知識や技術がなければこの製鉄は誕生しなかったであろう。つまり鍛冶に関わる在来技術と、製鉄に不可欠である外来の知識や技術が融合して新たな技術が生まれたのである。それを実現できた地域はどこであったのか？　この問いに対しては、これまで発見された製鉄炉の時期やその分布密度が自《おの》ずと答えてくれよう。炉が分布する各地で、同時に生まれたとは考えられず、どこかで考案され、実用化し、それが徐々に広がったとみるのが妥当である。そうするとこの製鉄炉が生まれた地域は岡山県域、すなわち吉備しかない。

2　たたらの起源を探る

製鉄が生まれた土壌

古墳時代中期の遺跡では、おもに朝鮮半島から伝わる渡来系遺物が列島各地で発見されており、その数は前期に比較すると格段に増加した。その二大分布地は北部九州と近畿であるが、瀬戸内地域でもにわかに渡来系遺物が増加している。亀田修一の研究が示すように、とりわけ吉備は出土する渡来系遺物の種類と集中度において際立っている［亀田、一九九七・二〇〇〇］。備中の窪木薬師遺跡（総社市）はとくに注目され、吉備でも最古段階のカマドを備えた竪穴住居（竪穴住居一三）では、祭祀《さいし》目的で置かれたと考えられる鉄鋌《てってい》がカマドのなかから発見された［島崎編、一九九三］。鉄鋌の大きさ、形状は三国時代の加耶《かや》地域のそれと類似しており、このほかにも釜山《プサン》市福泉洞《ポクチョンドン》二一・礼安里《イエアンニ》二一号墳出土例に類似した鉄鏃、軟質土器、陶質土器といった出土品は加耶との関係の深さを示している。この住居ではさらに鍛冶滓や砥石《といし》も発見されており、さらには柱穴をもたない特異な竪穴系鍛冶工房（竪穴住居一一）まで近くにあり、五世紀前半代に遡る加耶系渡来系工人の存在が指摘されている。窪木薬師遺跡以外にも、東約一・七キロに位置する高塚遺跡で一六棟にのぼるカマド付き竪穴住居が朝鮮系土器を伴い、鍛冶滓を出土する五世紀後半の竪穴住居も四棟発見されている［江見ほか編、二〇〇〇］。また窪木薬師遺跡の北約三・五キロメートルには五世紀前半の随庵古墳があり、鉄鉗《かなはし》、鉄鎚《かなづち》、鉄床《かなとこ》、そして鑢《やすり》まで加わった鍛冶具のセットが副葬されていた（図２-４）［鎌木編、一九六五］。朝鮮半島製鍛冶具の副葬、鉄器生産の痕跡の豊富さとそれに伴う朝鮮系土器は渡来系工人によりもたらされた鉄器生産の高揚をうかがわせる。亀田はその背景に、西暦四〇〇年頃の朝鮮半島南部における混乱に吉備の首長たちが関わったことを推測している［亀田、二〇一八］。

さらに亀田は、窪木薬師遺跡を中心とする半径四キロ圏内にこのような遺跡や遺物が集中することに加え、造山古墳（墳長三六〇メートル）、作山古墳（墳長二八二メートル）という大型前方後円墳の存在に注目する。中期古墳としては全国で四位、一〇位の大きさを誇る前方後円墳が築造された列島内の背景として、吉備の豪族と渡来人たちとの直接的な関係が前提としてあり、その後、大和王権が「覆い被さる」と説明した。これに対し、吉備の製鉄・鍛冶遺跡と古墳を検討し、その鉄器生産と政治権力について詳論した花田勝弘は、造山・作山古墳の時代における倭政権との連合を背景とした鉄器生産の活況を説いている［花田、二〇〇二］。

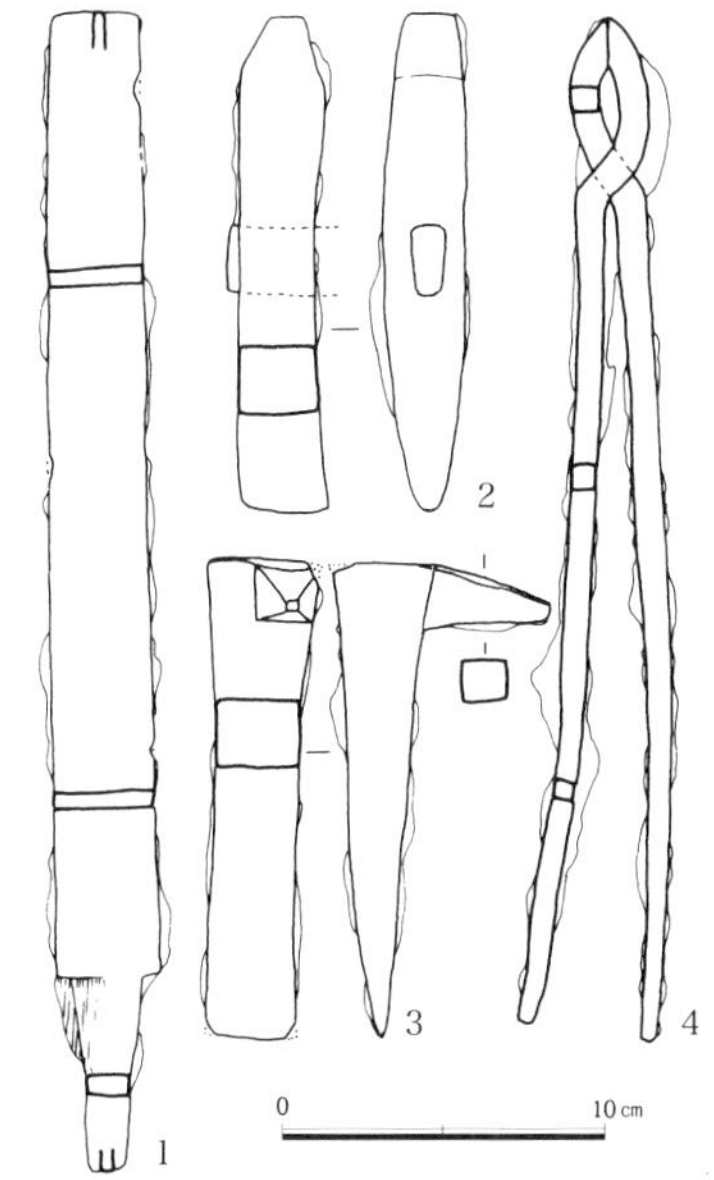

図2-4　随庵古墳出土の鍛冶具　1. 鑢　2. 鉄鎚　3. 鉄床　4. 鉄鉗　（鎌木編、1965）

鉄器生産に関する新たな動向は美作《みまさか》でもやや遅れて始《はじ》まり、大量の鍛冶滓を出土する遺跡や鍛冶具を副葬する古墳にうかがえる。また備後では大成《おおなり》遺跡（広島県庄原《しょうばら》市）の鍛冶工房が五世紀中葉～六世紀初頭に属し、これ以降、鉄器生産が連綿と続く。対岸の四国においても古墳時代中期における鍛冶の痕跡が各所に認められるようになり［栗林編、二〇〇四］、集落において消費される鉄器と鉄器生産とが比例的に増加している状況がうかがえる。しかし吉備の鉄器生産は、集落の構造や立地にまで変化をもたらしており、地域社会の鉄器生産への注力がずば抜けて増大していたようである。このことが鉄生産を開発する土壌を醸成したのである。

渡来系鍛冶とは何か

渡来系遺物に伴って発見される鉄器生産の痕跡は、渡来系鍛冶と躊躇《ちゅうちょ》なく判断していいのだろうか？　そのためには装置と装置、技術と技術の日韓比較が必要であろう。日本列島の鍛冶工房は弥生時代以来、基本的に住居と同様の竪穴建物であり、その床の一部を掘りくぼめて鍛冶炉が設けられた。そしてその鍛冶技術を基礎としながら、古墳時代初頭に朝鮮半島の影響を受けて技術が格段に向上し、鍛冶滓、鍛造剝片や粒状滓を副次的に生ずる高温鍛冶技術が北部九州に起こり、関東、北陸まで広がった。古墳時代における第一次渡来系鍛冶技術の拡散である［村上恭、二〇〇七］。問題はこれに続く前期後半の鉄器生産の痕跡が乏しく、中期とのつながりに不明な点が多い点である。とはいえ、副葬品には朝鮮半島にはない型式の鉄製品がみられ、しかもその量も増加するところから、鉄器生産が向上した時期であることに違いない。

一方、朝鮮半島の鉄器生産については、原三国時代から三国時代初期の例は多数発見されているものの、それ以後となるとその痕跡がみえづらくなる。そもそも朝鮮半島の鉄器生産には、鋳型に熔鉄を流し込んで作る鋳造と鉄塊（鋼）を鍛冶具で鍛えて作る鍛造の二種類があった。中国に直接起源をもつこれらの技術は、製鉄炉で銑鉄、鉄塊（鋼）双方を生産可能であったことも示している。しかし中国と同様、銑鉄生産量が鉄塊生産量を凌駕《りょうが》するために、武器・農工具の大多数を占める鍛造品を生産するためには、銑鉄を鋼化する必要があった。そのための装置が炒鋼炉《しょうこうろ》であり、中国前漢末期に登場するこの炉は三国時代初期には朝鮮半島南部にまで及んでいる（図2-5）［金、二〇〇六／村上恭、二〇〇七］。製鉄炉と見まがう痕跡を遺す炒鋼炉は、鉄器生産工程を製鉄と鍛冶に二分するとすれば鍛冶工程の炉とみなすべきであろう。この炒鋼炉と先述した鋳造用の炉は、古墳時代には影も形も見られない。

続く工程において、炒鋼炉で精製した鋼あるいは製鉄炉内でできた鋼を鍛冶具で鍛えて製品化するわけだが、その工程を担った鍛冶炉の検出例が日本に比べてきわめて少ない。新羅《しらぎ》の都の鉄器生産を支えた隍城洞《ファンソンドン》遺跡（慶州市）では、鍛冶炉としての認定が困難な火床が無数にあり、熱を受けてほのかに橙色《とうしょく》化した部分に接して、焼土ブロックや大量の鍛造剥片、粒状滓が集中的に出土する地点に遭遇し、炉としての認定に難儀した経験がある。また鋳造炉（熔解炉）、炒鋼炉とは全く形態の異なった壁立ちの炉が発見されており、それは古墳時代の鍛冶炉に通有の地面に掘りくぼめた炉ではない。肝心の炉本体が見当たらない理由が、掘りくぼめるのではなく、壁立ちであったり、炉床が地表よりも高い位置にあるという鍛冶炉の構造にあり、

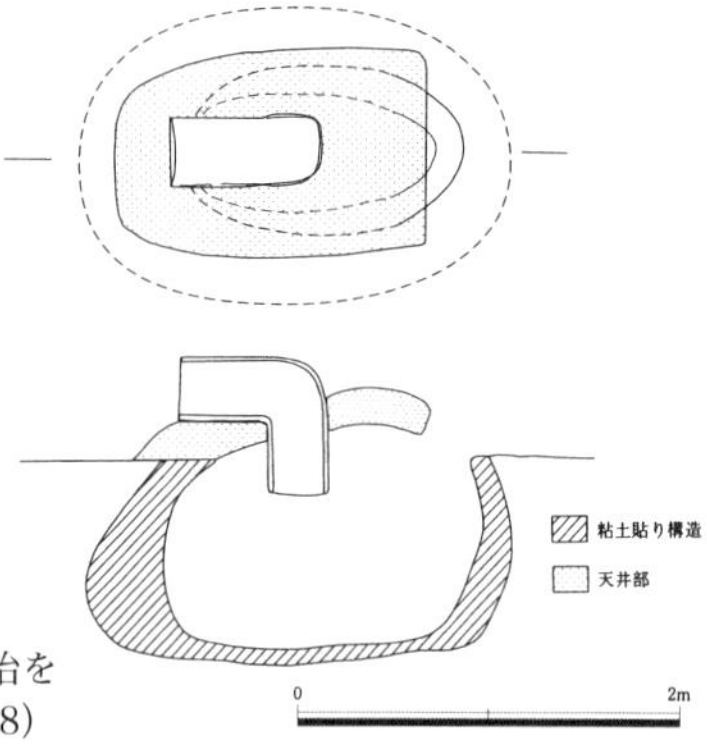

図2-5　炒鋼炉の復元図（上段：平面図、下段：断面図）（村上恭、2007）

図2-6　五盔墳四号墓に描かれた「鍛冶を操る人物」（読売テレビ放送編、1988）

それが削平されたために遺存しなかったということを想定できるようになった。

　また炉の構造だけではなく、鍛冶工人の作業姿勢も朝鮮半島は異なっていたと見られる。吉林省集安市にある六世紀後半の五盔墳《オクイフェン》四号墓に描かれた「鍛冶を操る人物」は「黒靴をはき、左手に鉄鉗を握り、紅色の鉄塊をはさみ、鉄床上に置き、右手を高く上げた鉄鎚で鍛打」している（図2-6）［読売テレビ放送編、一九八八］。高句麗《こうくり》のこの作業風景で注目すべきは、この人物が低い台座に腰掛けて作業している点である。川田順造は職人の作業姿勢を、床に尻をつけた平座位、台を用いた座位を高さによって低座位、中座位、高座位に分類している［川田、二〇〇八］。この壁画に描かれた人物の姿勢は低座位であり、床に直接座ったであろう古墳時代工人の平座位とは鍛冶姿勢が異なっている［村上恭、二〇一〇］。平座位の鍛冶作業には床に掘り込んだ炉が適しているが、低座位の工人にとっては、鉄床の作業面も高い位置にあるため、火床は高い位置にある方が都合がよい。鍛冶炉の構造の違いに応じて鍛冶作業姿勢も朝鮮半島と日本列島とでは大きく異なっていたのである。ちなみに中国後漢代の山東省宏道院《ホンタオユアン》の画像磚《せん》に描かれた鍛冶姿勢は立位で、鉄床の作業面は工人の高さにあり、鍛冶炉の火床も相応する位置にあったと推測される。

　このように工人がこだわったはずの核心的装置である鍛冶炉や鍛冶にまつわる身体動作は、日本と朝鮮半島の間で大きく異なっており、鉄器生産における渡来的要素を否定するかのようである。しかしそうではない。吉備では在来の鍛冶技術が十分なレベルに達し、地域に深く定着していたために、渡来的様相は吸収ないしは融合されるしかなかったのだ。随庵古墳にみた船載鍛冶具は普及し、実用されていたであろうし、加工される船載鉄素材の量は格段に増大していたはずである。鉄素材は質的にも多様化し、製鉄炉から取り出され、小割されたままの粗鉄など種類も増え、それらに応じた加工に関する情報も届いていたであろう。出土遺物では証明しづらいものの、鍛冶に関する渡来的情報が吉備には満ちあふれていたに違いない[2]。

　高度な政体であれば製鉄技術や生産に関わる組織・工人は流出しないように厳しく管理されたはずである。それは唐宋代の中国と三国～高麗《こうらい》時代の朝鮮半島の関係にも見て取れる。製鉄は鍛冶とは異なり、相手に対等な立場を与え、ときには逆転させるリスクを生み出すもととも なる。それでも製鉄技術の要素が伝わるということはどのような理由によるのだろうか。製鉄が元来、製鉄統括者、技術者のみならず、多くの人々の関与を必要とする作業であるとすれば、統括者、技術者でなくとも、製鉄を「経験」したという程度の渡来人の存在は想定できるであろう。吉備はそういった渡来人と在来の熟練鍛冶工人とが接触する舞台となり、大陸にはない独自の製鉄技術を生み出したと考えられる。

吉備が生んだ製鉄

吉備では上述のように古墳時代中期から後期へと鉄器生産が活発化し、その過程で鉄生産が開始された。現在のところ六世紀中葉の千引カナクロ谷遺跡（総社市）四号炉［武田・村上幸編、一九九九］を最古とし、後期の製鉄の痕跡は備中を中心に備前、美作、備後に広がり、石見、出雲にも分布が及ぶ。

製鉄炉は炉底の鉄塊を取り出すために、操業のたびに壊された。そのため製鉄遺跡で出土する遺物は当時のいわば産業廃棄物である。製鉄遺跡の出土遺物には炉壁、小鉄塊、製錬滓、鉱石、木炭などがあり、構造物としては炉の直下に掘り込んで作られた地下構造と作業用の土坑や溝が遺されている。それらの情報から当時の製鉄炉や操業の様子を復元することは至難の業であるが、炉壁や炉底の検討を重ね、また現代に継承されたたたら技術の情報を加味し、鋼や銑鉄を作りうる当時の製鉄炉の復元が可能となってきた（図2-7）［真鍋ほか、二〇〇六］。それはガウランドが一〇〇年以上も前に思い描いた炉の姿であり、両側から風を送り、その方向と直交する両小口に生成物を抽出したり、炉内を観察するための湯口をもっている。

吉備で製鉄がはじまって以降、古代にいたるまでの展開については上栫武の研究が詳しい［上栫、二〇一三a］。上栫は炉床や地下構造の平面形に注目し、長幅比一：一～二：一で、方形もしくは長方形（I型）が岡山県に、同じ比率で円形もしくは楕円形（II型）が広島県東部・岡山県北西部に分布することを明らかにした。地下構造の土坑の底や壁には礫を貼った例があり、これが細分の際の基準となっている。礫には保熱力がある。製鉄は操業前から炉床付近に蓄熱がなければ、せっかく炉床上で育ちつつある鉄塊も冷えて成長しない。炉底に礫を貼り付けるというのは、その熱を逃がさない工夫であったと考えられる。一方、土坑の壁に貼り付けられた礫は、地上にそびえる製鉄炉を支える機能を有していた。高さ約一・二メートルの小型製鉄炉（図2-7）でさえ、粘土の重量は三〇〇キロに達するため、その圧力を分散する必要があった。現在、操業されるたたらにも炉の長側に鉄製の「筋金」が埋め込まれ、同様の機能を果たしている。さらには炉床あるいは地下構造の最上面もまた相当に硬く締められていなければならない。さもなければ炉はその重さで内壁側から沈み込むという事態に陥ったであろう。

図2-7　復元した古墳時代の製鉄炉（岡山県新見市、筆者撮影）

　ところで最古の備中・千引カナクロ谷遺跡四号炉や備前の西祖《せいそ》山方前《やまがたまえ》遺跡（岡山市）

［神谷編、一九九四］、猿喰池製鉄遺跡《さるはみいけせいてつ》（赤磐市《あかいわ》）の製鉄炉は、地下構造の大きさ・広さに違和感がある。猿喰池遺跡五号炉は外径で一一五×八五センチ、内径で七〇×八〇センチ、炉壁の厚さは二〇センチ前後に復元されている［白神編、二〇〇四］。これでは炉内が広すぎ、炉壁をもっと厚く考えなければ、両側の送風孔からの風が中心部には届かず、炉内温度の低下を誘引したであろう。しかし、この復元を積極的に評価するならば、初現期の製鉄炉は朝鮮半島の大型円形製鉄炉の「イメージ」を再現すべく大きく作られたとも考えられる。これに後続する製鉄炉が備える作業用の土坑や溝も備えていない。このような大型地下構造を伴う炉は開発途上あるいは試行錯誤段階の製鉄炉とも考えられはしないか。

そして六世紀後葉以降、備中の製鉄炉は小型化する。これは必要とされる量と質の鉄を得るために最適の炉の大きさと構造が認識され、むしろ技術が安定したことを示すものであろう。その過程で原料も鉄鉱石主体から砂鉄主体へと移行をみせるが、大澤正己や上栫はその背景に良質の鉄鉱石の枯渇を読みとっており（図2-8）［大澤、一九九九／上栫、二〇一〇］、原料の獲得も鉄鉱石だけの朝鮮半島に比べれば工夫や苦労が多かったとみられる。(3) 以上のように古墳時代後期の吉備は、朝鮮半島で完成していた製鉄技術をそのまま受容したわけではなく、パズルのピースのような形で届いた渡来系の知識を在来の鍛冶技術のなかに融合させ、試行錯誤を繰り返しながら世界でも稀《まれ》な製鉄技術を創出したのである。

ところで、吉備における鉄生産の展開については、直木孝次郎が文献史研究の立場から渡来人と鉄生産との関係に焦点を当てて詳細に論じている［直木、一九八三］。直木によれば、鉄生

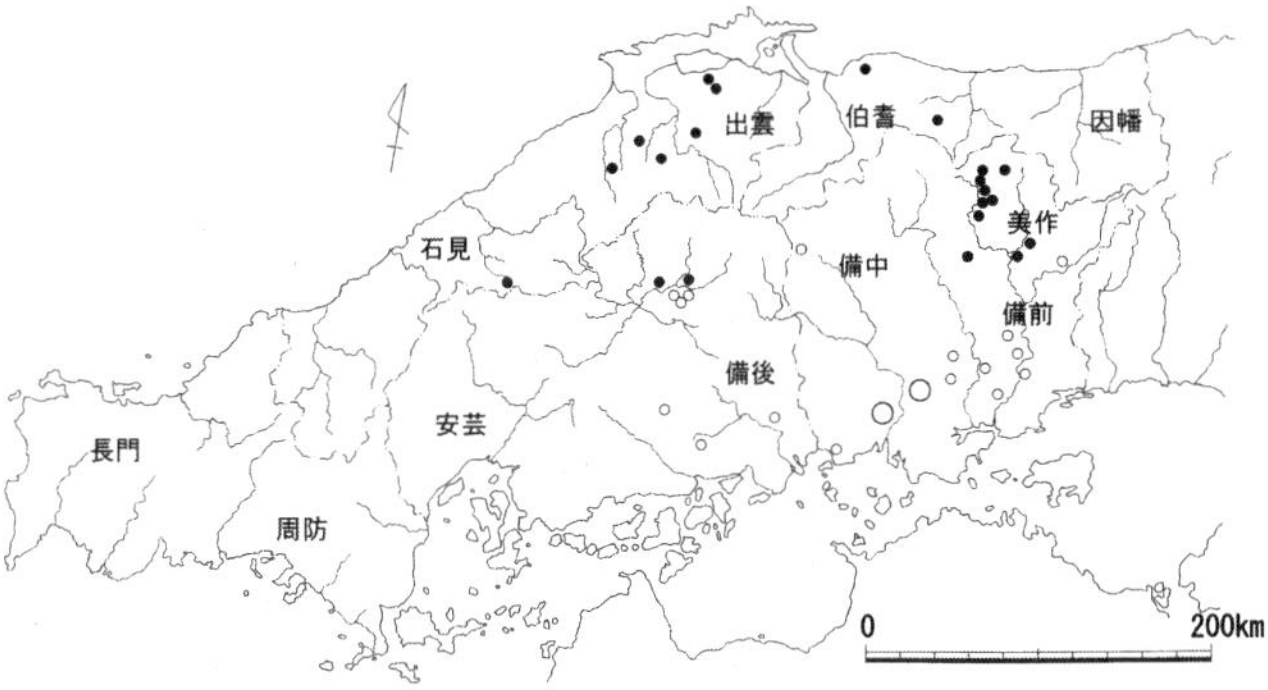

図2-8　古墳時代後期〜平安時代前半の中国地方における製鉄遺跡の分布
（○：鉄鉱石原料、●：砂鉄原料）（上栫武氏提供）

産は備前と播磨西部の地域からはじまり、次第に北と西に移って、美作、続いて備中で栄え、その次に備後で盛んになった。そして備前・美作での製鉄の開始が五世紀代（後半）、備中における製鉄の開発が六世紀、備後の製鉄が七世紀に可能となったとみた。現在、考古資料によって明らかになりつつある製鉄の展開は、六世紀後半代に古い形態の製鉄炉が備中、備前にあり、続いて美作、備後への広がりを示している。製鉄の開始については、試行錯誤の期間を想定すれば、直木の論のように五世紀後半に遡上する可能性もあろう。また直木が論じた吉備における鉄生産の動向と大和政権に近い渡来人との関係については、製鉄技術が吉備で開発されたという点からみればその根拠に揺らぎが出てくるが、開発に加わった鍛冶師のなかにその存在を認める余地は皆無ではない。直木が見通した吉備を中心とした鉄生産の盛衰に関する歴史像はきわめて示唆的である。

　さて、岡山県域から西へ、東へと古墳時代後期の製鉄炉は、多様な展開を見せる。上栫が示したように、備後や出雲では製鉄炉の平面が円形基調（Ⅱ型）となっており、方形基調（Ⅰ型）の吉備中枢部とは異なる様相を示す［上栫、二〇一三a］。新見市の上神代狐穴《かみこうじろきつねあな》遺跡一号炉［浅倉編、二〇〇四］がⅡ型であることを考慮すれば、これらの地域には備中北部を介した製鉄技術の導入が想定される。一方、東方への展開については、遺跡数は限られているものの、播磨には六世紀代の可能性があるカジ屋遺跡（多可町）、近江《おうみ》には六世紀末～七世紀中葉の古橋遺跡（長浜市）、南郷遺跡（大津市）などがあり［村上泰、二〇一八／大道、二〇一四］、これらは全て平面形が方形基調である。ただいずれの製鉄炉も両側からの送風と直行する軸上に作業土坑・溝を備えており、吉備に生まれた製鉄技術の遺伝子を間違いなく継承していた。

鉄が中国地方にもたらした変化

古墳時代後期の吉備における製鉄の開始は、すでにあった鉄器生産技術や集落の形にも変化をもたらした。そもそも吉備の製鉄炉で生産される鉄には、鋼だけではなく銑鉄も含まれていた。銑鉄は炭素分が高く、鋳物には直接使用できるが、刃物を鍛えるためには炭素分が高すぎて固く、脆《もろ》いため、脱炭して鋼に変えるための鍛冶炉が必要となった。それが窪木薬師遺跡で発見された鍛冶炉―一・二である（図2-9-⑴）。通常の鍛冶炉よりも大きく、深く掘られ、その内壁に良質の粘土が貼り付けられていた。それは朝鮮半島で普及していた炒鋼炉と同じ機能を備えており、製鉄の開始とともに吉備で自己開発されたとみられる。この鍛冶炉はより高温

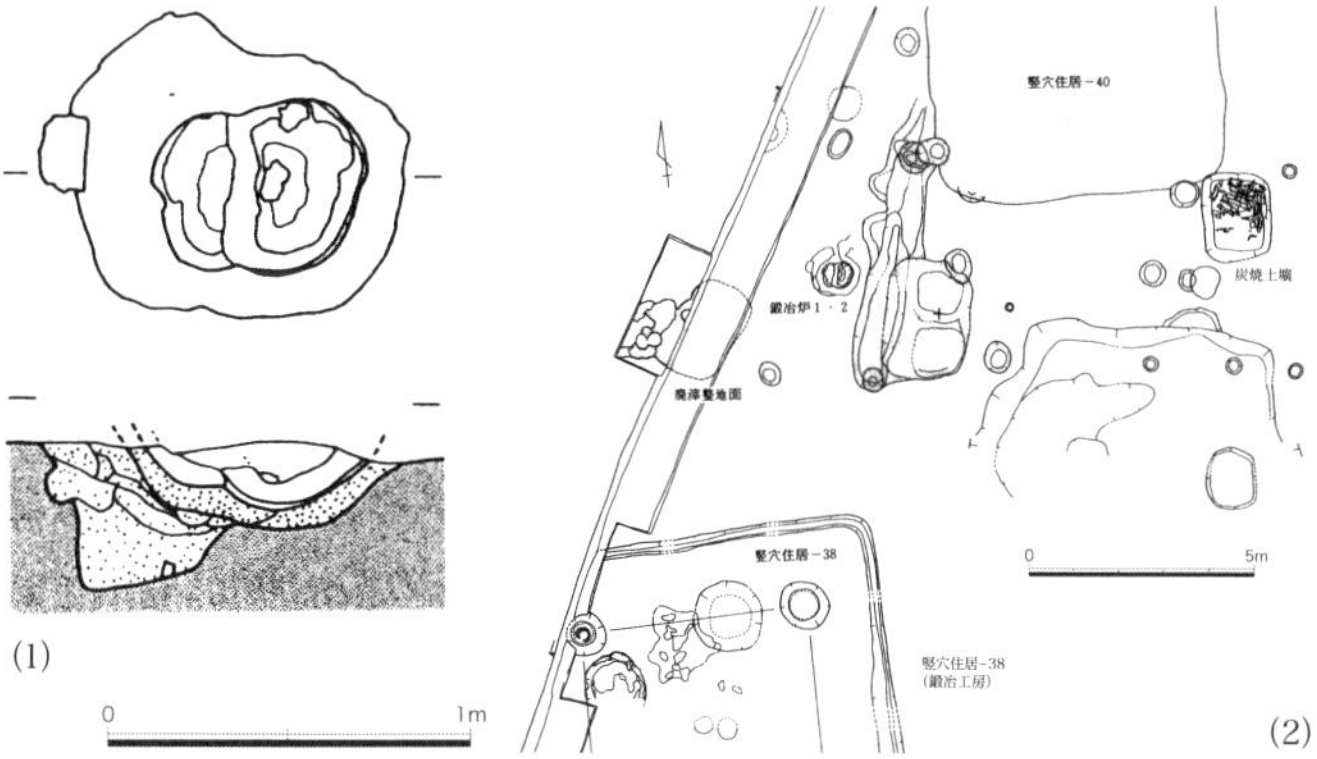

図2-9　窪木薬師の鍛冶炉－1・2 (1) と周辺の鍛冶関連施設 (2)（島崎編、1993）

で操業され、脱炭で発生するガスを散らすためか、工房は地上式建物になっていた。この鍛冶炉の約五メートル南には通常の鍛冶工房（三八号竪穴住居）もあり、さらには鉄滓の廃棄土坑や鍛冶用の炭を焼くための小型土坑も隣接していた。製鉄炉で生成された鉄が持ち込まれて製品になるまでの生産施設が完備していた（図2-9-(2)）。またこの遺跡では、カマドをもつ小型竪穴住居址のなかに鍛冶滓を出土する例が多い。一般世帯用とは考えられない程の狭い竪穴住居は鍛冶工人用の住居と考えられ、鉄器生産を担う集落の構造や景観は、農業を主とする集落のそれから変貌をみせている。同じ様相は津寺遺跡（岡山市）の中屋・高田調査区でもうかがえ、これも備中、備前において鉄・鉄器生産がもたらした変容とみなすことができよう［村上恭、二〇〇七］。

　一方、山がちな内陸地域でも鉄器生産の痕跡を遺す遺跡が急増する。美作では狐塚遺跡（津山市）をはじめとする六世紀後半以降の多数の遺跡で、丘陵

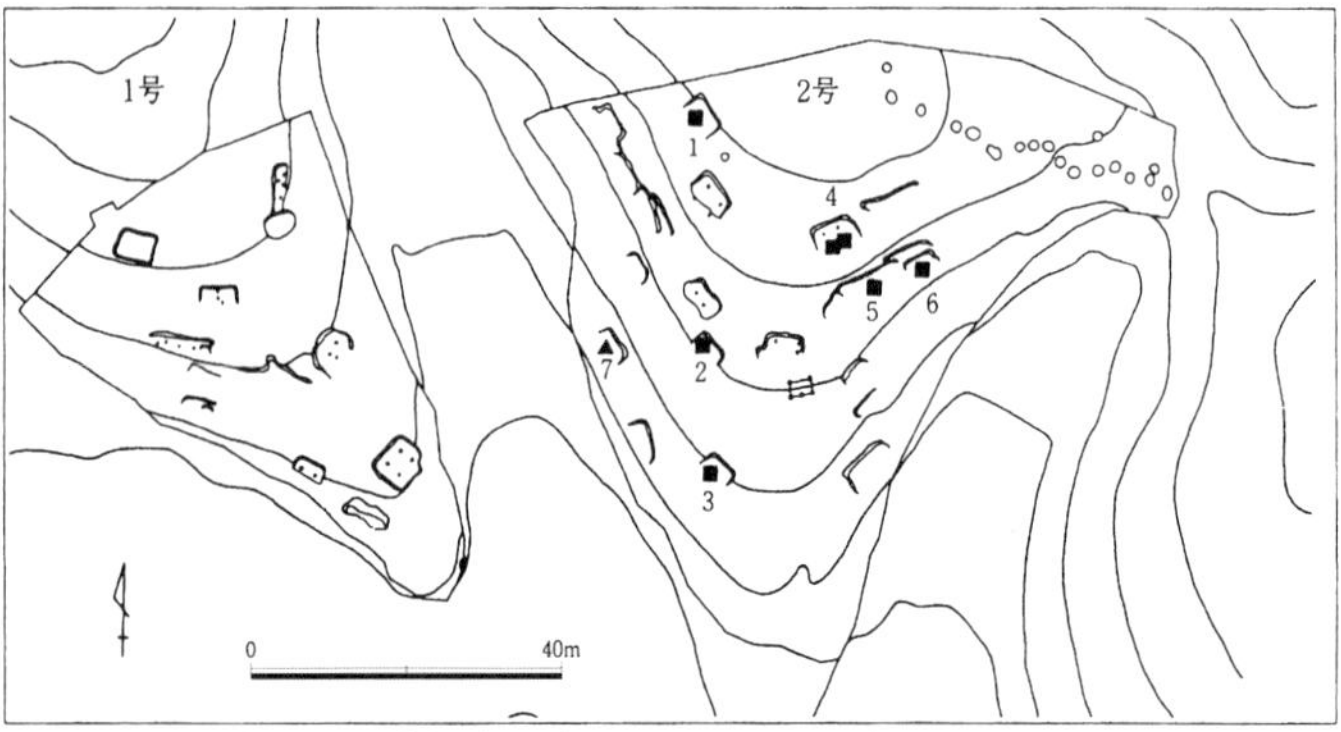

竪穴遺構（1～4）　段状遺構（5～7）　（■：鍛冶炉、▲：鉄鉱石出土）

図2-10　則清遺跡における鍛冶遺構の配置図（稲垣編、1993）

斜面を段状に整地して、その平坦面に掘立柱《ほったてばしら》建物や竪穴住居を築いて鉄器生産が行われた。同じ様相は、備後の三次《みよし》・庄原盆地で津山盆地よりもやや古くからみられる。庄原盆地の大成遺跡（庄原市）では、竪穴住居による鍛冶工房群が五世紀中葉～六世紀初頭に起こり、続く段階の境ケ谷《さかいがたに》遺跡（庄原市）、則《のり》清《きよ》遺跡［稲垣編、一九九三］では掘立柱建物あるいは段状遺構、竪穴遺構で鉄器生産を行う形態へと変化した（図2-10）。三次盆地の道ケ曽根《みちがそね》遺跡、見尾《みお》西《にし》遺跡でも六世紀後半～七世紀初頭の鉄器生産の痕跡が丘陵斜面に遺されていた。さらには出雲においては、備後や美作にやや遅れて、六世紀後半の徳見津遺跡Ⅲ区（安来市）、七世紀前半の渋山池《しぶやまいけ》遺跡（松江市）が丘陵斜面上の鉄器生産拠点として登場した［村上恭、二〇〇七］。

　鉄生産は備中・備前に鉄加工の分業体制をもたらし、その様相は北へ、西へと波及し、美作、備後、出雲では山の景観を変えながら鉄器生産拠点が生まれていった。資源の開発や生産適地の開拓などを巻き込みながら、地域社会の生業、物流、そして構造の変貌がはじまったのである。

3　古代国家と中国山地の鉄

律令成立期の製鉄―新たなセンターの形成―

製鉄が開始されたとはいえ、列島各地が必要とした膨大な鉄の全てを中国山地が賄えたわけではなかった。古墳時代後期後半は朝鮮半島から獲得される鉄塊や鉄素材にも依存していたであろう。ところが中国や朝鮮半島の政情が次第に不安定となり、六六三年に白村江の戦いが勃発するにいたり、百済を含めた朝鮮半島からの鉄の供給はそれまでのようには期待できなくなった。それに呼応するかのように日本列島の鉄生産は七世紀後半に激変し、その中心は近江となった［村上恭、二〇〇七］。

近江では、両長側に複数の送風孔と両小口側に作業土坑を備えるという吉備で開発された箱形製鉄炉を母体とし、やや長めの製鉄炉が主流であった。その形態は、鉄アレイの形に地面を掘り下げ、握り手に相当する部分に地下構造を作って、その上部に箱形の炉が築かれた。両端のおもりに相当する部分が工人の作業用土坑である（図2-11）。占地や附属施設にバリエーションがみられるものの、この鉄アレイ形の掘方《ほりかた》が近江にはじまる製鉄炉の原則であり、以後、

図2-11　復元した律令期の製鉄炉（愛媛県今治市、筆者撮影）

近江型製鉄炉と呼ぼう［大道、二〇二〇a］。原料は全て鉄鉱石であった。大道和人は六世紀末葉から一〇世紀にかけての琵《び》琶《わ》湖《こ》沿岸地域における製鉄遺跡の展開を検討し、湖南の瀬田丘陵地区と南郷地区における七世紀末葉から八世紀中葉にかけての製鉄の活況を示している。なかでも野路《のじ》小野《おの》山《やま》遺跡（草津市）は七世紀末〜八世紀初頭と八世紀中頃の二つの操業期があり、とりわけ後者の大規模化が著しい［大道、二〇二〇b］。またこの近江型製鉄炉はそれまで製鉄の歴史がなかった中部、関東、東北地方にも七世紀中頃には導入され、西は古墳時代より製鉄が行われていた北部九州にも移植されている。その後、八世紀中頃に出現する半地下式竪形炉は北陸、関東、東北地方に広がり、北陸、関東では箱形炉がなくなり、東北地方では変容した箱形炉としばらく共存することとなった。

さらに製鉄だけでなく、鉄器生産を担った鍛冶工房にも劇的変化が起こった。長屋のような規模の大きな建物に複数の鍛冶炉を整然と配置した工房が七世紀後半以降の関東、東北地方に登場し、大規模な鉄器生産を担った。穴澤義功が連房式鍛冶工房あるいは国衙《こくが》工房型鍛冶遺構と呼ぶこの形態は平城京などの宮都の鍛冶司《かぬちのつかさ》に系譜を求められており、製鉄のみならず鉄器生産方式も中央から移植されたのである［穴澤、一九八四・一九九四］。

以上の七世紀後半以降の動向が中央政権の意図を反映したものであることは明らかである。都城の造営、寺院の建立、兵器の製造など、それまでの時代にはない量の鉄の需要を政権の膝《しっ》下《か》で賄うことが実現したのである。そして列島内の領域支配と国防といった国家的な目的が製鉄技術の地方への移植を促進したのであった。

四国・伊予への製鉄技術移植

この時期、古墳時代に鉄生産がなかった四国にも近江型製鉄炉が導入された。七世紀後半～八世紀前半の伊予・高橋《たかはし》佐夜《さや》ノ谷《のたに》Ⅱ遺跡（今治市）は、現在のところ四国唯一の製鉄遺跡である（図2-12左）［櫛部編、二〇〇七］。原料は砂鉄であった。掘方の底と両側壁には、長さ二・八メートル、幅一・二メートルの範囲に花崗岩の円礫が貼り付けられていた。その手順はまず両側壁の礫を立て並べて、その間を埋めるように間隙なく底の礫が敷かれている（図2-12右）。炉の地下構造は、木枝を焼き、叩き締めてつくった木炭層で充塡された。その際、底の礫を先に敷いて、その上に側壁を載せると、叩き締めるたびに側壁の礫が上下動し、位置が乱れ、強

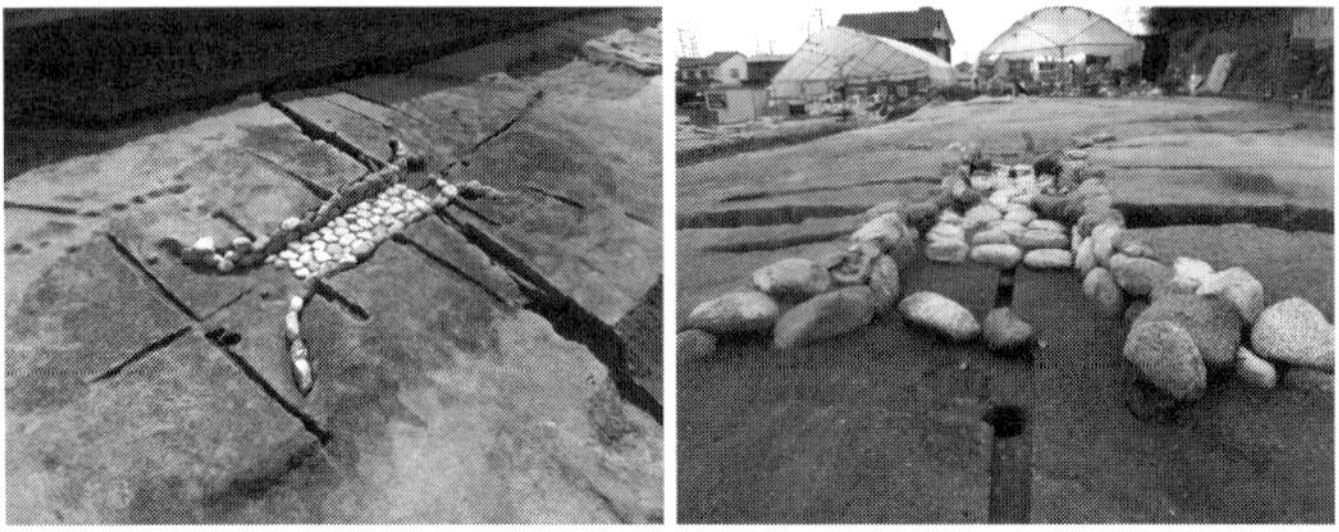

図2-12　高橋佐夜ノ谷Ⅱ遺跡の製鉄炉（左：全景、右：細部、今治市教育委員会提供）

図2-13　芋谷南遺跡の製鉄炉（左：全景、右：細部、大津市教育委員会提供）

度も落ちる。これは効能と作業手順が熟慮された構造といえる。

　これと全く同じつくりの地下構造が、近江・南郷地区にある七世紀末の芋谷南《いもたにみなみ》遺跡（大津市）で発見された製鉄炉で観察される（図2-13）［青山編、二〇一九］。その石敷きの範囲は長さ二・九メートル、幅一・二メートルと佐夜ノ谷Ⅱ遺跡とほぼ同じであり、地下構造や炉の規模を伊予の製鉄炉は踏襲したとみられる。近江型製鉄の地方への波及とは、鉄アレイ形の土坑を掘り、その内部への礫の貼り付け方からはじまる技術の厳密な移植がその背景にあったことがわかる。このほか製鉄場の選定、製炭と炭切り、釜土（粘土）の選定・調合、築炉、鞴の製作・設置そして操業といったあらゆる技術と知識が伊予に持ち込まれたのである。

さらにこの遺跡が近接する日高丘陵上には八〜九世紀の別名端谷《べつみようはしだに》I遺跡があり、そこでは七基の鍛冶炉が発見された［池尻・和田編、二〇〇七］。包含層からではあるが「倉正私印」の銅印が出土し、この鍛冶遺跡の公的性格を暗示しており、鉄器生産にも新たな経営法が伊予にも現れたことがわかる。今治市域は伊予国府、国分寺、国分尼寺だけでなく、その東部には古代山城である永納山城址を擁しており、中央から瀬戸内海南岸の要衝として目された伊予今治だからこそ製鉄から鍛冶にいたる生産システムが移植されたのである。

ただし、製鉄原料として砂鉄が利用されている点については、近江が鉄鉱石を専ら使用していることからすると、吉備や播磨の知識や経験が活かされているのかも知れない。それがあって、近江という中央政権のお膝元で大量生産を目論《もくろ》んだ製鉄炉の長大化、技術のマニュアル化が可能となったのであろう。

近江型製鉄炉を受け入れなかった中国地方

近江型製鉄炉とその技術は、列島の東西へと移植され、対岸の伊予にまで導入されながらも、吉備を中心とする中国地方へはこの時期、導入されなかった。近江型製鉄炉に比較すると著しく小型化した吉備の製鉄炉は、一見、鉄生産の衰退をうかがわせる［光永、二〇〇三］。しかしながら、七世紀中葉には備中が中央への鉄（鍬《くわ》）の貢納を開始し、備前、美作、備後も庸調鉄の貢進に加わっている［潮見、一九八二／福田、一九八五］。途中、八世紀末には備前が鉄の貢進を停止しており、これは大澤や上栫が指摘するように鉄鉱石の枯渇を反映したものとみられるが、その他の地域は平安時代にいたるまで税としての鉄の生産を担っていた。したがって、小型製鉄炉をもって鉄生産量の減少と解釈する必要はない。これには一回あたりの生産規模が小さい分を操業回数で補ったという理解も可能である［安間、二〇〇五］。積極的に評価すれば、伝統技術に裏打ちされた良質の吉備産鉄に対する中央からの信用の高さを表しているのであろう［村上恭、二〇〇七］。

もっとも中央政権が吉備の鉄に全く関知しなかったわけではない。朝鮮半島における白村江の戦い後のアジア的緊張に備え、国家的な事業として築造されたとみられる備中・鬼城山《きのじょうざん》（総社市）は、七世紀後葉から八世紀後半まで存続した古代山城である。その築城の完成期に鉄器生産が活発に行われた痕跡が発見され、とくに東門の後背地区では九基の鍛冶炉が柱穴列に平行して並んでいた（図2-14）［金田・岡本編、二〇一三］。これは連房式鍛冶工房の特徴であり［上栫、二〇一三b］、穴澤が提唱した国衙経営に付随した工房の形態で、東日本においては近江型製鉄炉の導入と共にみられる工房の形である。国家標準型の製鉄炉と鍛冶工房のセットは、律令制下の現地調達主義の表れであるが［村上恭、一九九八］、吉備ではそうはならなかった。備中産鉄に対する信用がそうさせたのか、あるいは近江型製鉄炉の移植をあえてしない理由があったのか、吉備に対する中央政権の意図が見え隠れするようで興味深い。

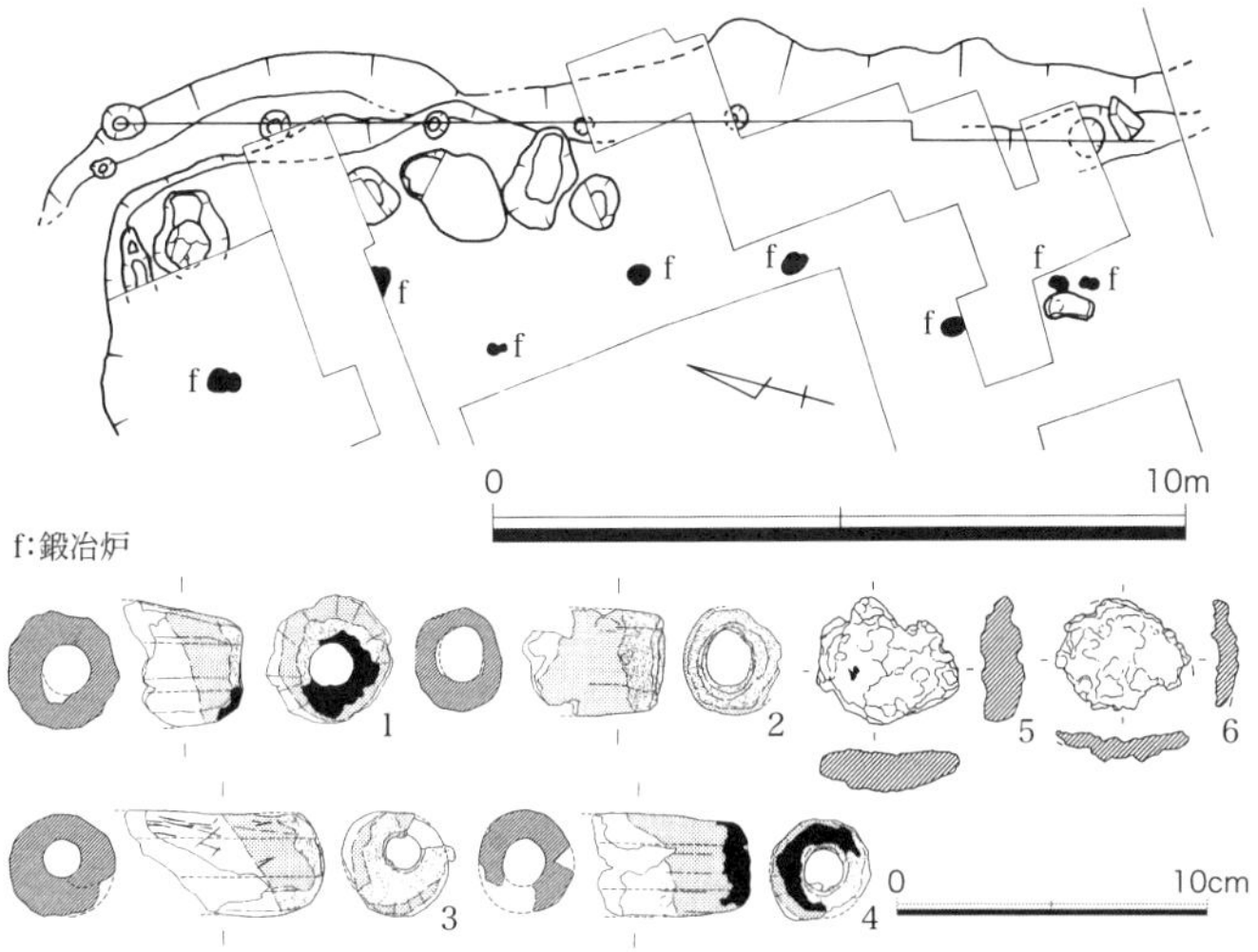

図2-14　鬼城山の大型鍛冶工房と出土した鞴羽口（1〜4）・鍛冶滓（5・6）（上栫、2013b）

おわりに
――中国地方の鉄生産の行方

奈良時代を通じて小型を維持した吉備の箱形製鉄炉は、河瀬正利が美作・高本《こうもと》遺跡（美作市）、備前・石生《いわぶ》天皇《てんのう》遺跡（和気町）を例示しながら説明したように、平安時代に移行するあたりから長さと幅を増した長方形を呈し、規格化がうかがえるようになる［河瀬、一九九五］。そして平安末期になると石見・今佐屋山《いまさややま》遺跡（邑南《おおなん》町）や安芸北部の大矢遺跡（北広島町）など炉長が二メートルを超え、舟底状を呈する大型の凹みを設けて地下構造とするものが現れた。とくに大矢遺跡の地下構造はその両脇に溝（小舟状遺構）を備え、防湿効果の向上を目的としたものであった（図2-15）。河瀬は古代末における炉の規模や炉床の規格化な

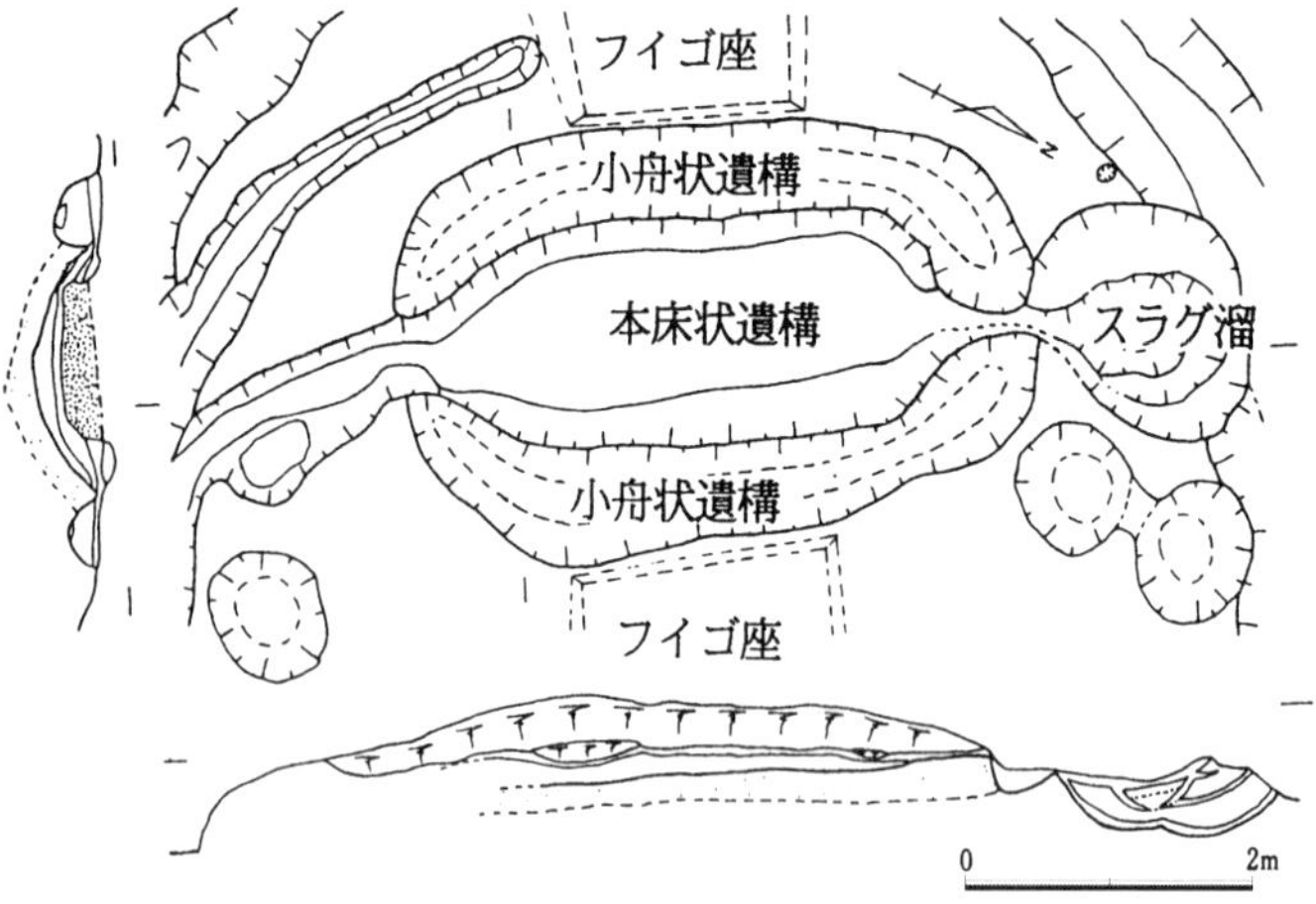

図2-15　大矢遺跡の製鉄炉平面図（たたら研究会編、1991）

どに製鉄技術の画期的な進展を読みとり、鉄生産量の増大を指摘している［河瀬、一九九五］。このように中国山地における製鉄の中心は、平安時代末期には西の安芸や石見の山間地に移った。以後、鉄生産の増大に呼応して、地域色のある地下構造の大型化と複雑化［上栫、二〇〇七／角田、二〇一〇］、関連施設配置の定式化［村上恭、一九九五］をみせながら、中世の大型製鉄炉、そして近世たたらへとつながっていくのである。

一方、すでに述べたように古墳時代の吉備に起源を有する近江型製鉄炉は、七世紀後半には中央の技術指導によって列島各地に伝えられ、国家的な事業のみならず、地方社会の鉄の需要にも応えた。しかし、中央から伝授されてまもなく箱形の炉には小型化や形態の変化がみられ、八世紀中頃には新しく到来した半地下式竪形炉に駆逐された。近江型製鉄炉が集中的に投入された東北南部の陸奥《むつ》は、生産の規模も大きく、生産経験も豊富であったために竪形炉が導入されたのちも延命するものの、箱形炉は大きく形を変えていった〔寺島、一九九一／飯村、二〇〇五／能登谷、二〇〇六〕。国家政策として行われた地方への技術の移植が、規模の問題は別として、マニュアル的であり、持続的ではなく単発的であったことがその原因の一つであろう。複数の送風管を伴う箱形炉は操業のコントロールがこの上なく難しいという根本的な原因もある。

その点、中国地方は試行錯誤の末、製鉄を開発し、三世紀近くは小型の箱形炉で鉄を作り続けた。同時に蓄積された経験と錬磨された技術は、律令制の呪縛から解かれた途端、炉の大型化を指向した。これは製鉄を自力で生み出し、維持した地ならではの発展の姿であるといえよう。さらに平安時代末期に大鉄産地となる安芸、石見は律令期の鉄の納税国ではない。換言すれば、その責が及ばなかったからこそ、製鉄技術が縛りなく追求され、新たな技術の発想につながったとも考えられる。

いずれにせよ、ガウランドが「世界のいかなる地域にも匹敵するものはない」と評したたたらは、約一五〇〇年前に中国地方で生まれ、時代と地域を違《たが》えながら多様に展開し、そしていまなお出雲においてその命脈を保っているのである。

本稿を草するに際し、上栫武（岡山県教育委員会）、笹田朋孝、鄭宗鎬（愛媛大学）の各位にご協力いただいた。末筆ながら記名して謝意を表します。

注

（1）炉内の鉄塊（鉧《けら》）を取り出すために、操業のたびごとに炉壁が全て取り壊されるところが、このように表現されている。

（2）いうまでもなく古墳時代中期・後期の近畿地方にも奈良県南郷遺跡群や大阪府大県《おおがた》遺跡などのような著名な鉄器生産址があり、鉄器生産の分業化、体制化、大規模化は注目される［北野、二〇一〇／坂、二〇一二］。大県遺跡の鍛冶炉は地上式であり、韓半島的な様相が強い［村上恭、二〇〇七］。これらは外交上、招聘した渡来系工人を核とした鉄器生産のありようを示しており、吉備とは異なった形で渡来的様相が強く表れている。

（3）韓半島の製鉄原料は、原則鉄鉱石である。しかし、忠清北道石帳里製鉄遺跡の発掘現場では、雨後になると土坑一杯に鉱石粉が溜まっていた。これは鉄鉱石を粉砕する際に生じたものである。その利用の経験が吉備における砂鉄使用につながった可能性を想定しておきたい。

参考文献

青山　均編　二〇一九年『埋蔵文化財発掘調査集報Ⅷ　平津池ノ下遺跡・芋谷南遺跡』大津市教育委員会
浅倉秀昭編　二〇〇四年『上神代狐穴遺跡・京坊たたら遺跡』岡山県教育委員会
穴澤義功　一九八一年「製鉄遺跡にみる四つの流れ」『歴史公論』六六、雄山閣
穴澤義功　一九八二年「鉄生産の発展とその系譜」『日本歴史地図』原始・古代編（下）、柏書房
穴澤義功　一九八四年「関東地方を中心とした古代製鉄遺跡研究の現状と課題」『日本古代の鉄生産』六興出版
穴澤義功　一九九四年「古代東国の鉄生産」『古代東国の産業―那須地方の窯業と製鉄業』栃木県立なす風土記の丘資料館
安間拓巳　二〇〇五年「備後北部地域の製鉄・鍛冶遺跡―古墳時代後期を中心として―」『考古論集―川越哲志先生退官記念論文集―』川越哲志先生退官記念事業会
飯村　均　二〇〇五年『律令国家の対蝦夷政策・相馬の製鉄遺跡群』新泉社
稲垣美和編　一九九三年『則清一・二号遺跡』庄原市教育委員会

池尻伸吾・和田正人編　二〇〇七年『別名端谷Ⅰ遺跡・別名端谷Ⅱ遺跡・別名成ル乄谷遺跡・別名寺谷Ⅰ遺跡・別名寺谷Ⅱ遺跡』(財）愛媛県埋蔵文化財調査センター
上栫　武　二〇〇〇年「日本前近代の鉄生産―中国地方製鉄遺跡の地下構造を中心として―」『製鉄史論文集』たたら研究会
上栫　武　二〇〇七年「中国地方における中世製鉄炉地下構造の構造的特質」『たたら研究』四七、たたら研究会
上栫　武　二〇一〇年「古代吉備における鉄生産の衰退」『考古学研究』五六―四、考古学研究会
上栫　武　二〇一三年a「古代吉備の鉄生産」『古文化談叢』七〇、九州古文化研究会
上栫　武　二〇一三年b「第三節　鍛冶工房について」『史跡　鬼城山2』岡山県教育委員会
江見正己ほか編　二〇〇〇年『高塚遺跡・三手遺跡2』岡山県教育委員会
大澤正己　一九九九年「奥坂製鉄遺跡群出土製鉄関連遺物の金属学的研究」『奥坂遺跡群』総社市教育委員会
大道和人　二〇一四年「日本古代鉄生産の開始と展開―7世紀の箱形炉を中心に―」『たたら研究』五三、たたら研究会
大道和人　二〇二〇年a「日本鉄生産の起源と画期」『森浩一古代学をつなぐ』新泉社
大道和人　二〇二〇年b「滋賀県の製鉄遺跡」『シンポジウム「鉄の道をたどる」予稿集』福島県文化財センター白河館
角田徳幸　二〇一〇年「中国山地における中世鉄生産と近世たたら吹製鉄」『日本考古学』二九、日本考古学協会
角田徳幸　二〇一四年『たたら吹製鉄の成立と展開』清文堂
金田善敬・岡本泰典編　二〇一三年『史跡　鬼城山2』岡山県教育委員会
鎌木義昌編　一九六五年『総社市随庵古墳』総社市教育委員会
神谷正義編　一九九四年『西祖山方前遺跡・西祖橋本（御休幼稚園）遺跡』岡山市教育委員会
亀田修一　一九九七年「考古学から見た吉備の渡来人」『朝鮮社会の史的展開と東アジア』山川出版社
亀田修一　二〇〇〇年「鉄と渡来人―古墳時代の吉備を対象として―」『福岡大学総合研究所報』二四〇、福岡大学総合研究所

亀田修一　二〇一八年「古墳時代の渡来人―西日本―」『古代東ユーラシア研究センター年報』四、専修大学社会知性開発研究センター
河瀬正利　一九九五年『たたら吹製鉄の技術と構造の考古学的研究』溪水社
川田順造　二〇〇八年『文化の三角測量―川田順造講演集―』人文書院
北野　重　二〇一〇年「韓鍛卓素と大県遺跡」『鍛冶研究会二〇一〇　韓鍛冶と倭鍛冶―古墳時代における鍛冶工の系譜―』鍛冶研究会
金　一圭　二〇〇六年「隍城洞遺跡の製鋼技術について」『七隈史学』七、七隈史学会
櫛部大作編　二〇〇七年『高橋佐夜ノ谷Ⅱ遺跡』今治市教育委員会
栗林誠治編　二〇〇四年『大柿遺跡Ⅱ』財団法人徳島県埋蔵文化財センター
潮見　浩　一九八二年『東アジアの初期鉄器文化』吉川弘文館
島崎　東編　一九九三年『窪木薬師遺跡』岡山県教育委員会
白神賢士編　二〇〇四年『猿喰池製鉄遺跡』岡山県熊山町教育委員会
勢田廣行編　一九九二年『金山・樺製鉄遺跡群調査報告書』荒尾市教育委員会・九州リゾート株式会社
武田恭彰・村上幸男編　一九九九年『奥坂遺跡群』総社市教育委員会
たたら研究会編　一九九一年『日本古代の鉄生産』六興出版
俵　國一　一九三三年『古来の砂鉄製錬法（たたら吹製鉄法）』丸善
椿真治・林健亮編　一九九七年『渋山池遺跡・原ノ前遺跡』建設省松江国道工事事務所・島根県教育委員会
寺島文隆　一九九一年「東北地方」『日本古代の鉄生産』六興出版
土佐雅彦　一九八一年「日本古代製鉄遺跡に関する研究序説」『たたら研究』二四、たたら研究会
直木孝次郎　一九八三年「吉備の渡来人と豪族」『岡山の歴史と文化』藤井駿先生喜寿記念会、福武書店
能登谷宣康　二〇〇六年「陸奥南部における七～八世紀の製鉄炉」『鉄と古代国家―今治に刻まれた鉄の歴史―（第七回愛媛大学考古学研究室公開シンポジウム）』愛媛大学考古学研究室
花田勝弘　二〇〇二年『古代の鉄生産と渡来人―倭政権の形成と生産組織―』雄山閣
坂　靖　二〇一二年「複合工房」『古墳時代の考古学』五、同成社
福田豊彦　一九八五年「日本古代鉄生産の諸様相―中世製鉄の前提として―」『日本史研究』二八〇、日本史

研究会
真鍋成史・大道和人・北野重・村上恭通　二〇〇六年「第三章　古墳時代製鉄関連資料の検討成果」『日本列島における初期製鉄・鍛冶技術に関する実証的研究（平成一五年度〜平成一七年度科学研究費補助金基盤研究B研究成果報告書）』愛媛大学法文学部考古学研究室
光永真一　二〇〇三年『たたら製鉄』吉備考古ライブラリィ10、吉備人出版
村上泰樹　二〇一八年「播磨北西部の古代鉄生産研究の現状と幾つかの視点」『ひょうご歴史研究室紀要』兵庫県立歴史博物館ひょうご歴史研究室
村上恭通　一九九五年「中世の製鉄遺跡」『シンポジウム製鉄と鍛冶—遺跡の構造と炉形を中心として—』広島大学考古学研究室
村上恭通　一九九八年『倭人と鉄の考古学』青木書店
村上恭通　二〇〇七年『古代国家成立過程と鉄器生産』青木書店
村上恭通　二〇一〇年「鍛冶炉と作業姿勢」『鍛冶研究会二〇一〇　韓鍛冶と倭鍛冶—古墳時代における鍛冶工の系譜—』鍛冶研究会
読売テレビ放送編　一九八八年『好太王碑と集安の壁画古墳』木耳社
渡辺貞幸　一九七九年ａ「ガウランド氏と山陰の古墳（上）」『八雲立つ風土記の丘』三七、八雲立つ風土記の丘
渡辺貞幸　一九七九年ｂ「ガウランド氏と山陰の古墳（中）」『八雲立つ風土記の丘』三九、八雲立つ風土記の丘
渡辺貞幸　一九七九年ｃ「ガウランド氏と山陰の古墳（下）」『八雲立つ風土記の丘』四〇、八雲立つ風土記の丘
Gowland,William,1899, The Early metallurgy of copper, tin and iron in Europe, as illustrated by ancient remains, and the primitive processes surviving in Japan. Archaeologia 56(2):267-322
Gowland, William,1915, Metals and metal-working in old Japan, Japan Society of London

3章　弥生墳丘墓と巨大古墳

新納　泉

はじめに

弥生時代から古墳時代にかけて、列島内で大きな力をもった地域勢力をいくつかあげるとすると、吉備の名前は必ず含まれるだろう。岡山県倉敷市楯築《たてつき》墳丘墓や岡山市造山古墳という屈指の大墳墓を築いた吉備であるが、その力の源泉は何であったのか。豊かな農業生産力か、塩や鉄などの特産品か、それとも信仰にかかわるような何らかの拠点であったのか。

目を古代のヨーロッパや地中海に転じると、地域の盛衰をもたらす大きな要因は、その時代の交易路であることに気づかされる。地中海からアルプスを越えて大陸ヨーロッパと結ぶ道筋は時代とともに変化し、拠点もそれにつれて移動していった。

本稿では、そのような例を念頭におきながら、とくに吉備の力が突出した時期を中心に、考えをめぐらせてみたいと思う。

その際に、網羅的・概説的な記述よりも、調査や研究が近年さまざまに進展したテーマを中心に、少し掘り下げる形で論じてみたい。ここでふれることのできない多くのテーマについては、『古代の日本』や『新版 古代の日本』をはじめとする書籍を参照していただきたい。

1　交流を支えた吉備の地の利

吉備と岡山の三大河川

吉備は、南に瀬戸内海を望み、北には中国山地が連なる、かなり広大な地域である。比較的温暖な気候に恵まれ、台風に襲われることも少なく、また地震の被害も受けにくい、安定した土地である。弥生時代や古墳時代の人々がこの地域をどのように捉え、どんな名前で呼んでいたのかは、はっきりしないが、吉備またはそれに類した呼称が用いられていたのだろう。

七世紀の後半になって律令《りつりょう》政府は、吉備を東から、備前《びぜん》、備中《びっちゅう》、備後《びんご》に区分した。備前、備中は今日の岡山県に、備後は広島県の東部にほぼ該当する。そして、まもなく北の美作《みまさか》が備前から分けられた。旧国の境界は多分に政治的意図が反映されたものであるが、吉備の東と北の境界は山地の稜線《りょうせん》に近く、自然地形に即したものといってもよいだろう。

岡山県には、東から吉井川《よしいがわ》、旭川《あさひがわ》、高梁川《たかはしがわ》という三大河川が流れており、いずれも中国山地から吉備高原の水を集めて瀬戸内海に注いでいる（図3-1）。今日では岡山平野が比較的広大な面積をもち、その南に児島《こじま》などの丘陵が東西に連なっていて、瀬戸内海とやや隔てられた地形となっている。しかし、現在の岡山平野は河川がもたらした堆積や、製鉄に伴う鉄穴《かんな》流し、および江戸時代以来の干拓で形成された土地が多く、弥生時代や古墳時代にはこの部分が海として東西を結んでいた。これは「穴海《あなうみ》」と呼ばれ、瀬戸内海のなかのさらに内海として海上交通を支え、荒れた海からのがれる港として重要な役割を果たしてきた。「穴海」による東西の往来が途絶えたのは、江戸時代になってからのことである。その「穴海」にこれらの三大河川が注いでいた。今日の地図で見ると、三大河川の河口はそれぞれやや離れていて、別の水系的な地域圏を形成しているように感じられる。しかし、後でふれるように、旧高梁川は東に分流し、足守川《あしもりがわ》と合流して流れていた。「穴海」によって三大河川は密接なつながりを形成しており、ここが結節点となって、海上交通を支える重要な地域圏が形作られ、それが瀬戸内海を通じた東西の動脈につながっていたのであろう。

この三大河川は、樹木にたとえれば、岡山平野を貫いて北に伸びる幹から、吉備高原や中国山地へと枝葉を広げる姿のようである。あるいは、中国山地から吉備高原へと毛細血管から血液が集まり、三大河川の太い血管へと流れているようにイメージできるかもしれない。その、樹木でいえば幹となる部分は、巨視的に見ると北北西から南南東の方向にほぼ並行して走っていることがわかる。かつて地殻が変動していた時代に、同じような力が加わって形成された断層に由来するのだろう。断層が活動を止めた跡に土砂が堆積し、それが交通路となり多くの村が形成されるというあり方は、災害と人間の関係を考えるときに、不思議な思いを抱かせるのである。

岡山県の県域は、ほぼこの三大河川の流域ということができる。その流域面積は、今日の数値では、合計六五九〇平方キロメートルに達し、全国第一〇位の河川に相当する。それがひと

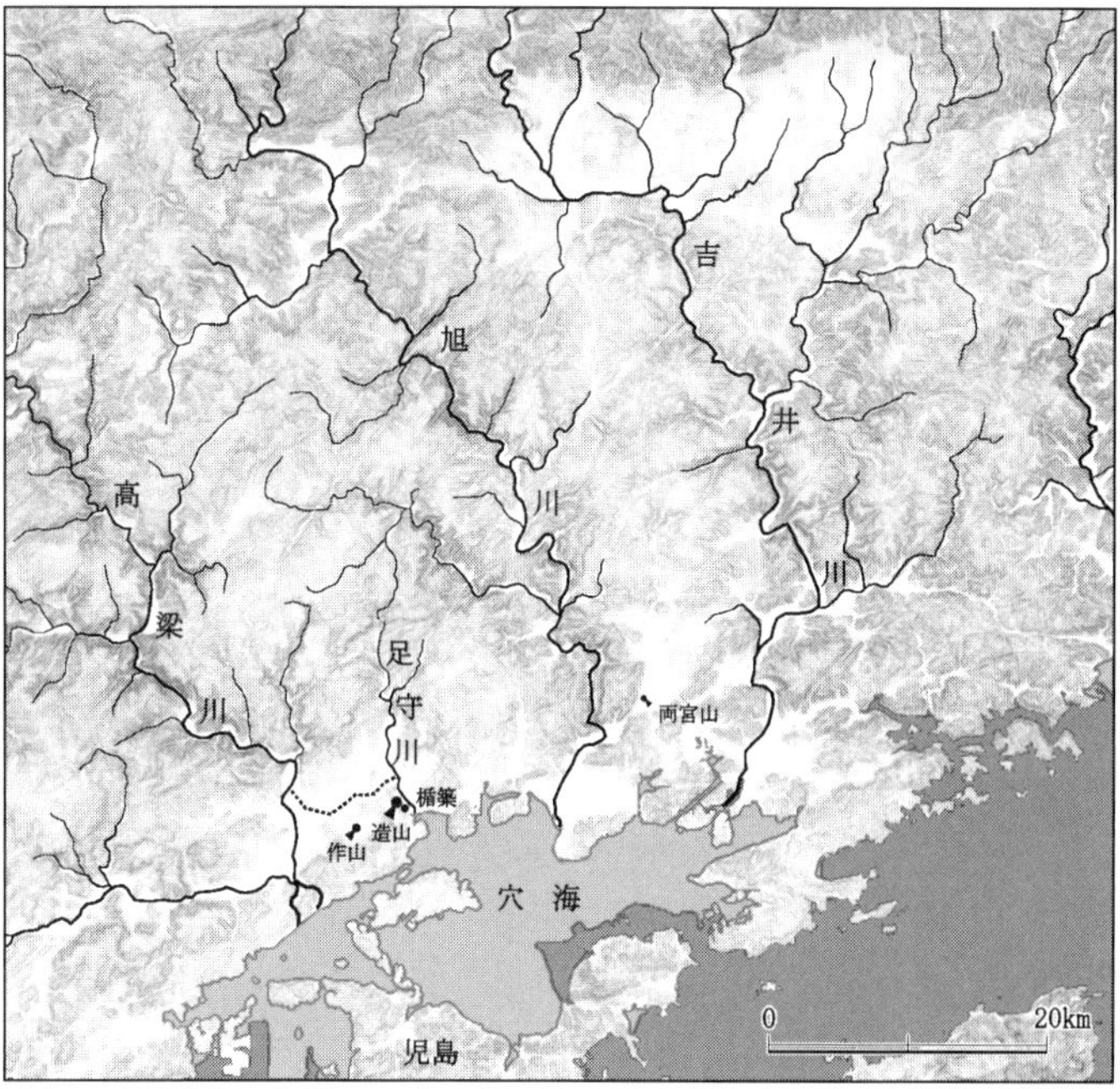

図3-1　岡山の三大河川と穴海

つの都道府県のなかでほぼ完結する例は、北海道を除くと全国でも例がなく、河川を通じてひとつの地域が結びつけられているという点で、西日本でこれをしのぐ地域はほかにないだろう。江戸時代には高瀬《たかせ》舟《ぶね》がこうした河川を遡って都の物資を供給し、地域の産物を各地に送り出していた。広大な地域が三つの河川を通じて「穴海」に集約されるという構造が、吉備という地域を考えるうえで重要となってくるのである。

意外に狭い平野

楯築墳丘墓は、足守川の流

域の、当時の河口を少し遡った小高い丘の頂部に築かれている。河口に近いことから海を意識していたとは思われるが、海を望むのではなく、北の平野を見下ろす形となっている。しかも、そこから見渡すことのできる平地は、それほど広くない。遠方からのお客さんを案内すると、「意外に平地が狭いのですね」と驚かれることが多い。楯築や造山を築いた吉備の中心部であるから、それを支えた雄大な平野が広がっているというイメージがあるのかもしれないが、総《そう》社《じゃ》平野は、高梁川より東では東西一〇キロメートル余り、南北五キロメートル余りほどの比較的小規模なものだ。当時の静かな環境ならば、銅鐸《どうたく》を打ち鳴らせば隅々にまで伝わるのではないかと思うくらいである。

造山古墳が築かれているのは、楯築墳丘墓の北西二キロメートル余りの位置である。距離を聞くと少し離れた感じもするが、現地に立てば低い丘陵をひとつ越えるか、あるいは丘陵の先を回り込んだ至近距離にある。造山古墳は北向きに開けた谷状の地形の中央に築かれており、舌状に伸びる低い丘陵を利用している。後円部の頂上からは、楯築と同じように総社平野の東半を望むことができる。楯築や造山を築いた勢力が拠点としていたのはこうした平野であったのだろうが、その広さからみて、強大な力の背景はまた別の要因に求めるべきであろう。

吉備の津

楯築墳丘墓はいま述べたように足守川の流域に位置している。だが、足守川は、当時の延長が二〇キロメートル余りの小規模な河川で、上流にはそれほど目立った平地もなく、足守川を介した交通が大きな役割を果たしたとは考えにくい。むしろ重要なのは、先にもふれたように、岡山の三大河川のなかで最大の流域面積を誇る高梁川との関係だ。現在の高梁川は、吉備高原を縫うように流れて総社市井尻野《いじりの》付近で総社平野に出て、そのままほぼ南に流れて倉敷市域に向かっている。しかし、古代においては、平野に出たところで東側に分流し、総社平野を蛇行して伸びて、楯築の上流で足守川に合流していたと考えられている。そうであるとすると、楯築は、足守川との関係だけでなく、旧高梁川の東流路の下流域に位置していたということにもなる。楯築や造山の背後には、高梁川も含めて河川で結ばれた広大な地域がひかえていたのである。

楯築から南に足守川を下ると、一キロメートル余りで当時は海となっていた。岡山県倉敷市上東《じょうとう》遺跡の発掘調査で、弥生時代後期の船着き場の遺構が発見されており、これは発見当時長崎県壱岐の原《はる》の辻《つじ》遺跡に続く二例目として話題となった。船着き場の浅瀬からは、多量の土器が発見されており、海上交通の無事を祈る祭祀《さいし》行為の跡であるといわれている。そのなかには他地域との交流を示す土器も含まれており、活発な対外関係を物語っているのである。また、楯築の東方には、吉備津《きびつ》神社で知られる吉備津の地がある。吉備津は吉備の津であって、吉備の中心的な港が存在していたことを想起させる。さらに、楯築のすぐ北側には、山陽自動車道岡山ジャンクションの建設に際して発掘調査された津寺《つでら》遺跡が位置している。津寺は津の寺、すなわち津の役所で、調査で確認された大規模な方形区画の官衙《かんが》的な建物は、八世紀ごろの港にかかわる役所だったのではないかといわれている。この地域が、吉備を代表する海への玄関口であったことを示しているのだろう。

この津寺遺跡は、古墳時代初頭に各地と広くつながっていたことでも知られている。発掘調査で大量の土器が出土しており、その詳細を検討した亀山行雄氏は、そこから古墳時代初頭の地域間交流の姿を読み取っている。土器の形や器表の調整などの特徴から、山陰系や、四国系、畿内系、西部瀬戸内系、東海系、北陸系の資料が確認できるというのだ。これらのなかには、土器そのものが搬入された例や、他地域の強い影響のもとにつくられた土器も含まれており、それらをまとめて「系」という用語で表現している。土器に物資を収めて交易した場合や、土器製作を行う人の移動なども考えられるだろう。東海系や北陸系の土器は数が少ないというが、それでも広く西日本を結ぶような関係が構築されており、古墳時代初頭の段階で、足守川の河口付近の地域が、他地域との交流の拠点となっていたことを示している。

2　弥生墳丘墓から前期古墳へ

楯築墳丘墓の形

楯築墳丘墓は、二つの突出部をもつ墳丘長八〇メートルほどの墳墓であり、弥生時代後期後葉になって、この地に忽然《こつぜん》と姿を現した。楯築の調査に参画し長年にわたって資料整理に取り組んできた宇垣匡雅《ただまさ》氏は、楯築の諸要素がこの地域で徐々に蓄積されて成立したのではなく、各地域の要素が結集される形でまず楯築が出現し、それがしだいに波及していったと考えている［宇垣、二〇二二］。

　楯築の調査に至る経緯は、苦難に満ちたものだったという。遺跡が破壊される危険性を知った近藤義郎氏は、当時はほとんど例のなかった弥生時代後期の墳丘墓であると考え保存を求めたが、抜き打ち的な工事を止めることができなかったという。そのために、残念ながら北東突出部は一九七二年の暮れから七三年初めごろに住宅団地の造成で大部分が削られてしまった。また、南西突出部も住宅団地に水を供給する給水塔の建設で、その下に埋まってしまっている。破壊前の状態は、氏の観察によるメモや記述と、草木が茂るなかで撮られた写真から復元するしかない。他に類例のない貴重な遺跡であるだけに、調査なしに破壊されてしまったことは残念でならない。そうした経緯については氏が詳しく記録を残している［近藤、二〇〇二］。

　はじめに、円丘部と突出部の接続方法や高さの関係、および突出部先端の構造などの検討を行ってみたいと思う。その際に参考となるのは、一九八五年と八六年に実施された、南西突出部の先端部分の発掘調査と、二〇一七年に岡山大学の光本順氏らによって実施された墳丘の三次元計測データである。まずは三次元計測によって得られた精細な測量図にもとづいて、全体の形態を検討してみよう（図3-2）。

　円丘部は、平面形が正円ではなく、長径が短径より二〇％ほど長い楕円形《だえんけい》をしている。墳頂の平坦な部分は、長径二五メートル、短径二〇メートルほどの、比較的広いものだったと思われ、これは前期古墳の墳頂平坦《へいたん》面よりかなり広い。

北東突出部では、円丘部から突出部へと屈曲する東側の部分がかろうじて残っていて、現地では列石の一部が確認できる。一九七六年の発掘調査では、この第一列石の下方に第二列石が確認されている。円丘部から突出部に屈曲する部分とそこから突出部の先端に向かって、五メートル余りにわたり列石や抜け穴が確認されたのである。円丘部から突出部にかけては、上面がしだいに低くなっており、近藤メモでは、突出部は十数メートルほど伸びて、「その上面は幅約三、四メートルで、わずかに前面に向かって下降気味であったが、ほぼ平坦に近い」ということである。

南西突出部については、給水塔の建設に際して盛り土が施されており、現在の地形から推定できることはほとんどない。わずかに築造時の状況をとどめていると思われるのは、突出部の先端を切り離す形で掘られた溝の反対側の斜面が、丘陵の細い稜線部を削る形で残されていることだ。給水塔の造成時に改変されているかもしれないが、後で述べる先端部の発掘調査の成果に照らして、本来の形状を残している可能性が高いと思われる。

南西突出部の発掘調査は、突出部の先端の構造を確認するためのものだった。給水塔のフェンスの外側だけでは先端を確認できない恐れがあり、市の規定を確かめたうえでギリギリまでフェンスを後退させ、そこから樹脂を注入して土壌を強化させながら、ほぼ垂直に掘り下げるという異例の方式となった。いくつかのトレンチを掘り下げていくと、一・五メートルほどで造成前の表土が姿を見せた。さらに掘り下げると、丸みを帯びた花崗岩《かこうがん》の巨岩が姿を見せた。古墳の周濠《しゅうごう》ならばこんな岩が残されることは考えられないが、かなりの巨岩なので、当時の技

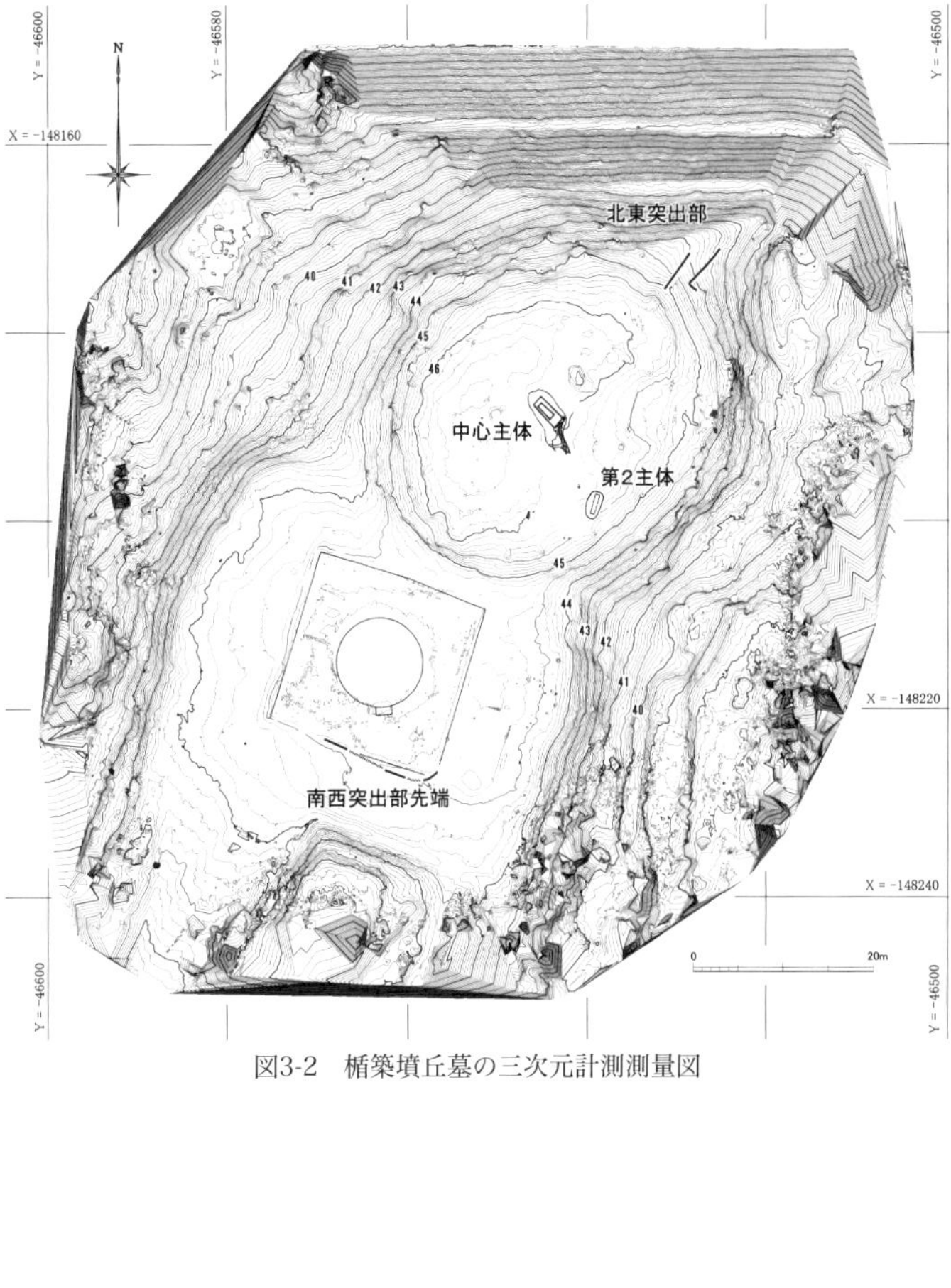

図3-2　楯築墳丘墓の三次元計測測量図

術では動かすことが難しかったのだろうか。続いてトレンチの墳端側で、あたかも白い前歯が並ぶように突出部の先端に貼り付けられた列石が確認された。もしフェンスを後退させずに発掘を行っていたら、発見することはできなかったと思われる。近藤氏の執念の産物といえるだろう。列石は大きいもので高さ一メートルほどもある。これほど大型ではないとしても葺石《ふきいし》の下端に平たい石を立て並べる方式は、この地域の初期の前方後円墳にも継承されていくものである。

最も異なるのは突出部の隅の構造であろう。東側の隅をかろうじて捉えることができたが、列石は角を形成せず、円弧を描いて屈曲し、しだいに石が小さくなって基底が高まり、まもなく終了するというものだった。限られた発掘区でそれ以上の情報を得ることはできなかったが、突出部の隅の構造は初期の前方後円墳とは大きく異なっており、どちらかというと出雲の四隅《よすみ》突出型墳丘墓の突出部に似ているようにも見える。これが、北東突出部で確認された第一列石および第二列石とどのような対応関係をみせるのかは、残念ながら現状では推定することも難しい。いずれ給水塔が撤去された後に解明されることを期待したい。

急激な交流の進展

先に楯築墳丘墓は忽然と姿を現したと述べたが、たしかにそれまでの墳墓とは一線を画するものがある。墳丘の規模は飛躍的に大きくなり、埋葬施設として木槨《もっかく》が新たに採用された。木槨の構造は複雑で、それまでの棺のみを用いた埋葬とは隔絶しており、その思想や技術が海を

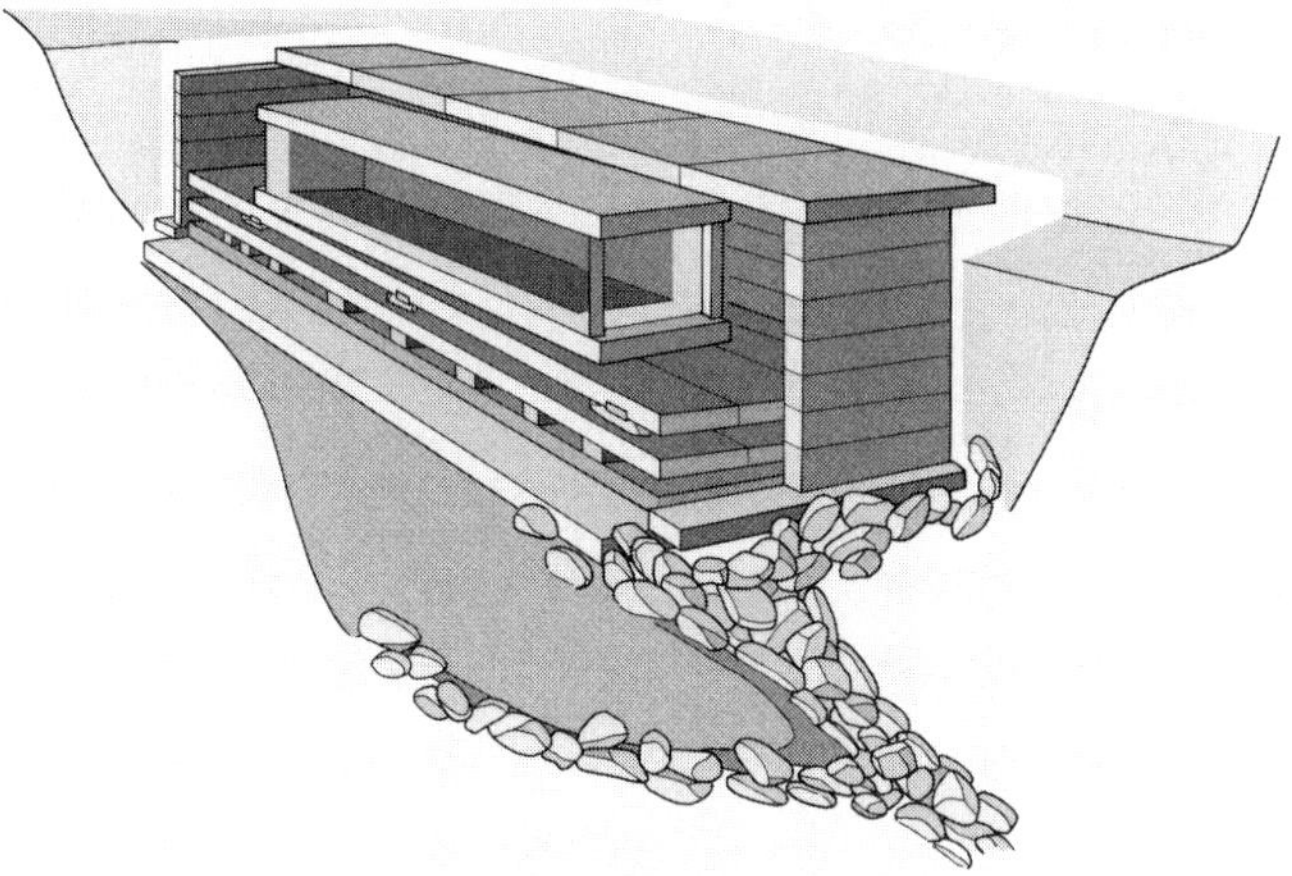

図3-3　楯築墳丘墓中心主体木槨復元図（宇垣、2021）

越えて直接もたらされたのではないかと想像される（図3-3）。棺に収められた水銀朱は中国で産出されたもので、その重さは三二キロを超えると報告されている。墳丘を飾った特殊器台・特殊壺《つぼ》は、地域に起源をもつが、著しく大型化しており、それが出雲にもたらされ、畿内ではやがて円筒埴輪《はにわ》へと発展した。

　ほぼ時を同じくして、島根県出雲市の西谷三号墓が築かれる［渡邊・坂本編、二〇一五］。西谷墳墓群には六基の四隅突出型墳丘墓が含まれているが、そのうちの三号墓は、突出部を含めて東西約五〇メートル、南北四〇メートル以上の規模で、六基のなかでは最大である。墳頂の平坦面には、八つの埋葬施設（第四主体は副槨を伴う）が設けられており、中心にある第四主体と第一主体には木槨が採用されていた。木槨の構造は楯築ほど複雑ではないが、第四主体の上方で確認された太い木柱を用いた四本柱の建物の跡は目を引く。そこからは二〇〇個体を超える多量の祭祀用の土器や、玉砂利・円礫《えんれき》が発掘されており、大規模な祭祀が行われたことを示している。同じような祭祀の跡は、楯築でも発見されている。

西谷三号墓からは、吉備からもたらされた特殊器台と特殊壺が見つかっており、楯築墳丘墓の被葬者との強い結びつきが想定される。中心的埋葬である第一主体と第四主体からは、水銀朱や、ガラス製・碧玉《へきぎょく》製装身具、鉄剣などが出土しており、楯築と異なるのはガラス製の装身具を比較的多量に含むことである。渡邊貞幸氏はこれらの資料について、少なくともその素材はすべて列島外からもたらされたものと推定している。

西谷墳墓群の六基の四隅突出型墳丘墓のなかで最初に築かれたのは西谷三号墓である。楯築の場合と同じように、徐々に規模が発達するのではなく、一足飛びに大規模な墳墓が築造されているのだ。その契機は、渡邊氏の言うように「我々の想像を遥《はる》かに超えるスケールをもつ交易網」が形成されたことで、そうした被葬者の国際性こそ、楯築墳丘墓と西谷三号墓を結びつける絆《きずな》だったのだろう。しかし、楯築の墳丘は円丘を中心とし、西谷は方丘で、おそらく背景とする思想や祭祀のあり方は異なっていたと思われる。吉備から出雲に特殊器台と特殊壺がもたらされるというような関係は、そのまま安定的に発展していくことにはならなかった。吉備から出雲を経由して対外的な経路が伸びるというような交易網の構築は、ある意味では一過性で、次の時代には、それとは異なった形での交易網が構築されることになるのだろう。

前方後円墳の成立

吉備地域において、前方後円墳・前方後方墳がどのように成立したのかという問題については、いまでも意外にわからないことが多い。近藤義郎氏は、弥生墳丘墓が地域ごとに個性をもつのに対して、前方後円墳は強い画一性あるいは統一性を伴って出現したと考えた。その統一性とは、墳丘の形だけでなく、埋葬施設や副葬品にもおよぶということである。だが、吉備地域において、楯築以来の墳丘墓の形が徐々に変化をとげて前方後円墳として定型化をみせるのか、それとも墳丘墓の変化とはある程度断絶する形で、畿内で成立した前方後円墳を受け入れて広まるのかという問題は、必ずしも解決済みとはいえないように思う。

近年、初期の前方後円墳や前方後方墳で墳丘の三次元計測が実施されている。それは、岡山市片山古墳（前方後円五〇・五メートル）、同津倉《つくら》古墳（前方後方三八・五メートル）、岡山県総社市茶臼嶽《ちゃうすだけ》古墳（前方後方五五・四メートル）、同一丁𡉕《いっちょうぐろ》一号墳（前方後方七〇メートル）、同秦大《はだおお》𡉕《ぐろ》古墳（前方後円六三メートル）などであり、片山古墳を除いて発掘調査が実施されている。茶臼嶽古墳と一丁𡉕一号墳、および秦大𡉕古墳は高梁川が総社の平野部に入る西岸の丘陵上に位置しており、茶臼嶽古墳は新規発見、一丁𡉕一号墳は二基の古墳と考えられていた。これほどの規模の前方後方墳が未発見のままとなっていたことと、一丁𡉕が岡山県南部最大の前方後方墳であることは、驚きをもって受け止められた。

三次元計測のおかげで正確に把握できるようになったのは、墳丘の主軸の向きである。これまで、初期の古墳は主軸が北を意識しているといわれてきたが、磁北や座標北が混在し、あまり正確な議論ではなかった。三次元計測によると、片山古墳は前方部が国土座標で東から一〇度南に傾いており、茶臼嶽古墳も一〇度南で正確に一致することがわかった。片山古墳は後に述べるように墳丘の形態が古い特徴をもっていると思われ、茶臼嶽古墳も最古クラスである。まだ限られた資料ではあるが、片山古墳と茶臼嶽古墳はかなり距離が離れており、最古クラスの古墳では、国土座標の座標北から一〇度東に振れた角度を北と捉えていた可能性があると思われる。やや時期が新しくなる津倉古墳は北から一六度東に、一丁玖一号墳は南から三一度西に振れており、時代が下ると方位志向が弱まってくるようである。ちなみに、一丁玖一号墳とほぼ同じ時期に近辺に築かれた秦大玖古墳は主軸の方向が一丁玖一号墳と正確に九〇度の差となっている。まだ十分にわからないことが多いが、こうした古墳が方位を意識して築造されていることと、時期が下るにつれてしだいに座標北から東に振れていくように感じられることなどについて、その理由を解明するための資料の充実が求められる。なお、国土座標の座標北から一〇度東に振れた角度というのは、当時の磁北とも北極星の位置とも結びつかないようであり、どのようにして主軸の方向を決めていたのかは、今のところ謎といわなければならない。

次に問題となるのは、尺度である。後に述べるように、大規模な前方後円墳の設計には、中国由来の尺度（漢尺、一尺は二三・一センチほど）が用いられ、その六尺にあたる歩《ぶ》という単位が用いられていることがわかっている。茶臼嶽古墳の墳丘長は、発掘調査の結果、五五・四メートルで、葺石の基底部が確認できており、計測はほぼ正確とみてよいであろう。これを四〇歩と考えると一尺はほぼ二三・一センチとなる。初期の古墳は大規模なものが少ないので誤差

図3-4　片山古墳三次元計測鳥瞰図

の割合が大きく、正確な尺度の議論は難しいが、ほぼ当初から一定の尺度に従って設計が行われていたことは確かであろう。方位や尺度という形で、規格性の高い墳丘が築造されたという点は、やはり弥生墳丘墓とは異なっているのである。

楯築墳丘墓の突出部は、近藤メモによると「わずかに前面に向かって下降気味であったが、ほぼ平坦に近い」ということであった。この特徴に最も近いのは、いまあげた古墳のなかでは、片山古墳だろう（図3-4）。片山古墳の場合、後円部から前方部に向かって徐々に上面が低くなり、そのまま高まることなく前端に至っている。もし、楯築墳丘墓から変化する地域の系列があるとすれば、片山古墳をその候補にあげることができるだろう。後円部の平面形も、正円ではなく主軸方向に長い楕円形を呈している。

初期の前方後円墳や前方後方墳に対して、奈良県箸墓《はしはか》古墳の何分の一相似墳という表現が用いられることがある。場合によっては、箸墓古墳の設計図が配布されたというようなニュアンスさえ感じられる。だが、多くの場合、立体的な形を比較すると、あまり類似点が感じられない。箸墓古墳は墳丘長が二八〇メートルであり、それは先に述べた尺度でいうと、ちょうど二〇〇歩にあたる。茶臼嶽古墳の墳丘長は四〇歩であるので、箸墓古墳の五分の一相似墳ということになるのだが、そうではなくて、尺度を用いた設計方法を共有しているために、このように見えてしまっているということであろう。

吉備地域の初期の古墳が、どのように在地の伝統を継承しているのか、あるいは畿内のどの系列の古墳と設計原理を共有する可能性があるのか、冷静な議論を進めていく必要があるように思う。

3　眠りからさめた造山古墳

進展する造山古墳の調査

造山古墳は、全国第四位の巨大な前方後円墳である。周辺には六基の陪塚《ばいちょう》があり、そのうちの千足《せんぞく》古墳と榊山《さかきやま》古墳では一九一二年（明治四五年）に主体部が乱掘され、多量の遺物が出土した。千足古墳からは整美な直弧文《ちょっこもん》をもつ石障《せきしょう》も発見されたが、まもなく石室には水がたまり、直弧文が広く世に知られるのは二五年ほども後になってからである。一九一九年（大正八年）

には史蹟名勝天然紀念物保存法が施行され、まもなく周辺の陪塚六基とともに国指定史蹟に指定された。しかし、ながく本格的な調査の対象とはなってこなかったのである。

事態が動いたのは、二〇〇五年から始まった岡山大学考古学研究室による造山古墳の墳丘の三次元計測調査からである。続いて、周辺古墳の測量調査も行われ、千足古墳の石室とその直弧文を三次元計測しようとおよそ二〇年ぶりに石室の水を抜いたところ、驚くべきことが発覚した。直弧文が施された石障の下の三分の一ほどが激しく剝落していたのである。水のなかでまもられていると思われていた石障は、剝落部分が砂となって崩壊してしまっていた。岡山市はその後、墳丘や石室の発掘調査を進め、石障の搬出と、墳丘の復元事業を実施することとなった。

造山古墳そのものにも発掘調査の手が加えられた。岡山大学考古学研究室は、墳丘の規模と周濠の有無を確認するために、二〇〇九年から三年をかけて、造山古墳の外周部の発掘調査を行った。そこで明らかになったのは、墳丘の南東側半分に周濠がめぐらされている可能性が高いということだった。

その後の発掘調査は、岡山市の手によって実施されることになった［西田、二〇一〇］。二〇一六年度から開始された造山古墳本体の発掘調査で、最大の成果のひとつは、墳端部分の状況が明らかになったことだ。第一は、前方部の南西隅を中心に、周濠が存在しない部分が少なくとも一定の広がりをみせていること。葛原克人氏は以前に渡り土堤状の途切れを伴いながら墳丘をめぐる周濠を想定していたが、そのイメージは若干の修正が必要になった。第二は、墳丘の一段目の葺石下端が確認されたことだ。葺石下端の外側には平坦面が設けられており、周濠が存在するならば、そこから傾斜をもって続くことになる。第三は、二〇二〇年度の調査で、墳丘の一段目と二段目のテラスに発掘区が設けられ、二段目と三段目の葺石下端が確認されたことだ。これによって、墳丘の正確な規模と構造を議論する材料がそろってきたのである。

墳丘の規模と構造

かつては造山古墳の墳丘長が三六〇メートルとされることもあったが、現在の知見では三五〇メートルを超えると考えるのは困難だろう。墳丘長三六五メートルとされる大阪府堺《さかい》市上《かみ》石津《いしづ》ミサンザイ古墳（履中《りちゅう》陵古墳）を下回ることは、もはや疑いがない。しかし、墳丘長について正確に議論するのは、意外に困難だ。たとえば、周濠をもつ前方後円墳の場合、周濠の底面に基底石を据えて斜面の葺石を築くことが多いが、周濠に水が張られるとそのあたりは見えなくなる。当時の人は水面より上の部分を墳丘と意識していたかもしれない。

造山古墳の場合もいくつかの問題がある。岡山市の調査で葺石の下端が確認されているので、それを基準に墳丘長を求めると、三四五メートルを下回る数値になるのかもしれない。しかし、葺石の下端の外側に平坦面がめぐり、そこから周濠へと下っていくとすると、墳丘長としてはもう少し大きい数字を予測するということもありうる。後円部後端は農業用水路と自転車道が走り、前方部前端には農道があって、調査のメスを入れることが難しい。そうした調査が進むまでは、造山古墳の墳丘長として、これまで使われてきた三五〇メートルという数値をあまり動かさないほうがよいように思う。

　二〇〇五年から始まった岡山大学による墳丘のデジタル測量によって明らかになった最大の成果は、前方後円墳が立体的な設計によって築かれているという手がかりが得られたことだろう（図3-5）。それまで、前方後円墳の築造企画というと、測量図に方眼に重ねる平面的な設計の復元だったが、土を盛って高い構造物をつくる際に、傾斜が問題とならないはずがない。試みにデジタル測量で得られた点群を側面からプロットしてみたところ、興味深い数値が得られた。以前から三段築成《ちくせい》の前方後円墳の場合、後円部は下から一：一：三という高さの比となる例の多いことが知られていた。墳端の位置は微妙なので、ひとまず二段目と三段目に着目すると、六・二五メートルを単位としてかなり正確に一：三の比になることがわかった。さらに驚いたのは、この六・二五メートルという単位が、後円部の平面形においても段築《だんちく》のテラスの幅となり、外側から二：一：二：一：六：四という一六単位でうまく測量図に重なったのである。

　次の問題は、六・二五メートルとは何か、ということだった。先にもふれたように、前方後円墳の設計には中国の漢の時代に用いられた漢尺（一尺二三・一センチほど）が使用され、六尺を単位として歩と呼ぶ単位があった。そうすると、六・二五メートルを四・五歩と考えれば、うまく漢尺に合ってくる。前方後円墳の設計における長さの基本単位が、明らかになったのである。もうひとつの問題は、先ほど述べた高さの単位である。高さも六・二五メートルが単位となるので、斜面の傾斜は、長さ二単位に対して高さ一単位となり、直角三角形の底辺対高さの比が二：一になる。エジプトでも中国でも、古くは傾斜を定めるのは直角三角形の底辺対高さの比であった。造山古墳の後円部の設計原理が、こうしてよみがえってきたのである。

造山古墳の前方部については、段築の段が大きく改変を受けているので、そこから設計原理を求めるのが困難だった。しかし、まもなく畿内の巨大古墳の三次元計測結果が公表されるようになって、次々と新しいデータが得られるようになった。そこでわかったのは、(1)古墳ごとに設計原理が異なっていること、(2)墳丘長は二五〇歩というように切りのよい数値で調整されていること、(3)後円部と前方部ではテラスの幅である基本単位の長さが異なっていること、(4)規模が大きくなるにつれて基本単位の長さは大きくなるが、斜面の傾斜は緩くなること、などだった。規模が大きくなると斜面の高さが高くなるので崩壊を防ぐために傾斜を緩くするという、現代の土木工事でも用いられる知識がすでに駆使されていたのである。

古墳ごとに設計原理が異なっていることから、古墳の間の親縁関係も推定できるようになった。意外だったのは、これまで相似的ともいわれていた上石津ミサンザイ古墳と造山古墳の間にあまり共通性がないことだ。そもそも用いられている尺が、上石津ミサンザイ古墳の場合、漢尺に対してかなり長くなっている。どちらも墳丘長二五〇歩で設計されていると思われるが、造山古墳より墳丘長が長いのは、このことが大きく関係している。それに対して造山古墳ときわめて似ているのは大阪府羽曳野《はびきの》市誉田《こんだ》御廟山《ごびょうやま》古墳（応神陵古墳）だ。後円部の設計原理においては、基本単位の長さはもちろん違っているが、設計原理としては後円部の墳頂平坦面の半径が誉田御廟山古墳の場合一単位分狭くなっている程度であり、同じ工人の手によって設計が

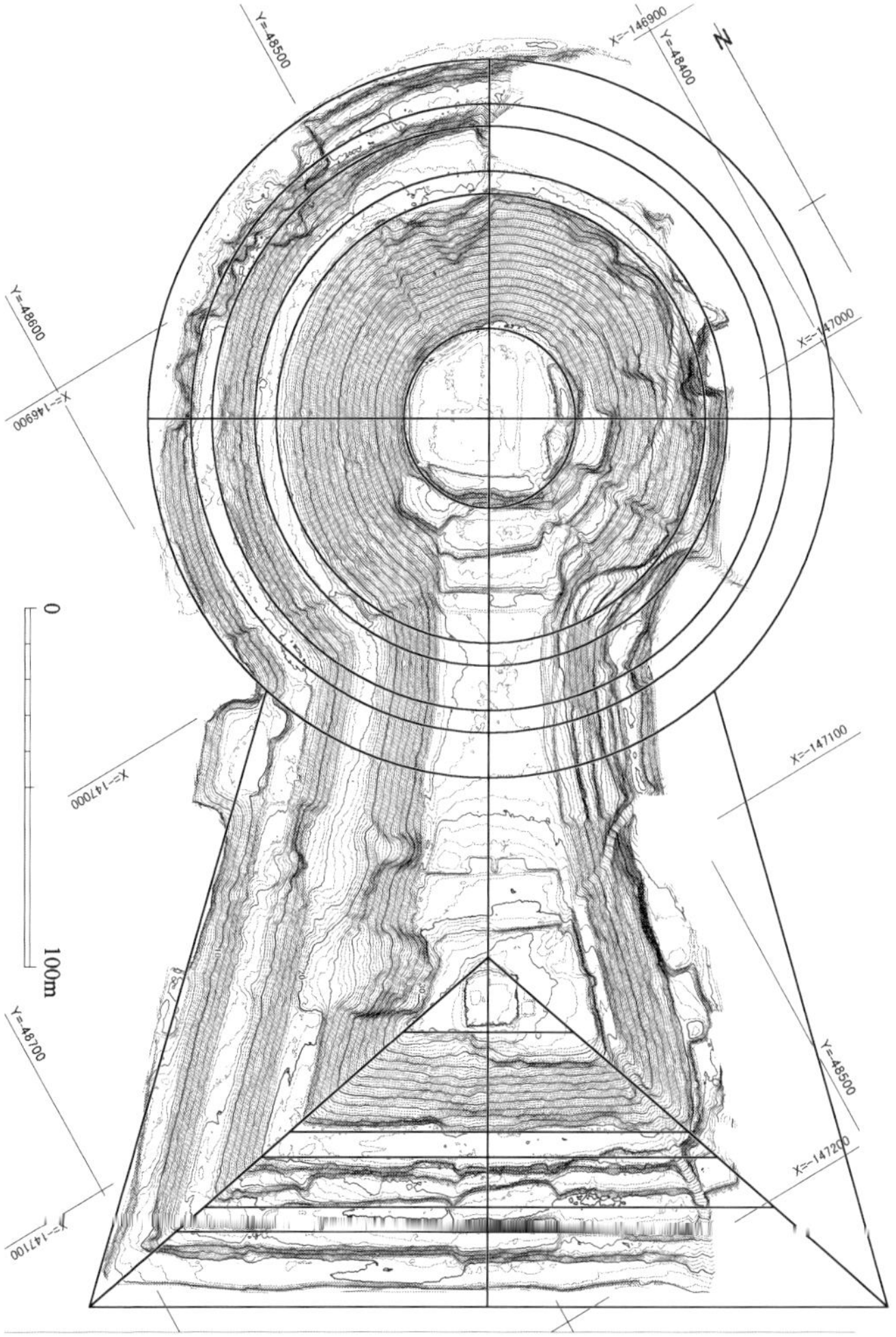

図3-5　造山古墳の設計原理

なされているのではないかと思うほどだ。

埴輪の型式

巨大古墳の築造の順番を推定するのに最も重要な手がかりとなるのは、埴輪の年代であろう。ちょうどこの時代は、円筒埴輪が野焼きから穴窯《あながま》の焼成《しょうせい》に切り替わり、窯のなかで周囲に薪などが触れることなく安定した温度で焼かれるので、それまでの黒斑《こくはん》が見られなくなるのである。それは、穴窯で焼かれる須恵器《すえき》の導入と関係しているが、おそらく野焼きから穴窯に一斉に切り替わったというよりも、両者が共存する時期があったとみるべきであろう。

造山古墳出土の円筒埴輪は、黒斑をもつ野焼きの資料も含まれるが、全体としては穴窯焼成のものが多いようである。一方、上石津ミサンザイ古墳の埴輪は、形象《けいしょう》埴輪も含めて野焼き焼成段階のものが主体とされるが、黒斑を伴う割合は低下しているということである。したがって、黒斑の有無という指標に従えば、上石津ミサンザイ古墳がやや先行する可能性は高い。他方、誉田御廟山古墳は、黒斑をもたないものが主体で、造山古墳より新しいと考えるのが一般的である。なお、一部の研究者からは、吉備に穴窯が導入されたのは遅く、造山と誉田御廟山は時期的に並行するという意見も聞かれるが、穴窯の導入が遅れたことを示す確実な根拠が存在するのかどうかは問題であろう。

円筒埴輪の年代を決めるもうひとつの指標は、外面調整の技法である。円筒埴輪などは、器壁を整えるために、柾目《まさめ》の板の木口を使ってなでつける、ハケメと呼ばれる調整が用いられる。

この時代のハケメは、大きくみれば、小さい単位でややランダムに横方向に施すもの（Ａ種ヨコハケ）から、工具を器壁に当てて回転と静止を繰り返し、器面を一周するもの（Ｂ種ヨコハケ）へと変化していく。さらにＢ種ヨコハケのなかでは、突帯《とったい》（タガとも呼ばれる）と突帯の間を、比較的幅の狭い工具で何段にも分けて施すものから、幅の広い工具を用いて一段で一気に施すきわめて規格性の高いものも含まれる。器体を回転させる方法が改善されたことと、規格性を高めることによって工程を減らし大量に作製することが可能になるという技術革新が、こうしたハケメ調整の変化として表れているのであろう。一瀬《いちのせ》和夫氏は、このＢ種ヨコハケを、ａからｄの四種に分け、さらにＢｂ種を１と２に細分し、おおむねＢａからＢｄへ変化すると考えた。

上石津ミサンザイ古墳の円筒埴輪の外面調整はＢａ種とＢｂ種を含んでおり、誉田御廟山古墳ではＢｃ種が出現しＢｂ‐２種とＢｃ種が主体をなすということである。造山古墳では、二〇一六年度から墳丘部分の発掘調査が行われており、比較的まとまった量の埴輪が出土している。二〇二〇年度までの概報段階ではまだ詳細な全体像はわからないが、図示されている資料は、Ｂａ種の可能性が高いと考えられるが、これは黒斑を伴わないということである。

以上のように、黒斑を伴う資料の割合や、外面調整から考えると、上石津ミサンザイ古墳―造山古墳―誉田御廟山古墳という相対的な築造の順番は、ほぼ確かであると考えてよいであろう。

4　巨大古墳の展開と吉備

暦年代の推定

暦年代《れきねんだい》の手がかりを求めるためには、須恵器の編年にひとまず頼る必要がある。当面問題となるのは、TG二三二型式、TK七三型式、ON四六型式という初期の須恵器の型式だ。須恵器の型式は、大阪府南部の陶邑《すえむら》窯跡群で調査された須恵器窯の一括資料を指標としており、TG二三二型式は栂《とが》地区の二三二号窯、TK七三型式は高蔵寺《たかくらじ》地区の七三号窯、ON四六型式は大野池地区の四六号窯の一括資料という意味である。

残念ながら、ここで問題としている古墳から、その築造年代を知ることのできるまとまった須恵器が出土しているわけではないので、暦年代の推定のためには少しまわりくどい手続きが必要となってくる。ひとつの手がかりは、大阪府堺市大山《だいせん》古墳（仁徳《にんとく》陵古墳）の造り出しから出土している甕《かめ》で、これはON四六型式にあたると推定されている。造り出しの祭祀が古墳の築造時を表すかどうかは議論の余地があるかもしれないが、少ない手がかりのなかでは重要な情報である。一方で、大阪府大東市の堂山《どうやま》一号墳からは、先に述べたように誉田御廟山古墳の段階で出現したBc種ヨコハケの円筒埴輪に伴ってTK七三型式の須恵器が出土しており、円筒埴輪と須恵器の関係を知る重要な資料となっている。このような例をはじめとする資料から、誉田御廟山古墳の年代をTK七三型式の段階と考え、五世紀の第一四半期に位置づけるというのが通説的な理解となっている。

一方で近年、樹木の年輪から暦年代を探る手法が重要性を増してきている。樹木は通常は樹皮の内側で組織を形成する形で外側に成長し、温帯地方では寒暖の差から断面が同心円状の文様を形成する。しかし、成長は降水量や気温などの影響を受け、毎年の成長の厚みは一定ではない。そのパターンを読み取り、それを古い樹木の年輪とつなぎ合わせていくことで、標準的なパターンを作り上げ、そこに当てはめることで、それぞれの木材などの伐採年を知ることができるというのである。もともとは年輪の厚みを計測してパターンを読み取っていたのであるが、最近になって日本では中塚武氏を中心に、年輪酸素同位体比分析の手法が開発された。それは、それぞれの年輪の酸素同位体比を分析することによって各年の湿潤さを復元し、その変化のパターンから樹木の伐採年を一年単位で絞り込むというものである。

まだ概要が示された段階であるが、中久保辰夫氏らは中塚氏との協力のもとに、奈良県橿原市新堂《しんどう》遺跡の河道で出土した須恵器と杭《くい》などの木材との共伴関係から、須恵器の暦年代を推定するという試みを行っている。河道から出土した須恵器は、TG二三二型式を含むがTK七三型式が主体である。一方、樹皮を伴う杭の資料を中心に、酸素同位体比分析によって、紀元四一〇年前後という伐採年代が推定されている。杭はもちろん再利用などの可能性があり慎重な取り扱いが必要であるが、一定のまとまった測定結果がもたらされていることは重要であろう。中久保氏らは、紀元四一〇年前後にTG二三二型式からTK七三型式期の須恵器が使用・廃棄される状況にあった、と推定しており、今後の展開が期待されるところである。

応神と御友別の伝承

ここで、『日本書紀』にみられる関連の記事にふれておこう。『日本書紀』の応神二二年条には、吉備の御友別《みともわけ》についての伝承が記されている。吉備臣《きびのおみ》の祖である御友別の妹の兄媛《えひめ》は、応神の妃となっていた。しかし兄媛はながく父母に会えていないことを嘆き、吉備に帰りたいと願う。応神はそれを許し、兄媛は翌月に海路で吉備に帰る。一方で、応神は兄媛を懐かしみ、淡路島に狩りに赴いた際に、小豆島《しょうどしま》から足を伸ばし、吉備の葦守宮《あしもりのみや》に至る。現在も楯築から足守川を少し遡った足守地区に同じ名の葦守宮は存在している。そこに兄媛の兄である御友別が訪ねてきて、兄弟子孫を集めて饗宴《きょうえん》の酒食を準備させた。応神は喜び、吉備のそれぞれの県《あがた》に御友別の兄弟子孫を封じて、それが下道《しもつみち》や上道《かみつみち》などの臣の祖となったというのである。

この記事は、造山古墳と結びつけて語られることはあっても、推測の域を超えるものではなく、考古学的には学術的な議論の俎上《そじょう》にのぼることはほとんどなかった。それは、古墳の編年と『日本書紀』の紀年との間に十分な対応関係を見出《みいだ》すことができず、確実な議論を進めることが困難だったからである。

しかし、最近になって『日本書紀』の紀年を再検討すべき手がかりが生まれてきた。それは、これまで基準とされてきた百済《くだら》王の没年などの記事が、『日本書紀』を編纂《へんさん》した際のすべての記事の定点となっていたわけではないという視点である。四世紀から五世紀ごろの列島内の記録は、まだ干支によって整理されたものではなかった。そうではなく、王の治世年などで記された相対的な年代記であって、それを八世紀の編纂の段階で干支の枠組みのなかに組み込んでいったものと考えられる。百済王の即位や没年などの海外系の記事は、その段階で挿入されたものであって、前後の記事の定点にはならない。そうではなく、『日本書紀』に記された対外関係の記事を、広開土王碑や『宋書』などに記された動向と直接対比することで、はじめて対応関係が明らかになるという考え方である［新納、二〇二二］。

詳細についてここで取り上げる余裕はないが、そうした手続きによって得られた応神の在位は三八五年から四二五年となり、御友別の記事の応神二二年は、四〇六年にあたる。御友別の妹の兄媛はすでに応神の妃となってながく、また兄弟子孫が饗宴に参じ、各地に封じられたと記されているのであれば、御友別はすでに壮年を過ぎていたのかもしれない。あるいは、応神が主導した朝鮮半島への出兵に御友別が積極的に参加していたということも、年代的には十分に考えられる。造山古墳の築造が、御友別の記事の四〇六年から応神が没した四二五年に近い時点との間に位置づけられると考えるのは、史料批判が不十分であるという声もあるかもしれないが、現在の古墳編年の知見からは、はずれることはないように思う。

造山以後の吉備

造山古墳に続くのは、岡山県総社市の作山古墳である。作山古墳も造山と同じようにあまり調査の手はおよんでこなかったが、近年になってようやく総社市教育委員会の手で手測りの測量図が作成され、岡山大学考古学研究室によって上空からの三次元計測が実施された（図３-

6)。

作山古墳は発掘調査がほとんど行われていないので正確な墳丘長を求めることは難しいが、筆者は墳丘長二〇〇歩（二八〇メートル）と推定し、造山古墳に比べて五〇歩（七〇メートル）小さいと考えている。造山古墳からは、西南西に三キロメートル余りの近い距離にあるが、設計原理は造山をそれほど継承するものとはなっていない。後円部は主軸方向に引き伸ばされた楕円形を呈しており、他の部分をみても求められた墳丘長を達成するために労力の節約を行っているような印象がある。詳細な設計原理は別稿を参照されたいが、やや煩雑ともいえるような複雑な内容で、誉田御廟山古墳はもちろんのこと、大山古墳とも共通するところは少ないように感じられる［造山古墳蘇生会編、二〇一九］。

作山に続くと位置づけられる大型古墳は、岡山県赤磐市両宮山古墳である。二〇〇二年からの発掘調査で二重の周濠をもつことが確認された［宇垣、二〇〇六］。墳丘長二〇六メートルとされているが、葺石はまったく確認されておらず、正確な規模はわかっていない。筆者は墳丘長一五〇歩（二一〇メートル）を基準として築造されたのではないかと考えている。そうであるとすると、造山以後、作山、両宮山と、五〇歩ずつ規模を縮小していったことになる。また、葺石がないだけでなく、埴輪が一切確認されていないことも、不自然なところである。そのために正確な年代を絞り込むことは難しいが、周辺古墳との関係を考慮して、四六〇年から四八〇年ごろに位置づけるというのが一般的な理解だろうか。

この時期の吉備に関して、『日本書紀』では、雄略七年の記事で、吉備下道臣前津屋《しもつみちのおみさきつや》に対する誅殺《ちゆうさつ》や、雄略が吉備上道臣田狭《かみつみちのおみたさ》の妻稚媛《わかひめ》を奪った事件について、比較的詳細に経緯を記している。雄略七年は四六三年とされることが多いが、先に紹介した新しい紀年によると、四七三年にあてることができる。こうした伝承がどこまで史実を反映しているのかは確認の方法がないとしても、両宮山古墳が葺石も埴輪ももたない、いわば未完の古墳であることを切り離して考えるのはむしろ不自然であろう。二重周濠をもつ大王墓に近い前方後円墳を築いたことは、吉備の勢力の力の伝統を示すとともに、その限界も物語っているように思えるのである。

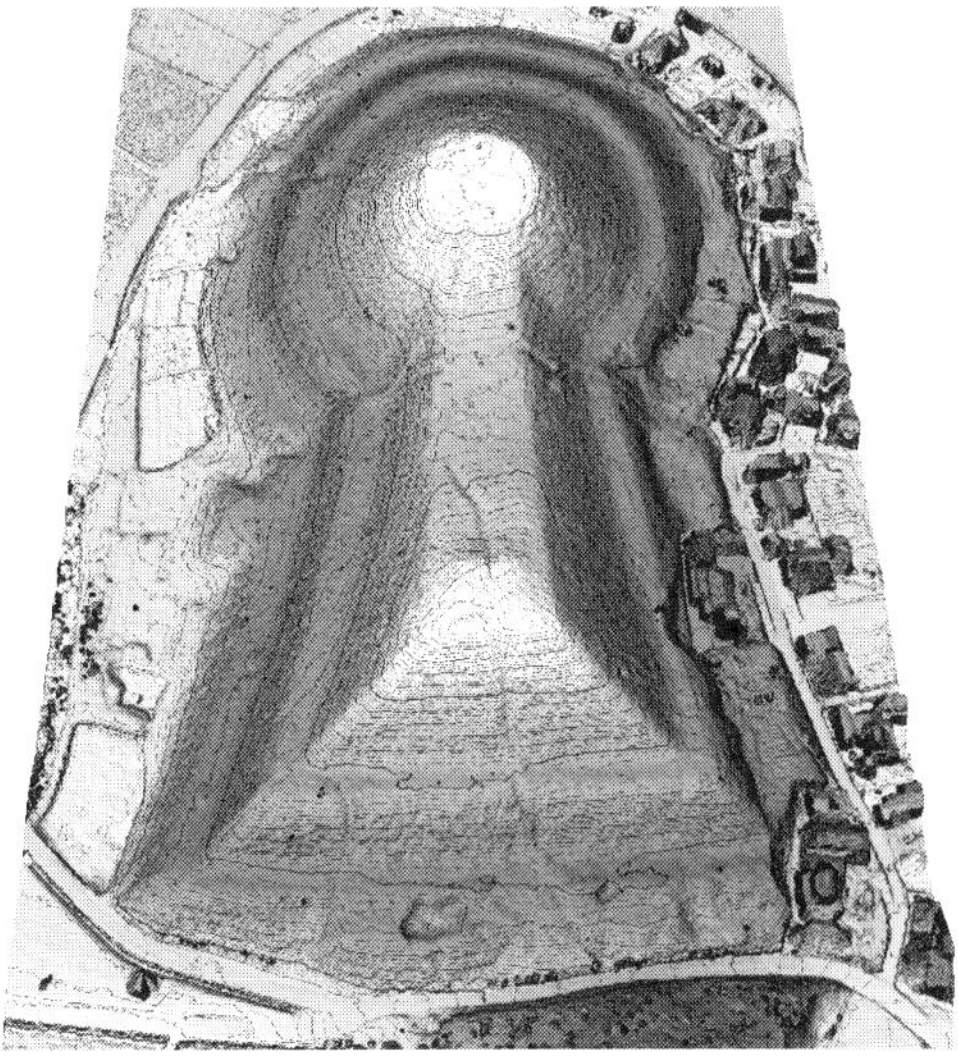

図3-6　作山古墳三次元計測鳥瞰図

おわりに

吉備では、古墳の出現以後、中心地域の前方後円墳の規模がしだいに大きくなる一方で、周辺地域では墳丘規模は小型化し数も減少するという動きがみられる。墓づくりのエネルギーが中心地域に集約化されていくのであり、造山はその方向の帰結ということができる。そうした動きは瀬戸内海を隔てた讃岐にもおよび、造山の段階には前方後円墳の築造すら停止されることになる。吉備の地の利をいかした交流の活発化による富の蓄積は、対外的交流の拡大とともに飛躍的に進み、瀬戸内の覇者ともいうべき役割を果たした。対外的交流にあたって、楯築の段階で手を結んだのは出雲の勢力であったが、造山の段階では中・南九州の肥後などが大きな役割を果たしたらしい。千足古墳の肥後型の横穴式石室や直弧文を施した天草《あまくさ》砂岩の石障と、造山古墳の前方部頂に残る阿蘇《あそ》溶結凝灰岩《ようけつぎょうかいがん》の長持形石棺など、そうした関係をうかがわせる資料は少なくない。また、榊山古墳出土とされる馬形帯鉤《うまがたたいこう》は列島外との交流のシンボルともいえる。

しかし、その地位は、ながくは続かなかった。誉田御廟山古墳から大山古墳へと畿内の大王墓が規模を拡大するのと対照的に、吉備では作山古墳から両宮山古墳へと規模を縮小し、その両宮山では葺石も埴輪も欠く状態に至る。吉備が東日本も含めた大きな交流網の中心となることは、地勢的にも考えにくい。そうしたなかで、中心化の動きはさらに一段階進み、やがて律令国家への歩みがいっそう強まっていく。列島における社会統合の進展において、吉備はその主役とはならないまでも、画期をもたらす原動力のひとつとして、大きな役割を演じたのであろう。

引用・参考文献

宇垣匡雅　二〇〇六年『両宮山古墳―二重濠をもつ吉備の首長墓―』同成社

宇垣匡雅　二〇二一年『楯築墳丘墓』岡山大学文明動態学研究所・岡山大学考古学研究室
近藤義郎　二〇〇二年『楯築弥生墳丘墓』吉備人出版
造山古墳蘇生会編　二〇一九年『造山古墳と作山古墳』吉備人出版
新納　泉　二〇一八年「前方後円墳の設計原理と墳丘大型化のプロセス」『国立歴史民俗博物館研究報告』第二一一集
新納　泉　二〇二一年「『日本書紀』紀年の再検討―応神紀・雄略紀を中心に―」『考古学研究』第六八巻第二号、考古学研究会
西田和浩　二〇二〇年『吉備の超巨大古墳　造山古墳群』新泉社
渡邊貞幸・坂本豊治編　二〇一五年『西谷3号墓発掘調査報告書』島根大学考古学研究室・出雲弥生の森博物館

4章　国府と鋳銭司

加藤友康

はじめに

律令《りつりょう》国家のもとで五畿七道の行政ブロックに編成された諸国には中央から国司が派遣され、任国に赴いた国司は地方統治のためにさまざまな活動を行なっていた。国司の守《かみ》の職掌が規定された職員令《しきいんりょう》70大国条《たいこくじょう》には、国司の守について「掌らむこと、祠社のこと、戸口の簿帳、百姓を字養せむこと、農桑を勧課せむこと、所部を糺察せむこと、貢挙、孝義、田宅、良賤、訴訟、租調、倉廩、徭役、兵士、器仗、鼓吹、郵駅、伝馬、烽候、城牧、過所、公私の馬牛、闌遺の雑物、及び寺、僧尼の名籍の事」と、その職掌が広範囲に記されている。職員令以外の令にも各種の役割が規定されており、関連する令文だけでも七〇条以上に及んでいる。この政務をとり行なうために彼らが常駐した場所が国府である。

本巻が対象とする山陰道・山陽道・南海道の国府を中心にその様相を探り、令制初期から平安時代にいたる変遷を、中心的施設であった国庁と国司の館（国司館）*に焦点をあてて考察を進めることとする。また、これらの諸国府のなかにあって山陽道の周防国《すおうのくに》と長門国《ながとのくに》は特異な国であった。律令国家が発行した銭貨の鋳造のための官司、鋳銭司《じゅせんし》*が置かれた国であったからである。両国に置かれた鋳銭司の変遷、展開もあわせてみていくことにしたい。

1　国府の諸施設

国庁・国衙・国府

国司をはじめ国内の人々の活動の場である国庁・国府域の発掘の事例が増え、その姿が明らかになってきている。この国府あるいは国庁などと称される一定の区画をどのように呼称するかにかかわって、八木充氏による提起［八木、一九八六］以来国府を構成する諸施設についての用語の多様性が指摘されてきた。政務や儀式を行なう中枢施設である国庁、国司の任期中の居住施設である国司館、行政事務を行なう種々の曹司《ぞうし》、食料・食器の調達・管理にあたる国厨《くにくりや》、兵器などを製作する工房などによって国府は構成されていた。しかし、これらの諸施設は史料上の表記では統一的に用いられていない。中枢施設である国庁、その周囲に設けられた国の行政事務や管理・運営にかかわる役所群などからなる国衙《こくが》、さらにその外縁に営まれた国司館・労役に従事する徭丁《ようてい》の宿所・市・国学の学校・国博士らの居所・百姓の民家などを含む国府全体の範囲を国府域という、歴史的概念として三重の構造で定義［江口、二〇一四］してとらえる方法をとることが多くなったことから、ここでもそれにならっていくこととする。

国府の形成時期については、とくに中心となる国庁の成立が国府の成立の基準となる。これまで国府成立の画期として、七世紀第3四半期頃から八世紀初め頃の初期国府の端緒的成立期を第一の画期としつつも、八世紀前半（第2四半期中心）から八世紀中頃にかけて創設された国庁や曹司が九世紀代から一〇世紀初め頃に受け継がれてゆくことから、国府の基本構造が成立したこの第二の画期が重視されてきた［山中、一九九四］。国庁をともなう国府の全面的成立は郡家《ぐうけ》の成立より時代が下る八世紀第2四半期とされることから、それ以前は国司は拠点的な評家《こおりのみやけ》・郡家を仮の庁舎としたり、評家や郡家を巡回する形で任務を遂行したと考えてきた。

八世紀第2四半期以降に本格的に展開する諸国の国庁は、建物群がコ字形配列をとっていることが特徴である。このような定型化した国庁に先行する国庁下層の官衙遺構に注目して初期国庁の存在が大橋泰夫氏によって提唱された［大橋、二〇一八］。氏によれば、各国府跡で発掘されている国庁遺構の下層で確認された前身官衙や、定型化した国庁とは異なる地区で長舎型建物から構成される先行した遺構があり、のちに定型化した国庁に移転する事例などから、八世紀前半（第2四半期中心）から八世紀中頃の国庁の創設期とされた時期を遡りうる大きな画期として初期国庁の創設があったとされるのである。この新しい提唱に注目して、山陰道・山陽道・南海道諸国を対象に概観していくことにする。

国庁の変遷と展開

次の表4-1は、山陰道・山陽道・南海道諸国の国府所在地、国府と想定される遺跡の一覧表である。明確な遺構や所在地が判明していない国もあるが、初期国庁の提起とかかわる国府

表4-1　山陰道・山陽道・南海道諸国の国府一覧

道名	国名	等級	和名類聚抄の国府所在郡	和名類聚抄の国府所在地 史跡指定名称	国府の推定遺跡ほか
山陰道	丹波	上国	桑田郡	京都府亀岡市	比定地は亀岡市千代川遺跡、近年は同市池尻遺跡も有力視。
	丹後	中国	加佐郡	京都府舞鶴市、福知山市、宮津市	
	但馬	上国	気多郡	兵庫県豊岡市	延暦23年(804)に移転後の比定地として豊岡市祢布ヶ森遺跡。
	因幡	上国	法美郡	鳥取県鳥取市 国史跡因幡国庁跡	鳥取市因幡国府跡で、国庁正殿を中心に方150〜200mの地区割の存在が想定され、平安時代初期の国庁あるいはその一部として国の史跡に指定されている。
	伯耆	上国	久米郡	鳥取県倉吉市 国史跡伯耆国府跡	倉吉市伯耆国庁跡が調査され、その構造と変遷が明らかになっている。国庁が8世紀前半の不入岡遺跡から8世紀中葉に伯耆国庁跡へ移転したとされる。
	出雲	上国	意宇郡	島根県松江市 国史跡出雲国府跡	松江市出雲国府跡で、国庁とその周辺に展開する諸施設が調査され、出雲国風土記の記載に関して初期国庁と意宇郡家は別の場所とする説が有力で、国府域の全体が明らかになりつつある。
	石見	中国	那賀郡	島根県浜田市	比定地は浜田市伊甘神社脇遺跡、上府遺跡・古市遺跡周辺が候補とされるが明確な遺構は発見されていない。
	隠岐	下国	周吉郡	島根県隠岐郡隠岐の島町	比定地は島根県隠岐郡隠岐の島町甲ノ原遺跡とする指摘。
山陽道	播磨	大国	餝磨郡	兵庫県姫路市	主要な比定地は姫路市内、姫路城下の本町遺跡で古代の掘立柱建物が発見されている。
	美作	上国	苫東郡	岡山県津山市	津山市で東向きの国庁脇殿(東西棟)とされる建物が発見されている。
	備前	上国	御野郡 上道郡	岡山県岡山市 県史跡備前国庁跡	岡山市ハガ遺跡が国府関連遺跡とされる。岡山市南国長遺跡・百間川遺跡群の地域も国府の一画とされる。
	備中	上国	賀夜郡	岡山県総社市 市史跡伝備中国府跡	総社市御所遺跡の溝施設や井戸が平安時代末期の国府関連施設かと推定されている。
	備後	上国	葦田郡	広島県府中市 国史跡備後国府跡	府中市ツジ遺跡・金龍寺東遺跡で、国衙と周辺の調査が進展し、8世紀から12世紀にかけての国府の中枢地区ととらえられている。
	安芸	上国	安芸郡	広島県安芸郡府中町、東広島市	主要な比定地は安芸郡府中町・東広島市。東広島市から府中町へ移転説もある。
	周防	上国	佐波郡	山口県防府市 国史跡周防国衙跡	防府市周防国府跡で、「二町域」周辺の国府域全体の発掘調査が行なわれ、古代から中世への継続性が明らかになっている。
	長門	中国	豊浦郡	山口県下関市	比定地は下関市長府で、忌宮神社周辺に国府域が想定されている。
南海道	紀伊	上国	名草郡	和歌山県和歌山市	和歌山市に比定されるが未確認。
	淡路	下国	三原郡	兵庫県南あわじ市	南あわじ市神代國衙に比定されるが未確認。
	阿波	上国	名東郡	徳島県徳島市	徳島市国府町観音寺遺跡で初期国府に関係する木簡が出土している。同市矢野遺跡・敷地遺跡では国司館と推定される遺構が発見。
	讃岐	上国	阿野郡	香川県坂出市 国史跡讃岐国府跡	坂出市府中町で、政庁の一部とされる遺構が発見。菅原道真が著した『菅家文草』に登場する「開法寺」東側で国府中枢施設の構造と変遷が明らかになりつつある。
	伊予	上国	越智郡	愛媛県今治市	比定地は今治市八町遺跡が有力な候補地。
	土佐	中国	長岡郡	高知県南国市 県史跡土佐国衙跡	比定地は南国市比江とされ、発掘調査が行なわれ平安期の建物跡などが確認されているが、中枢施設は未確認。

注：大橋泰夫・江口桂編「古代国府・最新研究の動向」『季刊考古学』152をもとに一部改定作成。

の発掘状況をみておきたい。

伯耆国庁跡（倉吉市）は、四期の変遷（出土遺物より、Ⅰ期・Ⅱ期は八世紀中葉〜後葉、Ⅲ期は八世紀末〜九世紀代、Ⅳ期は一〇世紀以降と考えられる）があるとされる。Ⅰ期は政庁の中央に正殿と前殿を南北に並べ、その北に後殿、東西に脇殿をコ字形に配置し、脇殿の南には楼閣風の総柱《そうばしら》建物が存在している。Ⅱ期は正殿、前殿、脇殿、南門を同位置で建替え、脇殿の北に新たに総柱建物、南門の外には中軸線を挟んで対象の位置に同規模の東西棟建物で構成される。Ⅲ期は掘立柱《ほったてばしら》建物であった各建物を礎石建物に建替え、前殿がなくなり、正殿から南門の間に石敷きの通路を整備し、Ⅳ期になると築地《ついじ》塀《べい》外側の区《く》画溝《かくみぞ》を埋め、その外側に新たに区画溝を掘り直して東西に規模を拡張したとされる［岡平、二〇一五／小田、二〇二〇］。この八世紀中葉以降に整備された伯耆国庁の北東約一・七キロメートルに所在する不《ふ》入《に》岡《おか》遺跡の調査によって、この遺跡が定型化した時期の伯耆国庁に先行する初期国庁ではないかと考えられるようになった。不入岡遺跡は、八世紀前半期と八世紀後半から一〇世紀代で遺構の様相が異なるとされる。八世紀前半期には、区画溝の内側に四面廂付《しめんびさしつき》建物を置き、その東西および北に長舎《ちょうしゃ》建物をコ字形に配置しており、四面廂付建物は正殿と考えられている。八世紀後半から一〇世紀代にあたる期では、区画溝の内側には大型の南北棟総柱建物（二棟）とその北に東西棟側柱《がわばしら》建物三棟を東西に配置し、数回の建替えがある穀物倉と考えられる総柱建物の構成へと変化している。このことから、前者は八世紀中葉以降に整備される以前の前身国庁で、後者は伯耆国府に関連する物資集積・収納施設の可能性が高いと考えられるようになった。

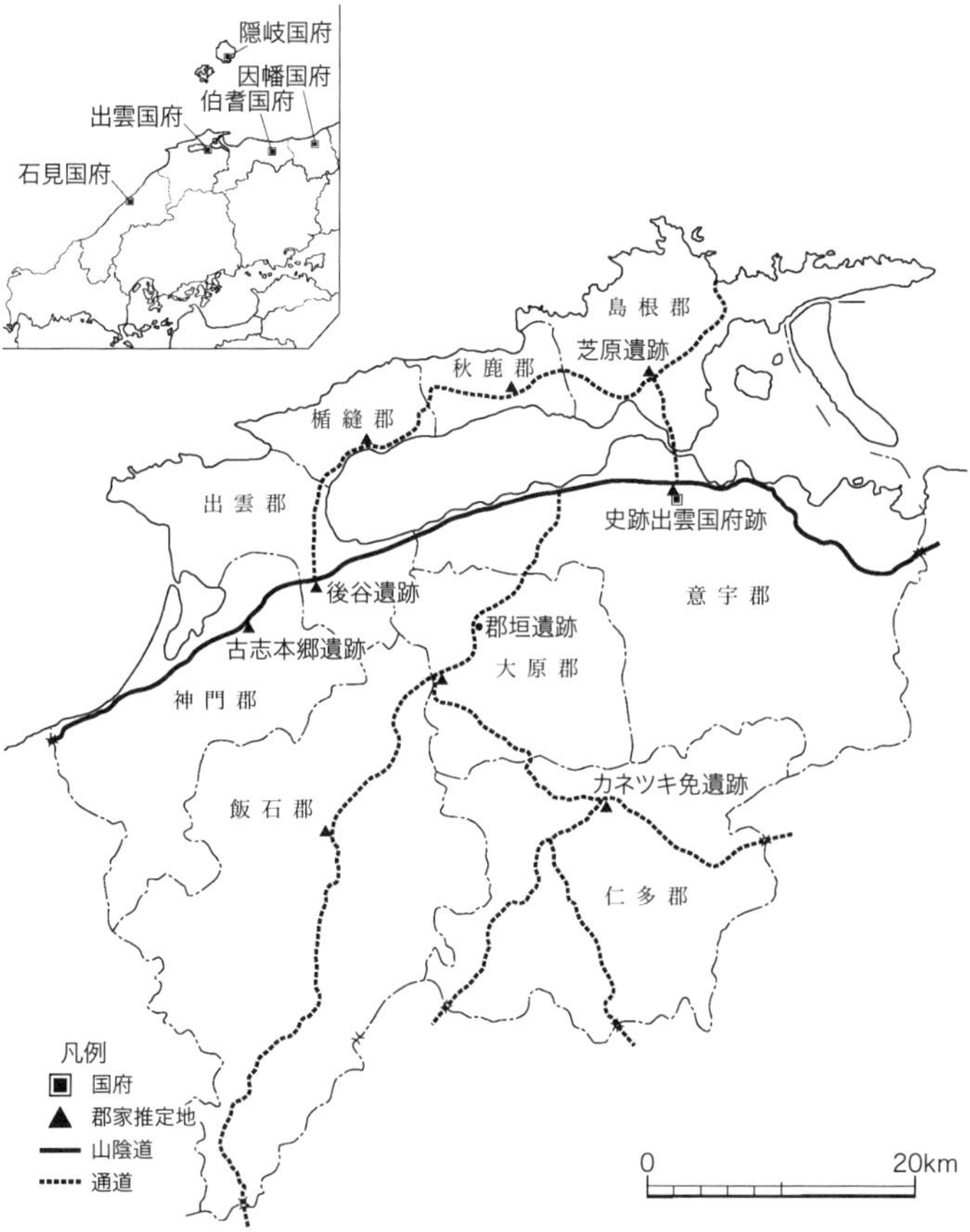

図4.1　史跡出雲国府跡の位置（S＝1：500,000）（島根県教育庁埋蔵文化財調査センター 2013『風土記の丘地内遺跡発掘調査報告22：史跡出雲国府跡 9 総括編9』島根県教育庁埋蔵文化財調査センター）

出雲国府の変遷はⅠ期～Ⅳ期に整理されている（時期区分表記は、［島根県教育庁埋蔵文化財調査センター、二〇一三］をもととした［是田、二〇二〇］による）。Ⅱ―二期（八世紀第2四半期）に六所脇地区でコ字形配置の政庁が建てられるが、Ⅲ―二期（八世紀末～九世紀前葉）に施設が礎石建物に建替えられ、後殿が建てられる。Ⅳ期（九世紀中葉～一〇世紀前半）には後殿が撤去され新たな区画溝が設置され、Ⅵ期（一一世紀後半～一二世紀後半）にいたると正殿と脇殿が廃絶するという変遷をたどるとされる。このような八世紀第2四半期以降の定型化した国庁に先行するⅠ期（七世紀後葉）には、六所脇地区で斜方位の掘立柱建物跡三棟（重複関係にあるもう一棟もある）を検出しており、これらを初期国庁とする可能性が指摘されている［大橋、二〇一一／是田、二〇二〇］。出雲国の場合は伯耆国とは異なり同じ六所脇地区で定型化した国庁が初期国庁に引き続き営まれていたのである。

伯耆・出雲両国のように初期国庁から定型化した国庁への変遷が明確に跡づけられないものの、初期国庁の可能性をもった事例が美作《みまさか》・讃岐《さぬき》の事例である。美作国府（津山市）の場合、瓦の出土状況から国庁ⅡA期は八世紀第2四半期後半となり、先行する下層のⅠ期遺構については七世紀代まで遡らせるのは難しく、八世紀第1四半期に収まると判断でき、Ⅰ期遺構の長舎型の建物を美作国が分国された和銅六年（七一三）に設置された初期国庁と想定されている［大橋、二〇一一］。しかし、このⅠ期遺構の評価については、遺構の井戸から出土した杉材の曲物《まげもの》は年輪年代から伐採年代が六六五年とされ、Ⅰ期遺構の年代が七世紀第3四半期に遡る可能性があり、美作国分国以前に遡る苫田《とまだ》郡家の可能性もあるとの指摘もあり［安川、二〇一二］、今後の検討の余地も残されている。

　もう一つの事例が讃岐の事例である。讃岐国府（坂出市）は、仁和《にんな》二年（八八六）から讃岐国司をつとめ寛平《かんぴょう》二年（八九〇）に帰京した菅原道真《すがわらのみちざね》の讃岐守時代を詠んだ『菅家文草《かんけぶんそう》』の漢詩中の一編に「開法寺は府衙の西に在り」と記載されることから開法寺跡の東に広がる地区に想定されている。七世紀から一三世紀にかけて連続して遺構が営まれ五期に区分される［香川県埋蔵文化財センター、二〇一九／松本、二〇二〇］。おおよその変遷は次のように報告されている。Ⅰ期は七世紀中葉の竪穴《たてあな》建物群からなり、Ⅱ期（七世紀後葉、七世紀末から八世紀初頭）のうち七世紀後葉の建物群は正方位からやや振れた主軸方位の建物、七世紀末から八世紀初頭には正方位を指向する建物群となり、六〇平方メートルを超える大型建物も存在する。Ⅲ期（八世紀前葉から中葉）は讃岐国府の確実な造営開始期で、建物主軸方位は正方位から周辺の条理地割に合致した方位に転換する。Ⅳ—一期（八世紀後葉から九世紀中葉）以後二五〇年間にわたって、同一地点で同主軸方位、同構造の大型建物が複数回建替え・改修により維持されることになる。Ⅳ—二期（九世紀後葉から一〇世紀初頭）は建物の規模や数がもっとも充実した時期で、Ⅳ—三期（一〇世紀前葉から一一世紀前葉）は天慶《てんぎょう》の乱の可能性も想定できる大規模な火災後に早期に再建された時期にあたり、Ⅴ期（一一世紀中葉から一三世紀）にいたり前代の大型建物群は消滅するとされている。このなかで、とくにⅡ期の官衙的建物群が出現する時期に注目される。政庁は未発見であるものの、想定域の南側には八世紀後葉以後の本格的な大型建物群が出現するのがⅣ—一期である。これに先行するⅡ期の建物群は、考古学的に機能を特定することは難しく［香川県埋蔵文化財センター、二〇一九］課題としては残されているが、阿野評衙《あやひょうが》・城山《きやま》城関連施設・伊予総領関連施設などとする想定と並んで初期国庁としての性格も想定可能であることに注目される。

国司館の様相

ここまで国庁（初期国庁）を中心にみてきたが、国庁の外周を形成する国衙・国府域のなかで、国庁と連動する施設である国司の館（国司館）の様相が比較的明らかになっているのは、東山道の武蔵国《むさしのくに》（宝亀二年［七七一］に東海道に所属替え）、下野国《しもつけのくに》、陸奥国《むつのくに》、山陽道の備後国《びんごのくに》、周防国《すおうのくに》、西海道の筑後国《ちくごのくに》などの国である。しかし武蔵国と周防国以外の諸国は多くは八世紀後半以降、また一〇世紀に下る事例でもあるので、国府の成立時期とかかわる八世紀初頭に遡る事例としてのこの二国をとりあげてみておきたい。

武蔵国の場合、武蔵国府国衙（東京都府中市）の南西約五〇メートルの御殿地地区とよばれる場所で主屋（正殿）・副屋（前殿・脇殿）とその付属建物が正方位を意識して整然と配置された官衙遺構が発見されている。建物群は、八世紀前半代を中心に機能し、七世紀後半（後葉）まで遡る可能性も指摘されている。八世紀前半を中心とするこの国司館想定遺構は、九世紀に西方約二〇〇メートルの段丘崖の崖下に移転したとされている。この変化について、御殿地地区の国司館が初期国庁あるいは国宰所を兼ね備えており、八世紀前葉以降の定型化国庁の成立にともない御殿地地区の国司館が国司の官舎として特化され、八世紀中葉に廃絶（他所へ移転）したと想定する見解がある［江口、二〇一一・二〇一四］。

またこの地区から「足立」「□館」などの墨書土器が出土している。「足立」は足立郡を示しており、武蔵国内の諸評の出先機関がこの地区に形成されたこと、また館は多磨郡司《ぐんじ》の館ではなく、国司のなかの誰かの館で国庁に先行するもので、館であるとともに曹司に先行する機能をもっていたとも指摘されている［中村、二〇一八］。国庁が整備されるまでの代用として国司館が機能していたとする考えで、国庁の成立が八世紀前葉まで遡らないという前提による想定であるが、初期国庁が成立していた国の事例もあり、御殿地地区の国司館の機能については、次の周防国の事例ともあわせて今後の検討課題として残されているといえよう。

武蔵国と並んで八世紀前半まで遡る国司館の存在を示す事例と考えられるのが周防国の事例である。周防国では二つの国司館想定遺構が存在する［吉瀬、二〇一五／平井、二〇二〇］。一つは草園地区・草園地区東部に所在するものである。草園地区は、国庁域と想定される「二町域」とよばれる地区の北約一〇〇メートルに位置する八世紀前半〜一〇世紀前半の「国司館」の候補地である。南北方向の溝と塀によって区画された東西五三・七メートルの範囲に掘立柱建物が存在し、区画の南溝も検出されている。墨書土器「目」（第五一次調査）、風字《ふうじ》硯《けん》・斎《い》串《ぐし》・銙帯《かたい》・封緘《ふうかん》木簡・「請菜」の請求木簡（第一一二次調査）、籍帳様木簡（第一一五次調査）などが出土した。草園地区の東部でも九世紀前半と想定される建物群を確認し、墨書土器「国厨」「館」が出土している。ただ、草園地区で木簡が出土した池状遺構は同時期の建物がⅠ—二期（八世紀後半以降とされる）のものとされ、木製品端材の出土が多く木材加工場の可能性も想定される〔防府市教育委員会、二〇二〇〕という多様な要素もあり、I―一期（八世紀前半）の国司館の機能を考察する際には慎重な検討が必要であろう。もう一つは築地地区とよばれる地区で、「二町域」の南約三〇〇メートルに位置する一〇世紀前半から一一世紀初めにかけて三～四回の建替えをともなう建物群（四面廂建物など）が存在する地区である。草園地区から築地地区への国司館の位置の変遷が想定されている。一〇世紀を画期とする二つの時期に国司館が異なった位置に所在し、国庁との位置の相違が注目される。

　これまでみてきたように国庁の場合には、全国的にも初期国庁から定型化国庁へ展開したあとは、基本的には同じ場所で建替えが進むことが指摘されている。国司館の場合は、二つの国を含めて、九世紀以降の国司館が検出された陸奥国や下野国の場合も時期を違えて複数箇所に所在したことが確認されており、国司館は「移転する」ともいえる。国司館の建替えにかかわる法的制度や、史料にみえる国司館を機能、とくに国庁での政務・儀式のあり方と比較しつつ、国司館という「場」のあり方を検討することも課題となる。また、国司館の機能の変化について時系列を追って検討することも課題である。

2　まつりごとの変遷と国府

国府における一年間の政務・儀式で、国庁の機能がもっともよく示されるのが元日朝拝の儀式であろう。国庁は、「凡そ元日には、国司皆僚属郡司等を率ゐて、庁に向ひて朝拝せよ。訖りなば長官賀受けよ。宴設くることは聴せ。（下略）」（儀制令18元日国司条）とされる儀式の場であった。この儀式の第一段階は、おそらく国庁の正殿を天皇が出御する大極殿にみたて、都城での朝賀と同じように国庁においてもその臨場感のなかで参列者に天皇への服属を明確にする行為であった。第二段階は、立場を替えて天皇の「代理人」である国司の守が賀を受けることであり、天皇への服属と同一の構造によって儀礼を行なうことであった。また第三段階の「宴」では、国司が官物で郡司たちをもてなすとともに、郡司たちも同時に国司に対して食物を餉《おく》っていた（『令集解《りょうのしゅうげ》』儀制令18元日国司条古記）。これは、国司が服属の意を示した在地首長層をもてなし、また在地首長層が服属の意を示すために自分の支配領域で採れた食料で国司をもてなすという構造をとっていた。

天平八年（七三六）度の「薩摩国正税帳《さつまのくにしょうぜいちょう》」には「元日拝朝庭刀禰国司以下少毅以上、惣陸拾捌人食稲壱拾参束陸把〈人別二把〉、酒陸斗捌升〈人別一升〉」（『大日本古文書』二―一三頁）、天平一〇年（七三八）度の「駿河国《するがのくに》正税帳」には、「元日拝朝刀禰拾壱人〈国司中生巳上三口、郡司主帳已上六口、軍毅少毅已上二口〉食稲弐束弐把、酒壱斗壱升〈人別稲二把、酒一升〉」（『大日本古文書』二―一一七頁）と、国司以下郡司まで含めて会集し酒食を共にしたことがみえ、元日の朝賀拝礼のあと宴が行なわれていたことが知られる。国庁は国におけるさまざまな政務儀礼においてもっとも典型的な機能を果たす場であった。

国司館と国庁の相違

基本的には同じ場所で建替えられた初期国庁から定型化したあとの国庁に比して、国司館はいくつかの地点に移転するという特徴があり、造営のあり方の相違にも注目される。

「凡そ外官及び使の人、喪を聞かば、所在の館舎に安置することを聴せ。国郡の庁の内に挙哀すること得じ。」とする令文について、「古記云く、邸舎、謂は国司官舎幷に駅館舎等の類なり。」と注釈を施しており（『令集解』仮寧令12外官聞喪条）、八世紀には国庁とは区別された国司の官舎があったことが古記説から確認できる。地方官や使者が喪に服するときの場として館舎（国司館など）に安置することを認める一方で、国庁・郡庁は凶事を避けるべき公的で厳粛な空間（『令集解』儀制令21凶服不入条古記）として、館舎と庁を区別している。儀制令18元日国司条の朝拝や、平安時代に正月八日から一四日にかけて行なわれる吉祥悔過《きちじようけか》の法会などの儀礼の場として、国庁は国司館とは異なった性格の場［佐藤、一九九四］であったことを示している。

国庁とは異なって、中央から派遣されたこのような国司の日常生活の居所、居住施設である国司館は、国司の任期ごとに建替えがしばしば行なわれていたようである。国司館はいくつかの地点に移転しているということともかかわると考えられる。天平一五年（七四三）五月には、「諸国の司ら旧の館に住まずして、更に新しき舎を作らむこと（中略）を禁断す。」（『続日本紀』）とみえ、このときまで国司が赴任するたびに新しい館を建てていることが知られる。天平六年（七三四）「出雲国計会帳」にも出雲国から弁官へ提出された解文《げぶみ》のなかに「無国司造家帳一紙」（『大日本古文書』一―五九七頁）がみえており、毎年国司がその自らの居住する館の造営工事の有無を太政官《だいじょうかん》へ報告することになっていたのであろう。天平一五年の禁制からのちにも、天平神護《てんぴょうじんご》二年（七六六）九月には修理した官舎数を朝集使を通じて毎年中央へ報告が命じられ（『続日本紀』）、弘仁《こうにん》四年（八一三）九月には政庁と同様に破損についての修理責任を後任の国司に負わせ、修理費用は前任者に負担させる（『貞観交替式《じょうがんこうたいしき》』天長二年［八二五］五月二七日格所引弘仁四年九月二三日騰勅符）、弘仁五年（八一四）六月には国司の館を「官舎帳」に登録し、帳簿上でも管理の徹底化を図る政策を採用（『類聚三代格《るいじゅうさんだいきゃく》』弘仁五年六月二三日太政官符）するなど、国司館の維持・管理が図られている［鬼頭、一九八六］。では、国司館はどのような機能をもっていたのであろうか。

国司館の機能

八・九世紀にはすでに①経済活動の拠点になっていた、②政務を行なう場として機能していたとする理解がある。果たしてこの時期すでに国司館がそのような機能を果たしていたのであろうか。八世紀における国司の館にかかわる二つの史料を中心に検討を加えたい。

一つは、正倉院に残る文書、天平勝宝七歳（七五五）九月二六日付「村部豊島解《むらべのとよしまげ》」（『大日本古文書』四―七六頁）で、国司の館の実態を示すとされてきた。この文書は、公解米《くがいまい》の収納について記した文書で個々の国司の米の配分について、「介宅七斛七斗五升六合」「掾宅六十斛七升七合」「大日宅十二斛一斗七升三合」「次田館二斛五斗五升」「鴨館六斛四斗九升八合」「阿刀館卅斛」と分けて記している。次田・鴨・阿刀はいずれも国司の史生《ししょう》で、次田益人《すきたのますひと》・鴨須《かもす》太《た》例《り》・安都《あとの》（阿刀）雄足《おたり》である。

①に関して、この史料から国司館は単なる国司の居住施設というだけにとどまらず、公廨米を備蓄しそれを出挙《すいこ》して営利を行なう経済体であったと指摘されている［鬼頭、一九八六］。その根拠は、九世紀に出現する国司襲撃事件の対象となった国司館が国司の経済活動の拠点であり国司の私富蓄積の場であったからというものである。対馬《つしま》の郡司等三百余人が守立野正岑《たつのまさみね》の館を襲撃（『日本文徳天皇実録』天安元年［八五七］六月庚寅《こういん》条）、群盗百人が筑後守都御酉《みやこのみとり》の館を襲撃（『日本三代実録』元慶《がんぎょう》七年［八八三］七月一九日条）、石見国邇摩《にま》郡大領《だいりょう》が権守《ごんのかみ》上毛野氏《かみつけののうじ》永《なが》の館を襲撃（『日本三代実録』元慶八年［八八四］六月二三日条）、襲撃された氏永は介《すけ》の館に逃れた（『日本三代実録』仁和二年［八八六］五月一二日条）などの事件であるが、これらの記事をみると必ずしもすべての事例において国司の館を襲撃する目的・結果に国司の私富があったとは記されていない。九世紀における国司襲撃事件を根拠として八世紀段階における「村部豊島解」の国司館を「経営拠点」であったとすることは再検討の余地があろう。「村部豊島解」は越前国諸郡における公廨稲の収納運用状況を記したもので、該当部分は国司等への配分を示したものという理解にとどめておくべきであろう。

また②に関して、この文書で大目《だいさかん》以上の四等官は宅、史生は館と記され、宅と館を使い分けていることに注目し、史生の居宅には事務所の要素も残っていたので館と表記し、雑務が曹司に移ってからは四等官の居宅は生活の場であると認識されていたので宅と記したのではないかとする見解が出されている［中村、二〇一四］。政務処理作業の場として「館」表記を考えるものである。しかし「館」表記をただちに政務の場であったことによるとの結論を導くことができるのであろうか。政務処理の場として国司館が機能を有していたのかに関しては、「秋田城跡出土第一〇号漆紙文書《うるしがみもんじょ》」（『秋田城出土文字資料集Ⅱ』）が参考になる。この文書は、蚶形駅家《きさかたうまや》から竹田継□が南大室にある釜を一口勘収したが、そのほかに未収のものがあれば勘収したいので早急に指示して欲しい、国の□□にこの書状を持参させるのでよろしく願いたいと「介御館」に宛てて出した文書である。切封と「封」文字の残存から書状として差し出されたことを示すとされる。この場合は正規の国の政務ではなく、書状形式の文書により指示を仰ぐにとどまるものと考えるべき事例であろう。

　発掘成果から文書行政の場として国司館を考える報告もみられる。出雲国府の発掘調査で、八世紀第3四半期から九世紀前葉とされる出雲国府Ⅲ期の大舎原《おおじゃら》地区の介の館と想定される地区から木簡・墨書土器・漆紙文書などの文字資料が出土したことから、文書行政が行なわれていたとされる［島根県教育庁埋蔵文化財調査センター、二〇一三］。しかし調査区ごとにみると、大舎原調査区出土の漆紙文書は書状形式の文書で、「秋田城跡出土第一〇号漆紙文書」と同様の判断が可能である。また歴名様の文書（二号文書）も宮《みや》ノ後《うしろ》北調査区出土とされている［同上］。これらのことからすると、ただちに介の館内での活動のなかに文書行政という国の政務があったことを示すとするには慎重な検討が必要であろう。

律令制下の行政処理は、国庁における集議、稟議《りんぎ》による「政」が基本的決裁方式であったこととともかかわる。次の二つの史料が参考となる。一つは、美作介県犬養宿禰沙弥麻呂《あがたいぬかいのすくねさみまろ》が解任された事件である。天平宝字五年（七六一）八月、「美作介従五位下県犬養宿禰沙弥麻呂、官長を経ずして恣に国政を行ひ、独り自ら館に在りて、以て公文に印し、兼ねて復時価に拠らずして民の物を抑え買ふ。守正四位上紀朝臣飯麻呂が為に告げられて官を失ふ。」（『続日本紀』天平宝字五年八月癸丑《きちゆう》条）とみえている。この史料について、八世紀の中葉から国司個人の経済的・政治的な活動の拠点であったことを裏付けているとする見解がある［田中、二〇〇三］。しかしこの記事では、「兼ねて……」とあるので、後半部分はただちに「館」での活動とはいえないこと、しかも「独り自ら館に在りて」公文に捺印《なついん》、決裁をしたことが処罰の対象となっているのである。行政決裁・政務処理は館で行なうものではないという理解が背景にあったのではないかと考えられる。

もう一つは、宝亀一一年（七八〇）七月の事例である。北陸道諸国に大宰府《だざいふ》に准じて対外警固を強化することを命じた勅のなかで、「国、賊の船なることを知らば、長官以下、急《すみやか》に国衙に向ひて、事に応《したが》ひて集り議り、管内をして警虞せしめ、且つは行き且つは奏せしめよ。」（『続日本紀』宝亀一一年七月戊子《ぼし》条）とある。「衙」の語は八世紀においてこの一例のみで、「衙」の語が軍事的側面にかかわって用いられているようにみえるとの指摘もある［八木、一九八六］。しかしこの語は軍事的側面ではなく、長官《かみ》以下の「集議」の場としての表現ではなかろうか。長官（守）以下国司四等官が集議を行なうことが律令制下のあり方であり、その場は国司館ではなく、国庁あるいは曹司であったことを示しているのであろう。この二つの史料から国司館は政務の場とはただちにはいえないことが明らかになろう。

国司の饗宴の場・文化交流の場として国司館

では、国司館はどのような性格をもち、どのように利用されていたのであろうか。『万葉集』にみえる越中守《えっちゅうのかみ》大伴家持《おおとものやかもち》をはじめとする越中国司たちの館が参考となる。彼らの館では、「右、郡司已下子弟已上の諸人多くこの会に集ふ。因りて守大伴宿禰家持この歌を作る。」(『万葉集』四〇七一番左註)のように、郡司以下子弟以上の諸人(＝在地の者)が参集し宴が設けられていた。表4-2は『万葉集』にみえる大伴家持がかかわった宴の一覧である。『万葉集』にみえる国司の館は、国司の日常的な居住施設であるとともに宴の場として利用され、そこには国司同僚のみならず在地の郡司も参加していた。この宴について、国司館が国司の営む公的な儀礼・饗宴《きょうえん》の場であったことが知られるとの指摘もある[佐藤、一九九四]が、「二年春正月一日に、因幡国庁にして饗を国郡の司等に賜ふ宴の歌一首」(『万葉集』四五一六番題詞)とみえ、国庁における「饗《あえ》」は大伴家持をとりまく同僚国司や郡司との宴とは異なった「饗を賜ふ」という表現に家持の認識が反映されている。国庁における公的な「饗」と対比される国司の館のそれは私的なものであった[鬼頭、一九八六]と考えられ両者は区別すべきであろう。

表4-2 『万葉集』にみえる大伴家持の宴

年 月 日	内 容	典 拠
天平18年8月7日	大伴家持の館で宴。 ＊守大伴家持・掾大伴池主・大目秦八千島	3943〜3951の題詞・左註
天平18年	大目秦八千島の館で宴。	3956の題詞
天平18年8月	掾大伴池主大帳使　11月帰任で宴。	3960〜3961の左註
天平19年4月20日	家持正税帳使　それに先立ち大目秦八千島の館で、餞する宴。	3989〜3990の題詞・左註
天平19年4月26日	同じく掾大伴池主の館で餞する宴。 ＊介内蔵縄麻呂も作歌	3995〜3998の題詞・左註
天平19年4月26日	大伴家持の館で飲宴。	3999の題詞
天平20年3月23日	左大臣橘諸兄の使者造酒司令史田辺福麻呂を家持の館に饗す。	4032〜4043の題詞・左註
天平20年3月26日	掾久米広縄の館で田辺福麻呂を饗す。	4052〜4055の題詞
天平20年4月1日	掾久米広縄の館の宴。 ＊羽咋郡擬主帳能登乙美・遊行女婦土師も作歌	4066〜4069の題詞・左註
天平20年	国師の従僧清見の入京に際して、饗宴。 ＊この時、「郡司已下子弟已上諸人多集此会」とある	4070・4071の左註
天平感宝元年5月5日	東大寺の占墾地使僧平栄等を饗す。	4085の題詞
天平感宝元年5月9日	諸僚、少目秦石竹の館に会す。 ＊守大伴家持・介内蔵縄麻呂作歌	4086〜4088の題詞・左註
天平感宝元年閏5月27日	先に天平20年に朝集使として入京していた掾久米広縄の帰任に際して、「長官」の館で宴。	4116の題詞
天平勝宝元年	少目秦石竹の館の宴。	4135の左註
天平勝宝2年正月2日	国庁に諸郡司等に饗を給う宴。	4136の題詞
天平勝宝2年正月5日	判官久米広縄の館の宴。	4137の題詞
天平勝宝2年2月18日	墾田の地を検察することによりて、礪波郡の主帳多治比部北里の家に宿る。	4138の題詞
天平勝宝2年3月3日	家持の館の宴。	4151〜4153の題詞
天平勝宝2年9月3日	宴。 ＊家持・掾久米広縄作歌	4222〜4223の題詞
天平勝宝2年10月16日	朝集使少目秦石竹を餞する。	4225の左註
天平勝宝3年正月2日	守の館に集宴。	4229の左註
天平勝宝3年正月3日	介内蔵縄麻呂の館に会集し宴。	4230の左註
天平勝宝3年2月2日	判官久米広縄、正税帳使として入京に際して、守の館で宴。	4238の題詞・左註
天平勝宝3年8月4日	7月17日をもって少納言に遷任。 ＊朝集使掾久米広庭に贈り貽す作歌	4248・4249の題詞・左註
天平勝宝3年8月4日	8月5日、大帳使に付きて入京せんとす。この日、国厨に饌を設け、介内蔵縄麻呂の館に餞す。	4250の題詞
天平勝宝3年8月5日	上京す。国司の次官已下諸僚、皆共に見送る。時に射水郡の大領安努広島の門前の林の中に餞饌の宴を設く。	4251の題詞
天平勝宝3年	正税帳使掾久米広縄、事を畢えて任に退る。適に越前国の掾大伴池主の館に遇い、共に飲楽。	4252の題詞

国司館をめぐる新しい動向

国司館での政務という場合には、館での合議なり、決裁がみえることが必要ではないかと述べてきたが、八・九世紀において「新しい動向」をうかがえる史料はみえなかった。永延二年（九八八）一一月、郡司百姓が尾張守《おわりのかみ》藤原元命《ふじわらのもとなが》の非法を中央へ訴えたときに作成された三一か条からなる「尾張国郡司《ぐんじ》百姓等解《ひゃくせいらげ》」の第二六条にも、「政を為すの日は、庁の頭《ほと》りに首を挺《さしだ》さず。愁ひを致すの朝には、館の後になほ身を秘《かく》せり。参集の人は暗に音を聞きて能り還る。」と、藤原元命が国庁に出仕しないことにより糺弾《きゅうだん》されており、一〇世紀末の段階でも国庁での政務が基本とされていることがうかがわれる。政務を行なう原則的な場は国庁であるという意識を反映したものであろう。

国司館における政務処理がみえる事例として、守の館における文書の作成と捺印が行なわれていることが新しい動向として注目される。『今昔物語集』巻二八の「伊豆守小野五友目代語第二十七」には、目代《もくだい》をつとめる有能な人物の行動とその場が描かれている。「（上略）而ル間、此ノ目代、守ノ前ニ居テ、文書共多ク取散シテ、亦下文共ヲ書セ、其レニ印指スル程ニ、傀儡子ノ者共多ク館ニ来テ守ノ前ニ並ビ居テ、（下略）」と、伊豆守《いずのかみ》小野五友《おののいつとも》の館における文書の作成と捺印の様子が記されている。小野五友の伊豆守任官の時点の詳細は不明であるが、一一世紀初め頃の事例かと考えられる。この時代まで下ると国司の政務を館でとり行なっていたことが知られる。

しかし、受領《ずりょう》の任国における活動の手引きとされる『朝野群載』には「一　尋常の庁事、例の儀式の事」（国務条々事　一七条）で、「判に随ひて印を捺す。（下略）」としており、捺印は「尋常の庁事」であり、日常の居所である館での行事とは区別されている。一方、受領が任国に着任した際、「館に著する日の儀式は、前司、官人を差し、印鎰を分付す。」（『朝野群載』国務条々事　一一条）とされる儀式を行なっていた。この館において分付された「印鎰《いんやく》」は、これまで印（国印）と鎰（正倉の鎰）もしくは印を入れた櫃《ひつ》の鎰とされてきたが、印を収めたクラの鎰とする説もある［古尾谷、二〇二〇］。この説によれば印そのものは館にはないこととなり、捺印が「庁事」であることと整合的になる。捺印の場はあくまで原則は「庁事」（国庁）であり館ではなかったという意識が依然として残っていたともいえるのではなかろうか。

『今昔物語集』の先の話のなかで、この目代は「館ノ人ニモ国ノ人ニモ極《いみじ》ク被受《うけられ》テ、重キ者ニ被《もちゐられ》用テナム有リケル。」とされていた。「館ノ人」と「国ノ人」の区分に注目し「館ノ人」と「国ノ人」はそれぞれ別の集団であって、当時の国衙をめぐる勢力には、受領の権威の下に受領の任期の間だけ集まった者と、在地の組織として恒常的に機能している国衙機構に所属する者との、二つの立場があったとされる［鐘江、一九九四］。受領の館は、在庁官人等の在地者からなる組織に対して別の勢力が活動する際の拠《よ》りどころの象徴として、在地者の組織と秩序を象徴する語としての「国」に対比される存在であったとの指摘は重要であろう。

しかし、国庁の建物が廃絶した場合、館が受領の任国における拠点として国庁が有していた機能を吸収していくことも考えられる。受領が文書を館で決裁している事例などが出現していることは、この変化の過程の一階梯《かいてい》とみることも可能である。一一世紀代以降国の「所」による政務分掌体制を統括する留守所《るすどころ》が形成されていくなかで、国庁とは異なる性格をもっていたそれまでの館が、新しい機能をもった館として留守所と併存していくことになるのであろう。

3　長門国と周防国の鋳銭司

銅の生産と長門鋳銭司

統一的な中央集権国家の成立とあわせて国家による銭貨の鋳造・発行が進められ、銭貨鋳造を管掌する鋳銭司が設置された。持統天皇八年（六九四）三月に鋳銭司官人の任命、文武《もんむ》天皇三年（六九九）一二月はじめて鋳銭司が設置された。これと並行して、貨幣の原材料である銅鉱をはじめとして、各種鉱物資源の開発も進められた。のちに鋳銭司が置かれることになる長門国・周防国また山陰道・山陽道に属する周辺の諸国をはじめとして、銅・錫《すず》などの鉱物資源の開発が進められている。文武二年（六九八）三月には因幡国《いなばのくに》から銅鉱石が、九月には周芳《すおう》（周防）国から同じく銅鉱石が、さらに文武四年（七〇〇）二月には丹波国から錫鉱石が次々と献上されている。鉱石の献上は、それをもととした銅の生産が行なわれていたことも示している。

天平二年（七三〇）三月、「周防国熊毛郡牛嶋の西の汀、吉敷郡の達理山より出せる銅、冶《や》ち練《ね》すことを試み加ふるに、並に用と為すに堪へたり。便ち、当国をして採り冶《や》しめ、長門の鋳銭に充つ。」（『続日本紀』天平二年三月丁酉《ていゆう》条）とされている。周防国熊毛郡牛嶋《うしま》と吉敷《よしき》郡達理山で発見された銅鉱石を製錬したところ品位が銅銭原料として使用に耐えるとの判断により、周防国司の管理下で採鉱したのち製錬したものを銅銭の原材料として長門鋳銭司へ供給されたのである。

　正倉院に残る文書には、播磨国府を通過した際に従者とともに食料を支給された鋳銭司の官人として、判官《じょう》従七位下薗田八《そのだのや》嶋《しま》、主典《さかん》従七位下大宅佐波《おおやけのさは》、民領少初位上贄土師忍勝《にえはじのおしかつ》、民領少初位下高安三事《たかやすのみこと》、史生无位八戸広足《やべのひろたり》がみえる（天平四年［七三二］度を下限とする「播磨国郡稲帳」『大日本古文書』一―一五〇〜一五一頁、『大日本古文書』は文書名を「播磨国正税帳」とするが「郡稲帳」が正しい）。これらの官人は長門に置かれた鋳銭司の官人とされる［栄原、一九九二］。天平二年（七三〇）段階の長門鋳銭司の活動を示した木簡も出土している。史跡長門鋳銭所跡（下関市長府）東南方向の国分寺川沿いの地点で、文字列のほぼ中央から左側が欠損し判読が困難な部分があるが、「天平二年五月四日　主典□部車万呂」と釈読された木簡が出土した。鋳銭司官人の第三等官である主典の文字を記している。また「和同開珎《わどうかいちん》」銅銭残欠一点、そのほか、「和同開珎」銭范《せんぱん》、鞴羽口《ふいごはぐち》、坩堝《るつぼ》等の大量の鋳銭遺物も出土しており、周防国二か所で採掘・精錬された銅が銭貨鋳造の目的で長門国に送られた場所が現在の長門鋳銭所跡の地であり、ここで銭貨鋳造作業が行なわれていたことが明らかになった［濱崎、二〇一九］。

　長門鋳銭司は天平二年（七三〇）から天平四年（七三二）にはその活動を示す史料が残っているが、天平七年（七三五）閏《うるう》一一月に「更に鋳銭司を置く」（『続日本紀』天平七年閏一一月庚《こう》子《し》条）とする史料があり、いったん活動を停止したと想定されるが、長門国以外にも複数の鋳銭司の名が史料には残されている。長門鋳銭司に先立つ鋳銭司として河内鋳銭司がみえる（『続日本紀』和銅二年［七〇九］八月乙酉《いつゆう》条）。また、長門鋳銭司ののちに天平七年（七三五）閏一一月に更置された鋳銭司は天応二年（延暦《えんりやく》元年、七八二）四月に廃された鋳銭司に対応する山背国岡田鋳銭司であり、天平宝字四年（七六〇）から神護景雲三年（七六九）まで岡田鋳銭司と併存していた田原鋳銭司などもあった［栄原、一九九三］。銭貨鋳造のために設置された令外官《りようげのかん》である鋳銭司が中央政府内にではなく、長門などの各地に設置されたことは、中央官司から鋳造技術者を派遣した運営ではなく、銅生産技術をもった在地技術者を取り込み組織化されたことが想定されている［八木、二〇〇八a・b他］。

鋳銭司は各地に設置されたが、表4-3に示したように改廃や職員数の増減も頻繁に行なわれた。その中心となったのは、和同開珎の鋳造にはじまり、隆平永宝（延暦一五年［七九六］鋳造）以下乾元大宝《けんげんだいほう》（天徳二年［九五八］鋳造）まで二〇〇年近くにわたって継続して銭貨鋳造を行なった長門鋳銭司（使）と周防鋳銭司であった。

長門鋳銭司（使）が再び設置されたのは、天平七年（七三五）閏一一月に設置され天応二年（延暦元年、七八二）に廃止された岡田鋳銭司のあとをうけた延暦九年（七九〇）一〇月のことである（『続日本紀』延暦九年一〇月甲午《こうご》条）。弘仁七年（八一六）七月には一時廃止され（『類聚《るいじゆう》国史《こくし》』巻一〇八、鋳銭司）、再び弘仁九年（八一八）三月に長門国司の組織を再編して鋳銭使とし銭貨鋳造にあたる（同上）など設置・改廃を経て周防鋳銭司が設置されるまで続いた。

表4-3　鋳銭司（使）職員・銅銭生産一覧

年月日	西暦	長官	次官	判官	主典	鋳銭師	造銭形師	史生	医師	秩限	技術者	生産量
文武3年12月20日	699	鋳銭司設置										
天平7年閏11月19日	735	鋳銭司(岡田)設置 ＊これ以前に、天平初年～天平4年の「播磨国郡稲帳」に長門鋳銭司がみえる										
天平9年11月4日	737							+6(16)				
延暦元年4月11日	782	鋳銭司(岡田)廃止										
延暦9年10月2日	790	鋳銭司(長門)復置										
延暦17年12月20日	798							+2(10)				
弘仁7年7月15日	816	鋳銭司(長門)廃止										
弘仁9年3月7日(長門鋳銭使)	818	1	1	2	3	2	1	5				
弘仁9年4月15日	818									国司と同じく次官以上は6年、他は4年		弘仁9年～弘仁12年:5670貫文
弘仁11年2月13日	820			−1(1)	−1(2)							
弘仁12年7月10日	821			+1(2)	+1(3)							弘仁13年～天長5年:3500貫文
天長2年4月7日(周防鋳銭司)	825	1	1	2	3	2	1	10		すべて6年か		
天長2年12月23日	825	1	−1(0)	−1(1)	3	2	1	−5(5)				
天長4年7月3日	827							−1(4)	1			
天長5年2月17日	828			+1(2)								
天長8年3月5日	831									国司に准じて次官以上は6年、他は4年		天長6年～承和元年11000貫文
承和元年12月3日	834										将領20・雑工20・夫40	(この間3500貫文に減か)
承和2年3月15日	835									すべて6年		
承和4年4月1日	837										雑工＋12[鋳手5・造銭形生4・鉄工2・木工1](20)	承和4年～承和8年11000貫文 承和9年～3500貫文
仁寿元年8月15日	851				−1(2)	−1(1)	1	−1(3)				
斉衡2年9月19日	855									鋳銭師・作銭形師6年に限定		～斉衡2年11000貫文
斉衡2年11月1日	855							+1(4)				
貞観10年6月28日	868									周防守兼任の鋳銭司長官は4年		
昌泰2年5月28日	899										将領−2(8)・雑工−10(10[造銭形生3・鋳手3・鉄工2・木工2])夫−50(30)	寛平8年・昌泰2年3500貫文

注：鋳銭司(使)については、[栄原、1993]を参照し、設置・廃止年次が明らかなもののみ掲げた。
　　職員数の(　)内の数字は、増減の結果の総数。

周防鋳銭司の成立

周防鋳銭司は、それまでの長門鋳銭使をやめて長門国司に復し、鋳銭司を周防国吉敷郡に置いて銭貨鋳造の機能を担わせたものであった（狩野本『類聚三代格』天長二年［八二五］四月七日太政官符）。天長二年までは長門国で鋳銭作業を行なっていたことはこの史料から判明する［八木、二〇〇八a］が、前年六月に鋳銭司長官《かみ》従五位下小治（田脱カ）真人が従五位上に、次《す》官《け》正六位上藤原豊吉が従五位下に昇叙されている（『類聚国史』巻九九、叙位）。これも周防鋳銭司への衣替えに先だってそれまでの職務への考課とも考えられる。

長期にわたって置かれた周防鋳銭司の所在については、承和《じょうわ》一四年（八四七）の司家《しけ》移転に関する『続日本後紀』の「周防国鋳銭司言す、司家を東方の潟上山に遷立せんと。これを許す」（承和一四年［八四七］二月乙未《いつび》条）とする記事をめぐって複数の説が出されている。一つは、当初司家は山口市陶地区に、工房は現史跡指定地にあたる鋳銭司大畠地区に置かれ、この記事を司家が現在の潟上山に比定される西連寺山または上ノ山に移転したこととしてとらえ、工房は大畠の地で維持されたとする。大畠地区から出土した施印粘土板の「宗□私印」は貞観七年（八六五）正月に周防守に任じ、三月に兼鋳銭司長官となった安倍宗行《あべのむねゆき》を示すことを傍証としている。さらに、天慶三年（九四〇）の天慶の乱で焼き払われた工房が、司家のある西連寺山南麓へ移転したとする説［八木、二〇〇八a］である。もう一つは、糸根台地上に官衙群を、その南に工房を推定し、これらを承和一四年に移転したものとし、それ以前の周防鋳銭司については西連寺山裾の下市面や地家台地周辺を想定するものである［大林、二〇〇三］。

周防鋳銭司跡の発掘調査で長年大宝の鋳損じ銭や複数の炉跡が検出され、九世紀後半段階に銭貨の製造を行なっていた可能性があり、また周辺遺跡の調査結果からも、周防鋳銭司が大畠地区およびその周辺に所在した可能性が指摘されている［齊藤、二〇一九］。しかし、これらの遺跡では九世紀後半代の遺物しか出土していないことから、大畠地区での鋳銭司（司家）の設置は天長二年には遡らない可能性もあり、当初設置された周防鋳銭司の所在地の確定は今後の課題として残されている。

鋳銭司職員の増減と秩限

令外官として設置された鋳銭司の職員は、長官・次官・判官・主典の四等官と、その下に史生を置く構成であった。表4-3に示した職員数の増減は銭貨鋳造における新銭鋳造の動向や中央政府による鋳造量督励ともかかわっている。延暦一七年（七九八）の史生増員は、延暦一五年一一月の新銭隆平永宝の発行をうけてのものと思われ、また弘仁九年（八一八）の長門鋳銭使体制への移行は同年一一月の新銭富寿神宝《ふじゅしんぽう》の発行に備えたものと考えられる。それと同時に、長門鋳銭使の場合、国府機能の吸収は鋳銭事業と国務の並行処理という過重任務の結果、「行ふ所の事、ただ鋳銭にあらず、局内の雑務類に触れて多端。差科するに人なく、庶事闕く有り。」という事態（『類聚三代格』弘仁一二年［八二一］七月一〇日太政官符）が長門国鋳銭司から上申され、その対応策として判官・主典の増員となったものであろう。銭貨鋳造量の削減要望も出され（後述）鋳造量も削減せざるを得ない事態にも対応して、長門鋳銭司を廃して長門国に戻し、新しい銭貨鋳造を専当する官司として周防鋳銭司を置くことになったのである。

周防鋳銭司設置の太政官符（狩野本『類聚三代格』天長二年［八二五］四月七日太政官符）では「前例に依り置くところ件のごとし」とされ職員数が明確ではない。長門鋳銭使の前例とすれば史生は五名（弘仁九年［八一八］の制）、それ以前に史生の数が明らかな延暦一七年（七九八）段階の制ならば史生一〇名となる。「応に鋳銭司判官を旧に復すべき事」とする天長五年（八二八）二月一七日の太政官符所引天長二年（八二五）一二月二三日謄勅符によれば、次官一名、判官一名、史生五名を減じたとあり（『類聚三代格』）、その後の天長四年（八二七）七月にも史生一名を減じて医師を置いたことがみえているので、当初は史生は五名ではなく一〇名であったと考えられる。その後も天長五年（八二八）二月には判官一名を増員して二名とし、仁寿元年（八五一）八月には主典三名から一名を減じて二名、史生四名から一名を減じて三名とした。斉衡二年（八五五）には再び史生一名を増員してもとの四名体制に復しており、以後この体制が継続されたと思われる。

職員数の変遷と並んで、周防鋳銭司の場合、本来令外官の現業官司であった鋳銭司長官を周防国司が兼務する体制へと変化していくことが注目される。承和八年（八四一）二月、従五位下周防守都努福人《つののふくひと》が鋳銭司長官を兼務したことからはじまり、周防守に任官したのち、一、二か月をおいて鋳銭司長官を兼任することが常態化している（表4-4参照）。これは後述する同年閏九月二九日太政官符からうかがわれる中央政府の要請による銅銭鋳造量とも関連すると考

表4-4　鋳銭司官人一覧

年月日	西暦	官職名	位階	人名	注記	出典
文武3年12月20日	699	鋳銭司長官	直大肆	中臣意美麻呂	任	続日本紀
和銅元年2月11日	708	催鋳銭司	従五位上	多治比三宅麻呂	任	続日本紀
天平13年8月9日	741	鋳銭長官	従五位上	多治比家主	任	続日本紀
天平宝字元年6月16日	757	鋳銭長官	外従五位上	文馬養	任	続日本紀
天平宝字5年正月16日	761	鋳銭次官	外従五位下	茨田枚野	任	続日本紀
天平宝字7年正月9日	763	鋳銭長官	従五位下	石川豊麻呂	任	続日本紀
天平宝字7年正月9日	763	長門守	従五位下	小野石根	任	続日本紀
天平宝字8年10月20日	764	→造宮大輔	従五位下	小野石根	転任	続日本紀
神護景雲元年2月27日	767	鋳銭員外次官	従五位下	吉備真事	任	続日本紀
神護景雲元年12月9日	767	兼田原鋳銭長官	従五位上	阿倍三県	任	続日本紀／刑部大輔如故
神護景雲2年5月21日	768	鋳銭長官	従五位下	阿倍清成	見	続日本紀
神護景雲2年5月21日	768	→叙位	従五位上	阿倍清成	昇叙	続日本紀
神護景雲2年5月21日	768	鋳銭次官	正六位上	多治比乙安	見	続日本紀
神護景雲2年5月21日	768	→叙位	従五位下	多治比乙安	昇叙	続日本紀
神護景雲3年3月10日	769	兼田原鋳銭長官	従五位上	阿倍清成	任	続日本紀／右中弁
宝亀2年7月23日	771	鋳銭次官	従五位下	石川諸足	任	続日本紀
宝亀5年9月4日	774	鋳銭次官	外従五位下	丹比真継	任	続日本紀
宝亀7年12月14日	776	兼鋳銭長官	従五位上	小野石根	見	続日本紀／左中弁兼中衛中将
宝亀8年10月13日	777	鋳銭次官	従五位下	紀門守	任	続日本紀
延暦元年2月7日	782	鋳銭長官	従五位下	中臣鷹主	任	続日本紀
延暦6年以前	787	鋳銭長官	従四位下	多治比家主	官歴	公卿補任(延暦6年条)
延暦9年10月17日	790	鋳銭長官	従五位下	多治比乙安	任	続日本紀
延暦16年2月24日	797	鋳銭次官	従五位下	田口息継	任	日本後紀
弘仁元年12月20日	810	鋳銭長官	従五位上	三嶋年嗣	見	日本後紀
弘仁元年12月20日	810	→叙位	正五位下	三嶋年嗣	見	日本後紀
弘仁元年12月20日	810	鋳銭次官	従五位下	大枝継吉	見	日本後紀
弘仁元年12月20日	810	→叙位	従五位上	大枝継吉	昇叙	日本後紀
弘仁2年正月11日	811	鋳銭長官	従五位上	大枝継吉	見	日本後紀
弘仁2年正月11日	811	→兼山城介	従五位上	大枝継吉	兼任	日本後紀
弘仁3年正月12日	812	鋳銭長官	従五位上	大枝継吉	見	日本後紀
弘仁3年正月12日	812	→兼伯耆守	従五位上	大枝継吉	兼任	日本後紀
弘仁4年正月25日	813	鋳銭次官	外従五位下	林真永	任	日本後紀
天長元年6月16日	824	鋳銭司長官	従五位下	小治真人	見	日本後紀逸文(類聚国史99叙位)
天長元年6月16日	824	→叙位	従五位上	小治真人	昇叙	日本後紀逸文(類聚国史99叙位)
天長元年6月16日	824	鋳銭司次官	正六位上	藤原豊吉	見	日本後紀逸文(類聚国史99叙位)
天長元年6月16日	824	→叙位	従五位下	藤原豊吉	昇叙	日本後紀逸文(類聚国史99叙位)
承和8年正月13日	841	周防守	従五位下	都努福人	任	続日本後紀
承和8年2月6日	841	兼鋳銭長官	従五位下	都努福人	兼任	続日本後紀／周防守如故
承和14年2月21日	847	兼鋳銭司長官	従五位下	安倍朔麻呂	兼任	続日本後紀／周防守如故
嘉祥2年正月13日	849	周防守	従五位下	丹墀弟梶	任	続日本後紀
嘉祥2年4月20日	849	兼鋳銭使長官	従五位下	丹墀弟梶	兼任	続日本後紀／周防守
斉衡元年正月16日	854	周防守	従五位下	伴河男	任	日本文徳天皇実録
斉衡元年2月16日	854	兼鋳銭長官	従五位下	伴河男	兼任	日本文徳天皇実録／周防守如故
貞観元年正月13日	859	周防守	従五位下	藤原直道	任	日本三代実録
貞観元年3月22日	859	兼鋳銭長官	従五位下	藤原直道	兼任	日本三代実録／周防守如故
貞観3年2月25日	861	→少納言	従五位下	藤原直道	転任	日本三代実録
貞観3年2月25日	861	周防守	従五位下	丹墀弟梶	転任	日本三代実録／元大蔵少輔
貞観3年4月9日	861	兼鋳銭長官	従五位下	丹墀弟梶	兼任	日本三代実録／周防守
貞観6年正月7日	864	→叙位	従五位上	丹墀弟梶	昇叙	日本三代実録／鋳銭長官兼周防守
貞観7年正月27日	865	周防守	従五位下	安倍宗行	任	日本三代実録／元勘解由次官
貞観7年3月19日	865	兼鋳銭長官	従五位下	安倍宗行	兼任	日本三代実録／周防守
貞観10年正月16日	868	周防守	従五位上	家原縄雄	任	日本三代実録／元主税頭・出雲守
貞観10年2月17日	868	兼鋳銭司長官	従五位上	家原縄雄	任	日本三代実録／周防守
貞観18年3月27日	876	鋳銭司判官	—	弓削秋佐	見	類聚三代格
元慶3年11月25日	879	鋳銭長官	従五位下	春澄具瞻	見	日本三代実録／兼周防守
元慶3年11月25日	879	周防守	従五位下	春澄具瞻	見	日本三代実録
元慶3年11月25日	879	→叙位	従五位上	春澄具瞻	昇叙	日本三代実録
元慶6年　—	882	鋳銭長官	従五位上	紀安雄	官歴	日本三代実録(仁和2年5月28日条)
仁和2年正月16日	886	周防守	従五位下	小野当岑	任	日本三代実録
仁和2年2月21日	886	鋳銭司長官	従五位下	小野当岑	兼任	日本三代実録／周防守如故
仁和2年5月28日	886	前周防守	従五位上	紀安雄	卒	日本三代実録

注：鋳銭司官人で周防・長門両国の国司を兼任または歴任している者も掲げた。

えられる。

国司は大宝令では六年の任期であったが、幾度かの改編後、周防鋳銭司設置時には介以上は六年、それ以下は四年とする天長元年（八二四）八月の制が適用されていた（『類聚三代格』承和二年［八三五］七月三日太政官符）。天長八年（八三一）三月には、鋳銭司官人の任期は、鋳銭師を除き国司と同様に次官以上六年、判官以下四年に改定（周防鋳銭司設置以後それまではすべて六年か）された（『類聚三代格』承和二年［八三五］三月一五日太政官符所引天長八年三月五日太政官符）。その後、承和二年（八三五）三月には鋳銭司官人はすべて六年の任期とされる（『類聚三代格』承和二年三月一五日太政官符）一方で、同七月に国司の守・介の任期が四年とされた（『類聚三代格』承和二年七月三日太政官符）が、鋳銭司長官は六年のままであったため、貞観一〇年（八六八）六月に長官を兼任する場合は四年として、守と長官の任期を連動させることにした（『類聚三代格』貞観一〇年六月二八日太政官符）のも、守と鋳銭長官の兼任が続いたことによるのであろう。

鋳銭司における銭貨鋳造組織と銭貨の生産量

鋳銭司における銭貨鋳造には、鋳銭師・造銭形師とよばれる技術者とそのもとで直接鋳造作業にあたる将領・雑工、夫とされる公民の傜丁らがあった。その数は時期により変遷がある。承和元年（八三四）には、将領二〇人、雑工二〇人、夫四〇人、合計八〇人からなっていた（『類聚三代格』昌泰二年［八九九］五月二八日太政官符所引承和元年一二月三日太政官符）。その後承和四年（八三七）四月には、雑工は八名に減じられていたが（『類聚三代格』承和四年四月一日太政官符によれば年間銭貨鋳造量が三五〇〇貫文に減じられたときとしており、承和元年から同四年までの間か）、雑工八人から雑工一二人（鋳手五人・造銭形生四人・鉄工二人・木工一人）を増員して総計二〇人とすることとなった（『類聚三代格』承和四年四月一日太政官符）。その後は、昌泰二年（八九九）五月に定員は将領八人、造銭形生三人、鋳手三人、鉄工二人、木工二人、夫三〇人、合計四八人に減じられた（『類聚三代格』昌泰二年五月二八日太政官符）［八木、一九九二］。

この工人組織の人員変遷は、承和四年（八三七）四月一日太政官符（『類聚三代格』）が述べるように銭貨鋳造量の変遷と関連している。表4-3（天長六年から承和八年まで一貫して一万一〇〇〇貫文とする見解［八木、二〇〇八a］もあるが、承和四年四月一日太政官符からは一時減額されていたと考えられる）に示したように、承和四年（八三七）の三五〇〇貫文から一万一〇〇〇貫文への鋳銭量の増加にともなって雑工が増員されたり、それとは逆に昌泰二年（八九九）の減員は寛平大宝鋳造にあたり「年来の貢、五六百貫文を過ぎず、これすなわちわずかに周防一国の送るところの物をもって鋳造するところなり」（『類聚三代格』寛平八年［八九六］三月四日太政官符）という鋳銭用の料銅不足による鋳銭量減少によるという、銭貨生産量を背景とした人員増減をみてとることができる。

銭貨鋳造の原材料の調達

鋳銭司官人・技術者の増減の背景とも考えられる政府の銭貨鋳造量の増減政策は、原材料の銅の生産とも関連したものであった。産銅国から鋳銭司に送られた鋳造用の銅について、製錬工程上でいくつかの名称が残されている。天長三年（八二六）周防鋳銭司が受納した長門国から送られてきた鋳銭料銅は「熟銅」とされていた（『類聚三代格』承和八年［八四一］閏九月二九日所引天長三年［八二六］九月二一日太政官符）。一方、仁和四年（八八八）採備中国銅使から備中国に送付したのは半熟銅とされる製品であった（『類聚三代格』寛平元年［八八九］一〇月二一日太政官符所引仁和四年六月二三日符）。この寛平元年の官符によれば、採銅使から国に「半熟銅」が送られたのちに採銅地と国の両者で実検して採銅費用（料物）を支出することとした。さらに備中国《びっちゅうのくに》から鋳銭司に送られた銅の返抄をもとに国司が中央の勘会に臨むことになった。長門国《ながとのくに》と豊前国《ぶぜんのくに》も同じ方式が適用されたのである。これによれば周防鋳銭司では、銅鉱石の第一次的な製錬から作業するのではなく、熟銅あるいは半熟銅を加工する工程から銅銭を生産していた。正倉院に残る「丹裹《にづつみ》文書」の「造東大寺司牒案」（『大日本古文書』二五―一五五～一五七頁）は、造東大寺司から長門国宛ての銅受領書案の反故《ほご》文書で、長門国から送られてきた銅二万六四七四斤の品質が劣ることと数量の欠について問責している内容が記されている。数量の多さから大仏鋳造用の銅と考えられるが、そこには銅製品の区分としてよく製錬された熟銅、未《いま》だ不純物が多い未熟銅、溶解が完全でない生銅の区分と、さらに生銅の品質を上品《じょうほん》・中品・下品に区分されている［池田、二〇〇四］。おそらく周防鋳銭司に長門国から送られた「熟銅」、備中国から送られた「半熟銅」はこれと同様の区分名称であろう。

銅銭の鋳造は、産銅国から鋳銭司への原材料の送付だけでなく、旧銭回収による新銭鋳造により行なわれた［八木、二〇〇八ａ］。旧銭の改鋳が順調に進めば、「旧銭を相博し新銭を鋳送するの間、宜しく鋳銭の料銅を停め、年料熟銅千斤を進めしむ」（『類聚三代格』承和八年［八四一］閏九月二九日所引天長三年［八二六］九月二一日太政官符）と、鋳銭量を減らす時期には旧銭を回収し新銭に改鋳することにより長門国からの年料分の熟銅一〇〇〇斤で間に合わせることも可能であった。しかし、天長三年（八二六）に一時的には送進量を限定したものの、天長六年（八二九）からの鋳銭量一万一〇〇〇貫文への増加政策によりただちに原料の銅不足は現われてくる。この承和八年（八四一）の太政官符にはその様相も示されている。そのなかで鋳銭司の解は、「今、鋳銭司の解を得るに偁へらく、旧銭既に尽き、銅鋳るべき無し」と述べている。承和元年（八三四）には改鋳用の旧銭の枯渇も進み、旧銭を改鋳する方策も行き詰まっていることを示している。この結果は、産銅国に対する銅送進の負担増となった。そのため料銅の慢性的不足期における鋳銭司と産銅国の反目を解消し、政府による採銅使派遣という直接な採銅管理対策［八木、二〇〇八ａ］もとられることになる。

採銅使の派遣

貞観元年（八五九）二月、長門国の国医師であった従八位下海部男《あまべのお》種麿《たねまろ》が採銅使に任じられた。このの[ち]諸国に派遣される採銅使のはじまりである。この任命にあたり、「詔すらく、三箇年の内に進るところの銅・鉛、年別に各三千斤に足らば、五位を借りに授くべし。その後、三年の内に此数を減ぜずば、随ひて真となす。」（『日本三代実録』）とされた。三年間に採銅・製錬した銅と鉛をそれぞれ三〇〇〇斤を進めれば仮に五位に叙位し、その後の三年間この納入量を減らすことがなければ正式に五位に叙位するというものである。叙位と引き換えに採銅量を確保する国家の督励政策といえる。この採銅使任命は、貞観元年（八五九）四月の饒益神宝《じょうえきしんぽう》発行に備え銅銭の原材料である銅と鉛の確保のための督励策とみられる。

このとき任じられた採銅使（長門国採銅使）は、貞観一一年（八六九）二月に「太政官処分すらく、採長門国銅使を遣はすを停め、国宰に付して採り進らしむ」（『日本三代実録』）として一時停止される。その後、採山城国岡田山銅使、採備中国銅使、採豊前国銅使など国別に採銅使が任じられている。また貞観一一年（八六九）七月には、かつて鋳銭司が置かれていた地にも採山城国岡田山銅使として前筑後守従五位下清原真貞《きよはらのまさだ》とそのもとに判官一人・主典一人が任じられている（『日本三代実録』）が、元慶五年（八八一）八月には正六位上巨勢文主《こせのふみぬし》が採銅使であったときに停止されており、国別の採銅使ほどには岡田においては採銅の成果がなかったのであろう。

のちに採銅使が派遣された備中国の場合、「備中・備後両国をして鋳銭の料銅を採り進らしむ。」（『日本三代実録』貞観一二年［八七〇］二月二五日条）とある。貞観一二年正月の貞観永宝《じょうがんえいほう》発行にかかわるかとみられ、「鋳銭司、新鋳貞観銭一千一百十貫文を進る。」（『日本三代実録』貞観一二年［八七〇］八月五日条）という銭貨鋳造に結びついたものであろう。しかし国司による一国単位での銅資源開発は欠くことができなかったが、必ずしも順調に進んだわけではない。

元慶二年（八七八）三月には、詔が出され大宰府に命じて豊前国規矩《きく》郡の徭夫一〇〇人をあてて採銅客作児（「客作児」は『和名類聚抄』に「和名豆久乃比々止（ツクノヒヒト）」とあり、労役に当たった者であろう）として、郡内の銅を採掘させることとしていた（『日本三代実録』元慶二年三月五日条）が、採銅には限界があったようで直接採銅使のもとに技術者を派遣する方式が仁和元年（八八五）三月にとられている。このときの太政官処分によれば、「太政官処分すらく、長門国に下知し、破銅手一人・掘穴手一人を豊前国採銅使の許に送る。豊前国の民、未だ其術を習はざるなり。」（『日本三代実録』仁和元年三月一〇日条）とあるのが原因であった。ここにいう破銅手・掘穴手とは製錬工と掘鑿《くっさく》工であろう。豊前国の民に採銅技術を習得させるため、長門国に下知して技術者を産銅地の豊前国採銅使のもとに派遣［八木、一九九二］したものであった。

長門国では貞観一一年（八六九）二月に一時停止されていたが、採長門国銅使周防国鋳銭司判官弓削秋佐《ゆげのあきすけ》が貞観一八年（八七六）にみえている（『類聚三代格』貞観一八年三月二七日太政官符）。名目化しながら存続したとの指摘［八木、二〇〇八a］もあるが、弓削秋佐はこののち一三年後にも採備中国銅使としての活動がみえる（『類聚三代格』寛平元年［八八九］一〇月二一日太政官符）。また仁和二年（八八六）二月には、備中国採銅使へ印を新鋳して賜うことがみえており（『日本三代実録』仁和二年二月一五日条）、官司としての恒常的活動を位置づけたものであろう。仁和元年（八八五）の豊前国や翌年の備中国の採銅使の動向は、寛平二年（八九〇）四月の寛平大宝《かんぴようたいほう》発行にかかわる準備かとも考えられる。

しかし、先に銅生産量の変遷でみたように「年来の貢、五六百貫文を過ぎず、これすなわちわずかに周防一国の送るところの物をもって鋳造するところなり」（『類聚三代格』寛平八年［八九六］三月四日太政官符）と寛平大宝鋳造にただちには結びついていなかった。しかし、のちの『延喜式』段階では「凡そ鋳銭年料の銅鉛は、備中、長門、豊前等の国、毎年鋳銭司に採送せよ。」（主計下）と鋳銭司への銅送進の対象国として三国が規定されている。銭貨材料として、備中国からは銅八〇〇斤、長門国からは銅二五一六斤一〇両二分四銖《しゅ》、鉛一五一八斤一〇両二分四銖、豊前国からは銅二五一六斤一〇両二分四銖、鉛一四〇〇斤が鋳銭司に毎年送進され、鋳銭司の収文《しゅうもん》を中央に進めて税帳と勘会する手続きとなっていた（主税上）。その後の三国における採銅使の活動による採銅の安定化・恒常化があったことを示しているのではなかろうか。

4　周防鋳銭司のその後

周防鋳銭司の存続

鋳銭用の料銅不足による鋳銭量減少に見舞われた寛平大宝であったが、そのあとをうけて延喜七年（九〇七）一一月には延喜通宝《えんぎつうほう》が発行され（『日本紀略』延喜七年一一月三日条）、周防鋳銭司で銭貨の鋳造は続けられていた。この間、天慶三年（九四〇）一一月には瀬戸内海諸国を舞台に藤原純友《ふじわらのすみとも》を中心に蜂起した反政府軍の攻撃により、「周防国飛駅す。鋳銭司賊のために焼かるの由を言す。」（『日本紀略』天慶三年一一月七日条）と鋳銭司が焼失したことが中央政府に報告されている。かつて周防鋳銭司の第一次発掘調査で調査区域の「焼土」の評価を純友の乱に際して焼かれた痕跡と考えてきたが、赤色硬化面は焼土ではなく、鉄分やマンガンの沈着にともなうものであることがわかった［齊藤、二〇一九］と再評価されており、どの程度被害をうけたかは今後の検討課題である。

しかし純友の乱後の天慶七年（九四四）正月、周防鋳銭司で鋳造し中央に送進すべき年料銭が滞っており、その督促をしたことがみえる（『九暦』天慶七年正月二八日条）。また、原材料となる銅・鉛の生産についても、天慶八年（九四五）の長門国からの解で「承平七年（九三七）以往年料銅二五一六斤一〇両二分四銖、鉛一五一六斤一〇両二分四銖を方略をめぐらし貢進し返抄を請けてきたが、天慶二年（九三九）以来凶賊の活動が活発化して往還が滞り、賊への警固のために納官の勤めを果たすことができなくなった」と上申したのに対し、「採銅鉛料」として「穀穎《こくえい》」不足が税帳の勘出対象とされている（『類聚符宣抄』天慶八年三月八日宣旨）。産銅国における銅・鉛の生産に中央政府が関心をもち、銭貨鋳造への意欲を失っていないことを示していよう。延長四年（九二六）一二月には「採銅使勘文」が奏上されており（『貞信公記《ていしんこうき》』延長四年一二月五日条）、どの程度採銅使の機能が発揮されていたか不明であるが、銭貨鋳造のための銅生産への関心は引き続いていたとみられる。そして、延喜通宝を発行してから五〇年ぶりとなる新銭が天徳二年（九五八）三月に発行された（『日本紀略』）。古代国家が鋳造した最後の銅銭である。

銭貨流通の様相

律令国家のもとで発行された銭貨は、和同開珎が平城京建設の経費として発行された背景をもったことが指摘されている〔栄原、一九九三他〕。大規模な造寺・造都活動に畿内諸国から動員した雇役丁に功直として銭貨を支払い、それを調銭で回収するというサイクルをとっていた〔三上、二〇〇五〕が、平安京も条坊街区の形成までの京全体の造営事業は遷都以降も続き〔網、二〇〇七〕、このサイクルは継続された。しかし、九世紀半ば大規模な都城造営事業の終焉《しゅうえん》によって銭貨流通のサイクルが不可欠のものではなくなってくると、銅の採取量の減少という現実問題ともあいまって畿内全体に銭貨が投じられる機会は少なくなる〔三上、二〇〇五〕。同時に銭貨の発行に際して新銭一に対して旧銭一〇とする法定価値によって物価の騰貴を招いたことも指摘されている。

これに加えて、新鋳された銅銭の品質も「新鋳貞観銭、文字破滅し、輪郭全くなし。凡そ売買に在りて、太半を嫌ひ棄つ。」（『日本三代実録』貞観一四年〔八七二〕九月二五日条）とこれまでも品質が問題とされていたが、乾元大宝にいたっては「近来世間銭を嫌ふこと、もっとも甚だし。」とされ、「銅銭原直なり。」（『日本紀略』永観二年〔九八四〕一一月六日条）と銅の地金の価値しかないものと評価されるほど流通銭貨としての機能はほとんど消滅していた。

しかし一方で、民間における乾元大宝使用の忌避に対して、朝廷側が対策を講じていたこともうかがえる。藤原行成《ゆきなり》は奏上すべき雑事を記したなかに、「改元・改銭の事」として「件の両事今に遅引、人々鬱と為す」と改銭の遅延を問題としている（『権記』長徳四年［九九八］七月一三日条）。少なくとも一〇世紀末までは朝廷では新銭の発行が考慮されていたことは確かであろう。しかし、一一世紀に入ると、鋳銭司の中文《もうしぶみ》が藤原行成によって藤原道長に進められたことがみえている（『権記』長保《ちょうほう》四年［一〇〇二］六月一四日条）。鋳銭司は銭代を申請しており銭を政府に納入できなくなってきていることが進行してこの時期頃を境に鋳造事業が終局を迎えるようになったことを示している。寛仁二年（一〇一八）一二月、長門守高階業遠《たかしなのなりとお》が国司を解任される事件が起こっている（『小右記』寛仁二年一二月七日条）。訴えたのは鋳銭司判官土《は》師為元《じのためもと》であった。一一世紀初頭でも鋳銭司判官という官名がみえることから、官司としての鋳銭司もこの時期まで存続していたとみられるが、銭貨鋳造を担う官司としての実態はすでに失われていたであろう。

おわりに

これまで四節にわたって、国府を構成した諸施設のうちの国庁と国司館を中心に、また周防国・長門国に置かれた鋳銭司について検討を加えてきた。国庁と国司館の機能をみるとき、前者は「まつりごと」がとり行なわれる中枢施設として機能していたが、後者は国司の日常的な居住施設としての機能が中心で、令制下においては政務処理や経済的な拠点という意味はみられなかった。この性格は一一世紀頃には一部政務処理が行なわれた事例もみられるが、原則的には国司館がそのような場ではないという意識が引き続き残されていた。国司館が受領の館へと変遷し受領のもとで一元的に組織され、国内政務の実務拠点として検田所・税所・納所が配置される体制によって中世以降も国衙が国内支配拠点として維持されるという見通しが示されている〔渡辺、二〇一二〕。この過程を検証することが残された課題である。

周防国、長門国という現地に置かれた鋳銭司は、和同開珎の鋳造にはじまり二〇〇年以上にわたって継続して銭貨鋳造を行なっていたが、鋳銭司官人・技術者の構成は時々の銭貨鋳造の国家政策に対応した、そのつどの変遷がみられた。また銭貨鋳造の原材料である銅生産の維持と管理のため採銅使をはじめ国家はさまざまな手立てをとってきた。しかし鋳銭司の活動は、旧銭と新銭の鋳造の循環サイクルの停滞や銅そのものの調達の民間との競合などによって、銭貨に対する需要の逓減とともに衰退していくことになる。一一世紀には一時的に現物貨幣（絹・米など）の時代を迎え、一二世紀に北宋銭が流通することによる粗悪な品質の銅銭の克服まで銭の流通は待たねばならなかった。この過程、渡来銭の流通隆盛の様相を具体的に明らかにすることも残された課題である。

参考文献

網　伸也　二〇〇七年「平安京の造営―古代都城の完成」吉村武彦・山路直充編『都城　古代日本のシンボリズム』青木書店
池田善文　二〇〇四年「古代の美祢」『美東町史　通史編』美東町
江口　桂　二〇一一年「『古代国府の成立をめぐる諸問題』に寄せて」『古代文化』六三―三

江口　桂　二〇一四年「地方官衙　四　国府」江口桂編『古代官衙』ニューサイエンス社
大橋泰夫　二〇一一年「古代国府の成立をめぐる研究」『古代文化』六三―三
大橋泰夫　二〇一八年『古代国府の成立と国郡制』吉川弘文館
大林達夫　二〇〇三年「周防鋳銭司の所在地について―考古学からみた推定地―」『山口県地方史研究』九〇
岡平拓也　二〇一五年「山陰道　伯耆」条里制・古代都市研究会編『古代の都市と条里』吉川弘文館
小田芳弘　二〇二〇年「国庁と国府の実像」『季刊考古学』一五二
香川県埋蔵文化財センター　二〇一九年『讃岐国府跡　二』香川県教育委員会
鐘江宏之　一九九四年「平安時代の「国」と「館」―地方における権威をめぐって―」佐藤信・五味文彦編『城と館を掘る・読む―古代から中世へ―』山川出版社
鬼頭清明　一九八六年「国司の館について」『国立歴史民俗博物館研究報告』一〇
是田　敦　二〇二〇年「国府と風土記、その景観」『季刊考古学』一五二
栄原永遠男　一九九三年『日本古代銭貨流通史の研究』塙書房
齊藤大輔　二〇一九年「史跡周防鋳銭司跡発掘調査の最前線」『二〇一九年度九州考古学会夏期大会（山口大会）古代の山口―周防鋳銭司・長門鋳銭所・長登銅山と周防国府―』九州考古学会夏期大会（山口大会）実行委員会
佐藤　信　一九九四年「宮都・国府・郡家」朝尾直弘ほか編『岩波講座　日本通史　四　古代三』岩波書店
島根県教育庁埋蔵文化財調査センター　二〇一三年『史跡出雲国府跡―九　総括編―』島根県教育委員会
田中広明　二〇〇三年『地方の豪族と古代の官人―考古学が解く古代社会の権力構造』柏書房
中村順昭　二〇一四年「国司の館と宅」『本郷』一一四
中村順昭　二〇一八年「古代武蔵国府の地域史」『日本歴史』八三六
濱崎真二　二〇一九年「長門鋳銭所跡の調査―近年の発掘調査成果から―」『二〇一九年度九州考古学会夏期大会（山口大会）古代の山口―周防鋳銭司・長門鋳銭所・長登銅山と周防国府―』九州考古学会夏期大会（山口大会）実行委員会
平井耕平　二〇二〇年「国衙と国府の実像」『季刊考古学』一五二
古尾谷知浩　二〇二〇年『日本古代の手工業生産と建築生産』塙書房

防府市教育委員会　二〇二〇年『周防国府跡発掘調査報告　九』防府市教育委員会
松本和彦　二〇二〇年「南海道の国府　讃岐国府を中心に」『季刊考古学』一五二
三上喜孝　二〇〇五年『日本古代の貨幣と社会』吉川弘文館
八木　充　一九八六年「国府の成立と構造─文献史料からみた─」『国立歴史民俗博物館研究報告』一〇
八木　充　一九九二年「銅と鋳銭司」稲田孝司・八木充編『新版古代の日本　四　中国・四国』角川書店
八木　充　二〇〇八年a「長門・周防の鋳銭司」『山口県史　通史編　原始・古代』山口県
八木　充　二〇〇八年b「長門鋳銭司と銅生産」『下関市史・原始─中世』下関市
安川豊史　二〇〇一年「美作国府の成立」『古代文化』六三─三
山中敏史　一九九四年『古代地方官衙遺跡の研究』塙書房
吉瀬勝康　二〇一五年「山陽道　周防」条里制・古代都市研究会編『古代の都市と条里』吉川弘文館
渡辺　滋　二〇一一年「平安期における国衙─結節点としての地方「都市」─」石川日出志・日向一雅・吉村武彦編『交響する古代─東アジアの中の日本─』東京堂出版

5章　古代の出雲

――出雲大社、風土記、そして境界への認識

大日方克己

はじめに

二〇〇〇年代に入ってから古代中世の出雲にかかわる考古学的発見や各種イベントがあいつぎ、出雲に対する新たな関心が呼び起こされてきた。

二〇〇〇～〇一年に出雲大社境内で鎌倉時代の神殿の巨大な柱痕が発見された。高さ四八メートルの推測復原案も示されて、巨大神殿のイメージが話題になった。その後、出雲大社では、二〇〇八～一九年にかけて全面的な修造遷宮事業が行われた（「平成の大遷宮」）。なかでも本殿の修造が成って、遷宮が行われたのが二〇一三年だった。その前年二〇一二年は、古事記一三〇〇年ということで、各地でイベントが行われたが、島根県は「神話博しまね」を開催し、遷宮とあわせて、出雲大社と神話が改めて大きな注目を集めた。

『古事記』や『日本書紀』神代紀には、イザナギの黄泉国《よみのくに》訪問譚《たん》、スサノオのヤマタノオロチ退治、大国主神《おおくにぬしのかみ》の国造りと国譲りなど、「出雲」を舞台とした神話が記されて、「出雲神話」のイメージを生み出していることはよく知られている。その神話と結びついて祭られているのが出雲大社である。古代においてその祭祀《さいし》を掌《つかさど》った出雲《いずも》国造《こくぞう》*、その国造出雲臣広島《いずものおみひろしま》の名を奥付にもつ『出雲国風土記《いずものくにふどき》』*もまた、古代出雲を語るのに不可欠になっている。

一方で中世史や文学においては、中世神話（中世日本紀）の研究が進められている、出雲でも中世出雲大社の研究が深められ、祭神のスサノオへの転換や、スサノオを中心とした中世出雲神話の様相も明らかになってきている〔井上、一九九一／斎藤、二〇一二／出雲弥生の森博物館、二〇一三／佐伯、二〇一四〕。

また最近、出雲市斐川《ひかわ》町の杉沢遺跡（口絵p.3）、鳥取市青谷《あおや》町の青谷横木《よこぎ》遺跡・良郷《りょうごう》遺跡群などで古代山陰道、松江市魚見塚《うおみづか》遺跡で『出雲国風土記』の「枉北道《おうほくどう》」（出雲国府から隠岐に向かう道）の一部にあたるとみられる道路遺構などの発見があいつぎ、出雲・山陰地域をめぐる交通と交流の問題が改めてクローズアップされてきている〔佐々木ほか、二〇一九／大日方、二〇二一〕。それは日本国内にとどまらず境界領域としての日本海とその向こう（半島・大陸）も視野に入れるものになってきている〔大日方、二〇二二〕。

出雲大社と『出雲国風土記』を中心にしながら、新たな論点が提示され始めている中世への展望や、出雲をめぐる交流の問題も取りあげながら、古代出雲の様相をみていくことにしよう。

出雲大社は、近世以前は杵築《きづき》大社の名称で史料に現れることが多いので、本章では原則として杵築大社と呼称し、必要に応じて出雲大社を用いることにする。

1　杵築大社の成立と神賀詞奏上儀礼、出雲国造

杵築大社の成立

『日本書紀』神代紀第九段一書二などで、国譲りをした大国主神が杵築の地に鎮まることを記しているように、王権神話体系と結びついて祭られているのが杵築大社だった。王権神話体系の形成と杵築大社の成立は一体的に捉えるべきだろう。

そのなかで注目されているのが、『日本書紀』斉明五年（六五九）是年条の記事、「出雲国造〔名を闕《か》く〕に命じて、厳《いか》しき神の宮を修《つく》らしむ」であろう。これを杵築大社の造営とする見方は多い。そしてそれは六六〇年の百済滅亡から六六三年の白村江の戦いに至る緊迫化した半島情勢に対応する杵築大社の創建であり〔高嶋、一九九五／鈴木靖民、二〇一六〕、王権の西極としての観念的な出雲の位置づけにもつながっていくものだった〔菊地、二〇一六〕。

その杵築大社で大国主神を鎮め祭ることになったのが出雲国造だった。意宇郡を基盤にもち、熊野社を本来の祭神としていた出雲臣氏から任命され、意宇郡の郡領を兼任した。令制《りょうせい》以前の国造の系譜を引くとされるが、王権神話と杵築大社を担う新しい役割をもって成立したとみるべきだろう。そして律令制下の出雲国造の役割として、杵築の祭祀とともに重要だったのが神《かん》賀《よ》詞《ごと》奏上儀礼だった。

神賀詞奏上儀礼

神賀詞奏上儀礼は、杵築で大国主神を鎮め祭る出雲国造が上京して、神宝を天皇に献上するとともに、神賀詞を奏上するものである。神賀詞は、国造が熊野・杵築両社の祭神をはじめ出雲国内の多くの神々に代わって奏上する形をとり、出雲国造の祖アメノホヒ・アメノヒナトリの活躍で国譲りが実現し、オオナムチ（大国主神）は杵築大社に鎮まって天皇の守護の神として奉仕するようになったという神話を語るものである。最後に献上する神宝の名を挙げ、天皇の長寿、治世の安泰を祝福する。

この神賀詞奏上儀礼は、国譲り神話に反映される古代王権の宗教的世界観に基づいて行われる天皇の国土支配を保証する儀礼だった。献上される神宝の中心は玉・剣・鏡の玉器類である。これらは葦原中国《あしはらのなかつくに》の神を鎮め祭る呪具であり、その霊力が天皇に付与されることにより天皇の国土支配が宗教的に保証されるという意義があった［菊地、二〇一六］。

国譲りから天孫降臨、そして神武の東征と即位という天皇の国土統治の正統性を示す王権神話と深く結びついた儀礼であり、天皇や参列した貴族・官人たちの前で、王権神話を語り続ける役割ももっており、貴族たちにその認識を再生産し続けていく意義もあったといえる。

では、そのような神賀詞奏上儀礼はどのようなときに行われたのだろうか。これまでは『延喜式』の規定によって、出雲国造が就任したときの儀礼として位置づけることが多かった。

『延喜式』太政官《だいじょうかん》132出雲国造条によれば、まず国司の言上によって太政官において任命される。神祇官《じんぎかん》で負幸物《おいさちのもの》と呼ばれる品々を賜って帰国する。その後、一年潔斎して、国司に率いられて再び上京し、朝堂院で神賀詞を奏上する。このようにして行われる神賀詞奏上は、天皇の国土統治や長寿安泰を保証する呪力を、出雲国造の交代ごとに更新していくものとして理解された。

しかし表5－1をみてわかるように、神賀詞奏上は霊亀二年（七一六）の出雲臣果安《はたやす》によるものを初見として、天長一〇年（八三三）の豊持《とよもち》を最後に国史に記録されなくなるが、出雲国造任命にひき続いて行われた事例はない。たとえば出雲臣弟山《おとやま》は任命から四年後、益方《ますかた》は三年後、人長《ひとなが》は五年後、豊持は四年後と、間隔を置いている。一方で注目されるのは、初見の果安が元正《げんしょう》天皇即位の翌年、広島が聖武天皇即位の二年後、弟山が孝謙《こうけん》天皇即位の翌年に奏上している点である。また国成《くになり》は長岡遷都の翌年、人長も平安遷都の翌年に奏上し、しかも明確に「遷都による」と記されている。天皇の即位後、あるいは遷都後という王権にとって最も重要な契機に行われている事例が多いのである。天皇の国土統治と治世の安泰・長寿を祝福・祈念するという意義からすれば、そうした契機こそがふさわしい。それが九世紀前半ころから国造就任に伴う儀礼へと変化していったとみた方がよい。

瀧音能之氏も霊亀二年に出雲国造果安らの働きかけで出雲守忌部子首《いずものかみいんべのこびと》が協力して神賀詞奏上が創始され、九世紀前半の国造旅人《たびと》・豊持の段階で、国造就任時の儀礼へと整備され、『延喜式』の形態になっていったとしている［瀧音、二〇一四］。榎本福寿氏は『日本書紀』とのすり合わせも含めて忌部子首が主導して元正天皇の即位儀礼の一環としてはじめられたとした。さらに『出雲国風土記』の編纂《へんさん》とあわせて、神代紀の神話が史実として実体化されたとしている［榎本、二〇二〇］。

表5-1　神賀詞奏上儀礼と関係事項

	天皇	国造	年　月　日	事　　　項	出典
	文武	?	慶雲3(706)	出雲国造に意宇郡領を兼帯させる。	三代格
	元正		霊亀元(715)・9・2	元正天皇、即位。	続紀
1	〃	果安	霊亀2(716)・2・10	出雲臣果安、神賀事を奏す。	続紀
2	聖武	広島	神亀元(724)・1・27	出雲臣広島、神賀辞を奏す。	続紀
	〃		〃元(724)・2・4	聖武天皇、即位。	続紀
3	〃	広島	〃3(726)・2・2	出雲臣広島、神社剣・鏡・白馬・鵠などを献上。	続紀
	〃	弟山	天平18(746)・3・7	出雲臣弟山、出雲国造に任命される。	続紀
	孝謙		天平勝宝元(749)・7・2	孝謙天皇、即位。	続紀
4	〃	弟山	〃2(750)・2・4	出雲臣弟山、神斎賀事を奏す。	続紀
5	〃	弟山	〃3(751)・2・22	出雲臣弟山、神賀事を奏す。	続紀
	淳仁		天平宝字2(758)・8・1	淳仁天皇、即位。	続紀
	〃	益方	〃8(764)・1・20	出雲臣益方、出雲国造に任命される。	続紀
	称徳		〃8(764)・10・9	称徳天皇、重祚。	続紀
6	〃	益方	神護景雲元(767)・2・14	出雲臣益方、神賀事を奏す。	続紀
7	〃	益方	〃2(768)・2・5	出雲臣益方、神賀事を奏す。	続紀
	光仁	国上	宝亀4(773)・9・8	出雲臣国上、出雲国造に任命される。	続紀
	桓武		延暦3(784)	長岡京へ遷都。	続紀
8	〃	国成	〃4(785)・2・18	出雲臣国成等、神吉事を奏す。	続紀
9	〃	国成	〃5(786)・2・7	出雲臣国成等、神吉事を奏す。	続紀
	〃	人長	〃9(790)・4・17	出雲臣人長、出雲国造に任命される。	続紀
	〃		〃13(794)	平安京へ遷都。	
10	〃	人長	〃14(795)・2・26	出雲臣人長、遷都により神賀事を奏す。	類国
	〃	?	〃17(798)・3・29	出雲国造の意宇郡領兼帯をやめる。	三代格
	〃	?	〃17(798)・10・11	出雲国造が、神事に託して多くの百姓女子を娶ることを禁じる。	三代格
11	〃	?	〃20(801)・1・16	出雲国造(名不明)、神賀詞を奏す。	類国
	〃	門起	〃24(805)・9・27	出雲国造出雲臣門起に従五位下を授ける。	後紀、類国
12	嵯峨	旅人	弘仁2(811)・3・27	出雲臣旅人、神賀事を奏す。	後紀
13	〃	旅人	〃3(812)・3・15	出雲臣旅人、神宝を献じ、神賀辞を奏す。	後紀
	淳和	豊持	天長3(826)・3・29	出雲臣豊持、出雲国造に任じられる。	類国
14	〃	豊持	〃7(830)・4・2	出雲臣豊持、神宝を献上、神賀詞を奏す。	類国、補任
15	仁明	豊持	〃10(833)・4・25	出雲国司、国造豊持らを率いて神寿を奏し、白馬1匹・生鵠1翼・高机4前・倉代物50荷を献上する。天皇、大極殿に出御して、神寿を受け、国造豊持に外従五位下を授けた。	続後

出典略称：続紀−続日本紀、後紀−続日本後紀、類国−類聚国史、三代格−類聚三代格、補任−公卿補任

出雲国造の変化

出雲国造は延暦《えんりやく》一七年（七九八）一〇月に意宇郡領との兼任を解かれ、また神宮采女《うねめ》と称して神事に事寄せて百姓子女を多数娶《めと》っているとして、それが禁制された（『類聚三代格』巻七延暦一七年三月二九日太政官符、巻一同年一〇月一一日太政官符、『類聚国史』巻一九同年一〇月丁亥《ていがい》〈一一日〉条）。意宇郡領から切り離された出雲国造は杵築大社の祭祀に専念する存在へと変化していくことになった。

このような出雲国造のあり方の変化とともに、神賀詞奏上儀礼の位置づけも国造就任儀礼へと変わっていったとみた方がよい。神賀詞奏上儀礼が国史に記録されなくなったのは、そうした変化のなかでのことであろう。同時に九世紀中葉以降の王権と儀礼の変化、儀式の整備という大きな枠組みのなかの動きの一つと位置づけて考えていくべき問題である。

国史に記録された最後の神賀詞奏上を行った豊持以降、平安末期までの国造には不明な点が多い。出雲国造系譜に記している奈良・平安時代に相当する時期の国造名は、鎌倉初期の建久二年（一一九一）八月二日「出雲国在庁官人等解状」（鎌倉遺文五四六号）によっているという［高嶋、一九八五／鈴木正信、二〇〇八］。この文書は、平安末期、久安五年（一一四九）一一月二八日に国造兼忠《かねただ》館の火災で国造職補任《ぶにん》の国司庁宣一三通が焼失したため、国造孝房《のりふさ》が控として取ってあった案文とされる文書を、正文つまり正式な国司庁宣とするように申請して、それを出雲国衙在庁官人が国司に言上したものである。しかし、表5-1と表5-2を比較してわかるように、実際には天平宝字八年に任命された益方が承和八年に、弘仁二年に神賀詞を奏上した旅人が仁寿元年に、天長三年に任じられた豊持が貞観一〇年に任じられたことになっており、国史の記録と大幅に異なっている。また長保四年（一〇〇二）三月一九日太政官符によって補任された国造孝忠（『類聚符宣抄』第二）が抜けている。

そもそも国司庁宣は、一一世紀に、在京する国司から現地の国衙（留守所《るすどころ》）に対して出される文書として成立したもので、九世紀初頭からそれがあったとしていること自体がおかしい。出雲国造が国司庁宣によって補任された確実な初見史料は安元二年（一一七六）の宗孝《むねのり》からである［井上、一九九二］。国司から国司庁宣によって国造が任命されるようになった平安末期のあり方からさかのぼって作成されたものとみられる。

九世紀中葉過ぎに編纂された『儀式』や一〇世紀の『延喜式』では、国司が、才能などを判定して出雲国造としてふさわしい人物を政府に報告し、それに基づいて太政官が任命することになっていた。それが太政官符による任命である。先に述べたように長保四年の出雲国造孝忠も太政官符による補任だった。

当初は国司の報告に基づき太政官符によって任

表5-2　建久2年「出雲国在庁官人等解状」の国造

国造名	補任国司庁宣
千国	弘仁 4年（813）3月　日庁宣
兼連	弘仁13年（822）8月 2日庁宣
益方	承和 8年（841）6月18日庁宣
旅人	仁寿元年（851）7月11日庁宣
豊持	貞観10年（868）3月　日庁宣
時信	仁和 3年（887）5月20日庁宣
春年	天慶 5年（942）3月10日庁宣
吉忠	正暦 4年（993）11月　日庁宣
国明	長暦 2年（1038）2月　日庁宣
国経	永承 2年（1047）9月10日庁宣
頼兼	延久 4年（1072）11月　日庁宣
兼宗	康和 2年（1100）3月 5日庁宣
兼忠	天承元年（1131）4月 3日庁宣

命された出雲国造は、平安末期までには国司庁宣による補任へと転化した。同じころから諸国で一宮《いちのみや》制が成立する。それぞれの国で有力な神社を一宮とし、一宮の神事・祭礼を中心にその国の国衙在庁官人や領主層が結集するようになった。杵築大社も出雲国一宮として性格を変えていった［井上、一九九一／佐伯、二〇一四］。国司庁宣による任命は、そうした杵築大社と国造の中世的変化の一つとして位置づけられるだろう。

2 杵築大社の造営

律令制下の造営と受領制への展開

先に見たように、『日本書紀』斉明五年の記事以降一〇世紀末まで、杵築大社の造営を直接記す史料はみえない。一〇世紀末以降、鎌倉時代までの造営を整理したものが表5-3である。表5-3を見ながら杵築大社の造営の問題を考えてみよう。

まず直接の史料は残っていないが、八～九世紀の杵築大社の造営・修理がどのように行われていたか検討してみたい。律令制下では杵築大社は官社の一つだった。官社とは、神名帳に記載され、祈年祭などの班幣にあずかる国家的管理下に置かれた神社だった。『延喜式』巻九・一〇神名（神名帳）には全国で三一三二座が記載されている。そのうち出雲国は一八七座、『出雲国風土記』では官社は「在神祇官」社として一八四社が記されている。官社の造営・修

表5-3　杵築大社造営年表

	年　代	事　項	受領(知行国主)
Ⅰ	斉明５（659）	出雲国造に命じて「神之宮」を「修厳」させる	
Ⅱ	長徳４（998）	神殿玉垣造営	
Ⅲ	長元４（1031）	神殿顚倒、造営の指示	橘俊孝
	〃　５（1032）	顚倒、託宣の虚偽が発覚、出雲守橘俊孝配流	
	〃　９（1036）	正殿の造営完成、遷宮	藤原登任
Ⅳ	康平４（1061）	倒壊	藤原章俊
	治暦３（1067）	正殿の造営完成、遷宮	
Ⅴ	天仁元（1108）	仮殿に遷宮	藤原顕頼（藤原顕隆）
	〃　２（1109）	正殿が転倒？	
	永久３（1115）	正殿の造営完成、遷宮	
Ⅵ	永治元（1141）	正殿が倒壊	藤原光隆（藤原清隆）
	康治元（1142）	仮殿に遷宮	
	久安元（1145）	正殿の造営完成、遷宮	
Ⅶ	承安元（1171）	仮殿に遷宮	
	〃　２（1172）	正殿倒壊	
	建久元（1190）	正殿の造営完成、遷宮	
Ⅷ	嘉禄３（1227）	仮殿に遷宮	
	嘉禎元（1235）	正殿が転倒	
	宝治２（1248）	正殿の造営完成、遷宮	（平有親・時継）
	文永７（1270）	火災、正殿焼失	
	弘安５（1282）	仮殿を造営遷宮	
	正中２（1325）	遷宮、仮殿式	
	至徳３（1386）	遷宮、仮殿式	
	応永19（1412）	遷宮、仮殿式	
	嘉吉２（1442）	遷宮、仮殿式	
	応仁元（1467）	遷宮、仮殿式	
	文明18（1486）	焼亡。遷宮、仮殿式	
	永正16（1519）	遷宮、仮殿式	
	天文19（1550）	遷宮、仮殿式	
	天正８（1580）	遷宮、仮殿式	
	慶長14（1609）	遷宮、仮殿式	
	寛文７（1667）	正殿造営遷宮	
	延享元（1744）	正殿造営遷宮（現在の本殿）	

造は国司の責任で行われ、その費用は神戸《かんべ》や神郡《しんぐん》によってまかなわれることになっていた。『新抄格勅符抄《しんしょうきゃくちょくふしょう》』大同元年（八〇六）牒《ちょう》によると、杵築社には神戸六一戸、熊野社には神戸二五戸が附され、意宇郡が神郡とされていたので、九世紀まではこれらの負担により神殿の造営・修理が行われていたはずである。

一〇世紀に、国務の責任を受領《ずりょう》と呼ばれる一人の国司（多くの場合は守）が負うようになって受領制が成立すると、諸社の修造も受領の責務とされ、受領考課の評価項目の一つにもなった。そのため受領は、本来の神戸や神郡からの費用徴収が困難になると、正税《しょうぜい》からの支出に振り替えてでも責務を果たそうとした。正税は国府財政の一般財源だった。

承暦《じょうりゃく》二年（一〇七八）一二月末日付で作成された「出雲国正税返却帳」という文書が九条家本延喜式の裏文書のなかに残っている［松江市、二〇一三］。それは出雲守藤原行房《ふじわらのゆきふさ》が受領考課のために延久二年（一〇七〇）〜承保《じょうほう》元年（一〇七四）五ヶ年度分の正税帳の監査（税帳勘会）を受けて主税寮から発行されたものである［大日方、二〇〇七］。そこには過去の受領の不適切な支出が摘出されて記されている。そのなかに長保元年（九九九）度に、前年の長徳四年（九九八）一二月一八日太政官官符によって「出雲神殿玉垣料」として稲九万三三一二束余を支出したことがみえる。長保五年（一〇〇三）度の内裏・襲芳舎《しゅうほうしゃ》の造営料に二三万八六三二束余、天徳元年（九六〇）度の出雲国内神社修造料に六〇二〇束弱、熊野大社の造営料二七一五束余を支出していることと比較すると、熊野大社よりはるかに多くの費用を要した大規模な造営だったこと、しかし内裏の一殿舎よりは費用は少なかったことがうかがえる。

一〇世紀から一一世紀初頭にはこのような官社造営費用や内裏造営費用だけでなく、定額化された調庸や、必要に応じ政府から課せられる召物《めしもの》など、受領の責務とされた各種貢納物が正税から支出された。「出雲国正税返却帳」をみても、長保五年までの間に、東三条院藤原詮子《せんし》（一条天皇母）四〇歳賀料、東三条院の喪葬料、賀茂祭《かものまつり》の用途料、伊勢神宮造営遷宮料などの国家的儀礼や造営費用、水精、麻布、莚《むしろ》などの貢納物、四位・五位の男女官人の給与など、政府の必要に応じた多種多量の負担をしていたことがわかる。しかし正税には限りがある。利息分だけでなく元本の稲（本稲）も使い込んでしまい、やがて正税そのものが枯渇する「正税用尽」という事態になっていった。

長元度の造営

そうしたなかで迎えた長元度の造営（表5-3-Ⅲ）が大きな問題になった。

ことの顚末《てんまつ》は右大臣藤原実資《さねすけ》の日記『小右記』、参議源経頼《みなもとのつねより》の日記『左経記』に記録されている。それらによると杵築大社神殿の顚倒《てんとう》が出雲守橘俊孝《たちばなのとしたか》から政府に報告されたのは長元四年（一〇三一）一〇月一七日。ただちに神祇官と陰陽寮が卜筮《ぼくぜい》を行ったところ、兵乱や疫病流行の兆しだという。政府は出雲国などに斎戒を指示するとともに、神祇少祐《しょうじょう》大中臣元範《おおなかとみのもとのり》を派遣して杵築大社に奉幣した。閏《うるう》一〇月五日には早くも関白藤原頼通《よりみち》が杵築大社の造営を指示している。

顚倒と同時に杵築大社の神の託宣も報告されたらしい。その内容は、神殿を造営することのほかに、後一条天皇の身体の安全に及ぶものでもあったらしい。らしいというのは、後一条天皇、頼通、実資のごく一部で内密に処理しようとしていたために、神託の内容が明確には記されていないからである。ともあれ神託にしたがって翌長元五年八月に改元をする手はずになったそのときに、神託が虚偽だったことが発覚した。顚倒と造営の調査のために政府から派遣された実検使が、在庁官人や神官らに事情聴取した結果、神託はなかったと報告した。改元は中止された。俊孝は虚偽の神託を演出したとして佐渡国に配流になり、その途中、病で敦賀《つるが》にとどまったまま史料から姿を消す。

この事件の背景には、大内裏造営をめぐる受領の費用負担の問題があったとみられる。前年長元三年に八省院・豊楽院《ぶらくいん》・大垣などの造営費用の負担が諸国に割り当てられた。出雲国には八省院の延禄堂一五間のうち二間分が割り当てられた。しかし負担の重さから辞退を申請する国が続出した。たとえば大宰府は、大宰府庁の修造や宇佐神宮の遷宮造営の費用負担があることを理由に、筑前国など四か国に対する豊楽院造営の辞退を申請した。しかしいずれもすべて却下された。一方で尾張国は負担の財源に充てるために、荘園も含めて国内に新たに費用負担を課すことを申請して、寺社領をのぞくという条件付きで許可された［大日方、二〇一〇］。これを先例として一一世紀後半にかけて造営費用を公領・荘園の別なく課す一国平均役《いっこくへいきんやく》が成立していく［小山田、二〇〇八］。このように新しい徴税方式への動きもはじまっていた。こうしたなかで出雲国には、杵築大社造営を理由に八省院造営の辞退が早々と認められた。神託の威力であろう［大日方、二〇一〇］。

同時に俊孝は、杵築社造営を行う功により受領を重任するとともに、四ヶ年分の調庸租税の免除、造営に対して但馬・伯耆《ほうき》から労働力を徴発することを政府に申請した。寺社造営の功による受領の重任や延任の例は多かった。また調庸租税四ヶ年の免除とは、要するに受領任期中の責務として政府へ調庸等を貢納することの免除であり、その免除分を造営費用に充てるものである。いずれも神託を背景にしたものだったといえよう［大日方、二〇一〇］。

しかしその直後に神託が虚偽だったことで俊孝は配流されてしまった。造営は後任の受領藤原登任《なりとう》により行われ、登任は長久元年（一〇四〇）正月五日に杵築社修造の功によって正五位下に昇叙された。虚偽の神託の罪は俊孝一人に帰せられたため、結果として各種申請、免除が実質的に引き継がれて造営が遂行されたのだろう。

大規模造営と院権力

次の康平・治暦《じりやく》度の造営（表5-3-Ⅳ）にあたっては、出雲国でもはじめて一国平均役が認められた。『百錬鈔』によると康平四年（一〇六一）一一月二九日に神殿の顚倒が報告された。翌五年二月一二日の陣定《じんのさだめ》の議題となり、造営が指示された。造営の経過については、鎌倉時代の「杵築大社造営遷宮旧記注進」（北島家文書、『鎌倉遺文』七〇一七）に詳しい。この文書は鎌倉時代の宝治度の造営（表5-3-Ⅷ）にあたって、国衙の記録に基づいて作成されたものであり、冒頭が欠けているが、康平・治暦度の造営から記されている。それによると、康平七年（一〇六四）一二月二四日に上棟、治暦三年（一〇六七）二月一日に完成して遷宮している。この造営を行った出雲守藤原章俊《あきとし》は、その功によって受領を重任した。

院政期に入ると院権力をバックに、一国平均役を用い、費用・労働力を調達して知行国主・受領による大規模造営が繰り返されるようになった。知行国主とは、受領の背後にあって国務の実質や収入を掌握する地位である。幼年の受領の父親が知行国主になることが多かった。

その典型が、天仁・永久度の造営である（表5-3-V）。それは山陰地域で起こった源義親《よしちか》の乱の直後、白河院権力を背景にして、わずか一四歳余で出雲守に任じられた藤原顕頼《あきより》によって行われた。顕頼は、院近臣で後に「夜の関白」とまで称されることになる顕隆《あきたか》の子である。父顕隆が知行国主として国務の実質を掌握し、顕隆の父為房《ためふさ》、弟で乱後に因幡守に任じられた長隆とともに、因幡国まで動員した大規模な造営だった［佐伯、二〇一四］。

源義親の乱は、当時右大臣の藤原忠実《ただざね》の日記『殿暦《でんりやく》』、参議藤原宗忠《むねただ》の日記『中右記』によると、次のような経過をたどった。対馬守だった義親が西海道で乱行を重ね、追討官使も殺害したとして康和四年（一一〇二）一二月に隠岐国に配流になった。嘉承《かしよう》二年（一一〇七）に義親は出雲国で再度反乱を起こし、出雲守藤原家保《いえやす》の目代《もくだい》を殺害した。白河院の主導で政府は平《たいらの》正盛《まさもり》を因幡守に任じて追討宣旨を発した。正盛は伯耆・出雲国の兵も動員して翌天仁元年（一一〇八）正月に義親を討ち取った。その直後、正月二四日の除目《じもく》で、正盛が但馬守に、因幡守に長隆（顕隆弟）、出雲守に顕頼が任じられた。これに対して宗忠は『中右記』のなかで、正盛について「最下品の者にして、第一国に任ぜらるるは、殊なる寵によるものなるか」、顕頼についても「年わずかに十四と云々。今度の爵を給ふは、誠に強事なるか。またもつて不便なり」と痛烈に批判した。白河院の強引な意向による人事だったことがわかる。

この乱では、出雲国目代を殺害した義親に同調する動きもみられたという。地域社会の人々の受領への反発、広範な反国衙闘争にもなりかねない状況だった。乱により動揺した国衙支配体制を再構築し、杵築大社を中心に地域社会の再結集をはかるために、白河院の権威・権力を背景にした大規模造営だった［佐伯、二〇一四］。

次の永治～久安度の造営（表5-3-Ⅵ）も同様に、一五歳の出雲守藤原光隆《みつたか》の背後で父の知行国主藤原清隆《きよたか》（近衛天皇乳父、参議）によって、出雲国内に課せられた一国平均役を用いて行われた。このときは、当初は国衙による造営用材賦課が荘園や在地側の抵抗で困難に陥ったため、知行国主藤原清隆の政治力により一国平均役を発布して抵抗を押し切ったものである。また京から木工寮《もくりょう》の技術者たちが下向して技術指導をしている。院政期に京で盛んに行われていた大規模な造寺・造塔にみられる高度な土木建築技術に依拠した造営だった［佐伯、二〇一四］。

最後の正殿造営となったのが宝治度（表5-3-Ⅷ）である。二〇〇〇～〇一年に発掘された大規模柱痕（図5-1）はこのとき造営されたものである。平有親《ありちか》とその子時継が知行国主となって行われた造営は二三年間の長期にわたった。それは一国平均役が免除される荘園が続出したりして、財政的に困難を極めたためだった。鎌倉幕府が乗り出して地頭に用材の調達を指示したり、造営料米の賦課を命じたりして、ようやく造営完成、遷宮に至っている。

この宝治造営の社殿が文永七年（一二七〇）に焼失すると、もはや朝廷の力を背景にしても

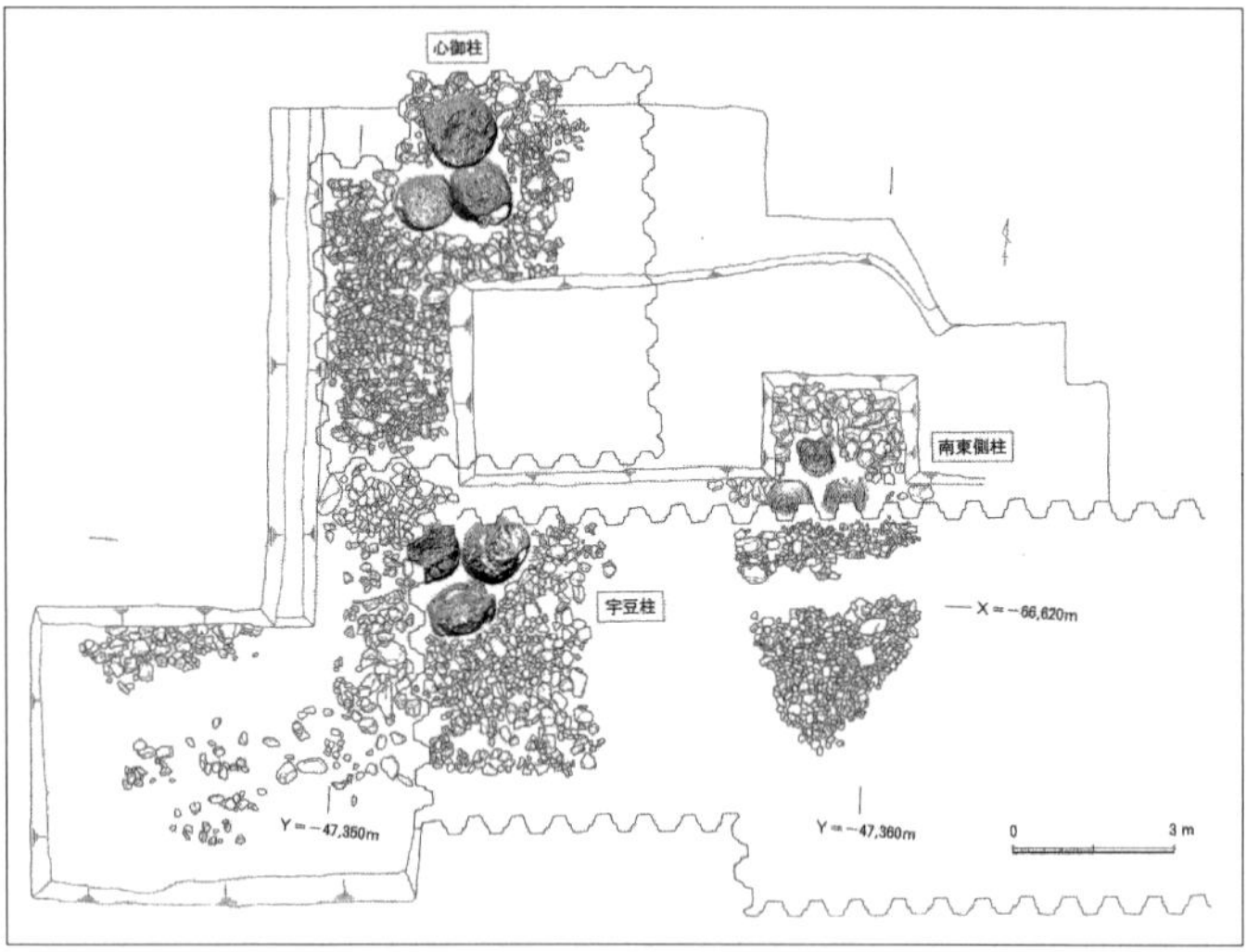

図5-1　宝治度造営神殿の遺構（大社町教育委員会、2004より転載）

神殿の再建もままならなくなった。鎌倉幕府の協力もなかなか得られず、仮殿の造営すら滞ってしまった［佐伯、二〇一四］。

　このように、受領の責務として国府財政を動員して行われた社殿造営は、院政期には、知行国主が院権力を背景に荘園・公領を問わない一国平均役の賦課、ときには他国まで動員する強力な権力と財政、そして京の大規模造営でつちかわれた技術力に基づいて行われた。杵築大社の大規模な神殿造営は、このような歴史的段階での政治権力と財政、技術の裏付けがあってこそ実現したものだった。それが失われていった鎌倉時代には、幕府の強力な介入があった宝治度こそなんとかできたものの、それが焼失した後は、規模を縮小した「仮殿式」による造営となっていった。

3　『出雲国風土記』と新羅

風土記の「国引詞章」

さて第三節では、視点を変えて天平五年（七三三）二月三〇日出雲国造広島が勘造したという奥付をもつ『出雲国風土記』から古代の出雲地域を、境界という視点からみていきたい。『古事記』や『日本書紀』神代紀にみえるイザナミの黄泉国の入り口が出雲にあるという話は、出雲の観念的な境界性を象徴している。一方『出雲国風土記』には境界としての日本海を意識させる話がみえる。とくに意宇郡の冒頭に「意宇」の地名起源説話として記されている「国引詞章」に象徴的に示されている。

それは八束水臣津野命《やつかみずおみつののみこと》が、海の彼方《かなた》から陸地を引いてきて出雲国に縫いつけたという話である。新羅《しらぎ》の三崎を切り取って引いてきたのが、支豆支《きづき》（杵築）の御埼《みさき》山塊で、引いてきた綱をつなぎとめた杙《くい》が石見国と出雲国の堺《さかい》にある佐比売山《さひめやま》（三瓶山）、綱が薗《その》の長浜《ながはま》である。北門《きたど》の佐伎《さき》の国を切り取って引いてきたのが狭田《さだ》の国である。北門の良波《えなみ》の国を引いてきたのが闇《くら》見《み》の国、高志《こし》の都都《つつ》の三崎を引いてきたのが三穂の埼で、引いてきた綱が夜見島《よみのしま》、つなぎとめた杙が火神岳《ひのかみのたけ》（大山）だとするものである。そして引き終わって、八束水臣津野命が意宇の杜《もり》に杖《つえ》を突きたてて「おゑ」と言ったので、「意宇」という名になったとする。

　なかでも杵築大社の鎮座する陸塊が、新羅の一部を引いてきたものだとする話は、出雲、杵築大社と新羅との関係性を示唆する。『日本書紀』神代上第八段一書四の高天原を追放されたスサノオが新羅国曽尸茂梨《そしもり》に天下り、埴土《はにつち》の舟を作って東にわたって、出雲国の簸《ひ》の川上にある鳥上《とりかみ》の峯《みね》に至ったという話も想起させる。この二つの話の連関を指摘することは、すでに近世中期の国学者荷田春満《かだのあずままろ》の『出雲風土記考』にみえる。また先に述べたように『日本書紀』斉明五年是年条にみえる杵築大社の造営は、百済滅亡直前の朝鮮半島の激動を意識したものだったという見方は多い。そのような関係を前提に、山陰道の西に位置する出雲地域と「国引詞章」や杵築大社をみるべきだろう。

　海を越えた関係は新羅だけではない。「国引詞章」では、「高志之都々《こしのつつ》三埼」を引いて美保《みほ》埼—つまり島根半島東端として縫いつけたとし、越《こし》（北陸）との交通、交流関係を示唆している。神門郡古志郷条には、古志から来た人々が堤を築造したことによって、古志と名付けられたという話を記している。「出雲国計会帳」には、天平六年七月一三日に海路で大宰府から越前国に向かう施師《かじし》従八位下生部勝麻呂《みぶべのかつまろ》らが出雲国に立寄ったことが記録されている。海路、大宰府から越前国に向かう施師らが出雲国に立寄ったことがわかる。現実に大宰府・山陰・北陸を結ぶ日本海沿岸の人の動きがあった。

節度使と出雲—天平五年という年—

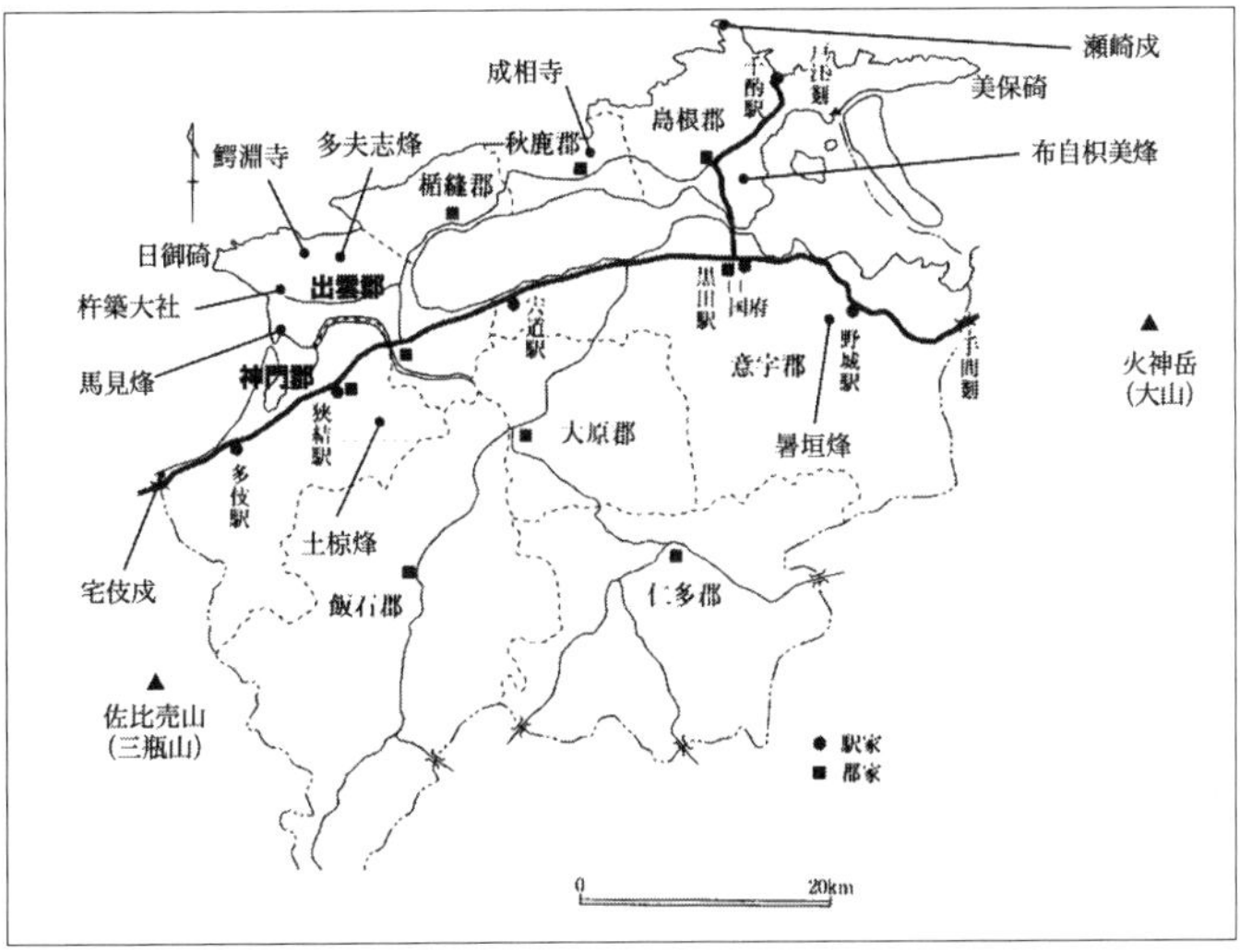

図5-2　奈良・平安時代出雲国要図（大橋、2016 図33に加筆）

出雲と新羅との関係を考えるときに、改めて『出雲国風土記』が天平五年二月三〇日の奥付をもっていることに注意しなければならない。それは山陰道に節度使が設置されていた時期にあたるからである。他の風土記にはみられない『出雲国風土記』の特徴―道、剗《せき》、軍団、烽《とぶひ》、戍《じゅ》など軍事的要素をもつ記述もそのことに関係する。

節度使は、新羅に対する軍事的対応として、天平四年（七三二）八月一七日付で設置が命じられた。正三位参議藤原房《ふさ》前《さき》を東海・東山二道節度使、従三位参議多治《たじ》比県守《ひのあがたもり》を山陰道節度使、従三位参議藤原宇合《うまかい》を西海道節度使に任じた（『続日本紀』）。多治比県守は養老元年（七一七）に渡唐した遣唐押使《おうし》、宇合は副使だった。渡唐経験をもち、外交と大陸情勢にも明るい彼らが山陰道と西海道の節度使にそれぞれ任じられたことも、節度使の特徴を表している。

節度使が任命された五日後の八月二二日には、東海・東山・山陰諸道の兵器・牛馬の他所への売買を禁止するとともに、節度使管下諸国の軍団装備の整備や、百石以上の船の建造を命じた(『続日本紀』)。節度使のもとで進められた軍備の状況は、天平六年度「出雲国計会帳」(正倉院文書)によって具体的に知ることができる。そこには、石見国に置かれた山陰道節度使と出雲国府との間でやり取りされた文書の月日と題目が記録されており、軍備をめぐって各種の指示や報告、人、モノが往き来していたことがわかる。

そのなかで注目されるのが、天平五年八月二〇日付で節度使が出雲国府に対して国造・意宇郡大領《だいりょう》出雲臣広島の召喚を命じていることである。その半年前に撰進《せんしん》された『出雲国風土記』にかかわるものとみられる。

『出雲国風土記』巻末には、馬見烽《まみのとぶひ》・土椋烽《とくら》・多夫志烽《たぶし》・布自枳美烽《ふじきみ》・暑垣烽《あつがき》の五ヶ所の烽(のろし)が記載されている。この烽と対応するのが「出雲国計会帳」にみえる隠岐・出雲間の烽の設置と連絡試行の節度使命令である。

まず天平五年九月二七日に、出雲国府は出雲・神門郡に烽三ヶ所を設置することを節度使に報告している。『出雲国風土記』にみえる馬見烽・土椋烽・多夫志烽のことだとみてよい。翌六年二月六日付で節度使から出雲・隠岐両国に烽を置くことが命じられ、三月二五日には、期日を決めて両国間で烽による連絡を訓練するよう命じられた。隠岐国では、これらを受けて烽を設置し、それを節度使へ報告するとともに、烽を試行する連絡を五月三日付で出雲国に送ってきた。「出雲国計会帳」の記録はここで終っており、実際に烽が試行されたかは不明である。なお節度使自体は四月二一日に廃止され、国司に引き継がれている（『続日本紀』）。このように新羅に対する軍事的警戒体制の一環として、節度使のもとで進められた隠岐と出雲間の烽の整備と、『出雲国風土記』の烽の記述は密接に関係している。

『出雲国風土記』の巻末には、烽の次に宅伎《たき》・瀬崎の戍二ヶ所が記されている。宅伎は石見国との西堺に近い神門郡多伎郷にあてられる。瀬崎戍は、島根郡条に「瀬崎〔磯所、瀬崎戍、是也〕」とあるのに対応する。島根半島の日本海に面した千酌駅《ちくみのうまや》近辺であり、隠岐との海路上の境界点になる。戍については他に史料がなく、実態は不明であるが、天平六年一月五日付で節度使から出雲国府に命じられた弩を設置すべき要地六ヶ所（「出雲国計会帳」）のうちにあてる説もある〔島根県古代文化センター、二〇一四〕。

荻原千鶴氏は、肥前国・豊後国の風土記に倣い、『出雲国風土記』は中国北魏の地理書『水《すい》経注《けいちゅう》』も活用して記述されたと指摘している〔荻原、二〇一五〕。『水経注』には烽、戍の記述も多い。実際に設置された烽とともに、『水経注』を参考に設置されるべきものとして戍もあわせて記述したとも考えられる。山陰道節度使多治比県守、西海道節度使藤原宇合とともに遣唐使だったことも考えると、漢籍の知識と節度使体制が『出雲国風土記』の成立にも影響していたといえる。

4　境界としての出雲

新羅人・渤海人が来着する九世紀出雲・山陰

八世紀の天平期の節度使は新羅を意識したものだったが、現実に出雲と新羅との接触が頻繁にあったわけではない。しかし、八世紀末以降、北部九州から山陰沿岸にかけて、新羅人の来着があいついで記録されるようになる。「流来」したとも表現される新羅人たちは、漂着ではなく、交易など一定の目的をもって来航する人々だった［田中、二〇一二］。

同時に九世紀には渤海《ぼっかい》使の来航が山陰地域、とくに隠岐・出雲・伯耆に集中する。表5－4にみるように八世紀は出羽・北陸への来航が中心だった。渤海は、唐・新羅に滅ぼされた高句麗遺民の大祚栄《だいそえい》が八世紀初頭に建国し、現在の中国東北地方から朝鮮半島北部、ロシア沿海地方南部にかけてを支配領域とした。八世紀には新羅に対抗するため日本と政治的・軍事的関係を強めようと頻繁に使節団を送ってきた。九世紀には、渤海使は国家的に編成された貿易使節団としての性格ももっていたため、西日本海沿岸まで及んできた新羅海商との接触も求めて日本海西部海域南下ルートをとるようになった［小嶋、二〇〇四／古畑、二〇一八／大日方、二〇二二］。そのため隠岐・出雲・伯耆に来航することが多くなった。

渤海が唐に朝貢する場合は、遼東半島から海路で山東半島に向かうルートをとっていたこともあり、東シナ海でも渤海商人の活動が広がっていた。九世紀に博多と唐を頻繁に結んで、た

表5-4　渤海使の来着地－年代別回数の推移

		700~750	751~800	801~850	851~900	901~950
東北	蝦夷境	1	1			
	出羽	1	2			
	越後（佐渡）		1			
北陸	能登		1	1	1	
	加賀		1	1	2	
	越前		3			
	若狭					1
山陰	丹後					*1
	但馬			1		
	伯耆				1	1
	出雲			1	2	
	隠岐		1	**1	**1	
	長門			1		
	対馬		1			
	不明			5		

＊丹後の１件は渤海滅亡後の東丹国使（最後の渤海使と同一人物・裴璆）
**800年代隠岐の２件は、いずれも出雲国へ移され安置されている。

くさんの人・モノ・情報を運び、日本政府からは「唐商」とされていた李延孝《りえんこう》は渤海人であり、そのグループは新羅人や唐人など出自を多様にする人々からなる国際的海商集団だった。

こうした李延孝らに引き寄せられるかのように、貞観一五年（八七三）には、渤海遣唐使節団の門孫宰《もんそんさい》・崔宗佐《さいそうさ》の船二艘《そう》が、日本海から東シナ海を経て唐に向かう途中、薩摩国甑島《こしきしま》に漂着した。彼らは大宰府で船の修理と食料の供給を受けた後、唐に向けて出航していった。翌年、そのうちの崔宗佐の船が石見国に寄港して食料などの補給を受けて出航していった。ここからも日本海と東シナ海を結んで活動する渤海人の姿がみえてくる。石見や出雲など山陰地域にとっても、渤海・新羅だけでなく東シナ海域とつながる交流の一端に位置づけられることになってくる［大日方、二〇二二］。出雲、山陰の面する西日本海はそのような意味での境界でもあった。

貞観期の危機意識と四天王

古代出雲というと、杵築大社、神話というイメージだが、仏教信仰を見落としてはいけない。『出雲国風土記』でも、寺院として教昊寺《きょうこうじ》と新造院一〇ヶ所が記されている。そのうち飯石《いいし》郡少領出雲臣弟山《おとやま》が建立した意宇郡山代郷の新造院は、出雲国府北方の神名樋野《かんなびぬ》（茶臼山）南西麓に遺構が発見されている（山代郷南新造院跡、四王寺《しわじ》跡）。弟山はその後、おそらく出雲臣広島の後任として出雲国造に任じられ、神賀詞奏上を行っている（表5-1）。国造となる人物でも仏教と大きくかかわっており、決して神祇一辺倒ではなかった。

この山代郷南新造院は、貞観八年（八六六）に新羅の脅威に対する四王法の場としての四王寺に転用されたと考えられている。この四王法は最勝王経四天王護国品に基づいて行われるもので、貞観年間の列島内外に対する政府の危機意識から、西日本海縁海諸国―伯耆・出雲・隠岐・石見・長門の五か国に対して命じられたものである。

貞観五年前後から咳逆病《がいぎゃく》（インフルエンザか）の大流行がはじまり、越中・越後の大地震、翌貞観六年の富士山の噴火、阿蘇山の噴火と天変地異が続いた。それらを受けて神祇官や陰陽寮によって「兵疫の災」への警告が繰り返し強調された。実際に、たとえば隠岐国では、貞観七・八年に少なく見積っても人口の三割程度が疫病で亡くなったという推計もある［今津、二

○二三]。貞観八年の応天門炎上は、そうした災変と「兵疫」という危機意識の高まりのなかで起こったのであり、それゆえに大納言伴善男《とものよしお》らが流罪となる政変に発展したのである。藤原良房が「万機を摂行」するようになったのもこうした危機対応の一つとみてよい。

その直後の貞観八年一一月一五日、政府は、神祇官・陰陽寮の卜占により災変は新羅の賊兵が間隙を狙っているからだとして、大宰府と能登・因幡・伯耆・出雲・石見・隠岐・長門の諸国に、諸神への班幣と防衛につとめることを命じた（『日本三代実録』）。翌九年五月二六日には、八幅の四天王像を伯耆・出雲・石見・隠岐・長門の諸国に安置して最勝王経による修法《しゅほう》を命じた。四天王像は、高地で「賊境」を見通せる道場を選んで安置すること、適当な道場がなければ新たに建立することとされた。そして春・秋それぞれ七日間ずつ国分寺僧や練行精進僧によって、最勝王経四天王護国品に基づいて転経と神呪を行うことを命じている。「賊地」とは新羅を指し、まさに四天王によって新羅の脅威から守護されることを祈願するものだった。この四天王像の設置と修法は、八世紀末、新羅に対して設置された大宰府四王寺に倣ったものだった。貞観九年に四王寺の設置と修法が命じられた伯耆・出雲・隠岐・石見・長門が新羅と相対する日本の「西極」として位置づけられたわけである。

しかしその後も災異は続いた。いやむしろますますひどくなった。『日本三代実録』によると、貞観九年の豊後国鶴見岳の噴火に続いて翌一〇年に播磨で大地震が発生し、一一年五月には陸奥国を大地震・大津波が襲った。多賀城をはじめ多数の建物が倒壊し、多賀城下まで津波に呑み込まれる甚大な被害を与えた。二〇一一年の東日本大震災に匹敵するものだった。ほぼ同時に、博多を新羅海賊船二艘が襲い、豊後国貢調船を掠奪《りゃくだつ》する事件が発生、肥後国の大風水害（巨大台風と高潮被害か）、大宰府の大鳥の怪異とあわせて、新羅に対する恐怖と警戒感がピークに達した。伊勢、石清水八幡《いわしみずはちまん》、宇佐八幡、香椎《かしい》など諸社へ神の加護を求める祈願、奉幣が行われた。日本は神国であり、外敵が攻めてきたら海に沈めてしまうようにというこのときの告文は、その後に大きく影響していく。

この新羅海賊の博多襲撃と前後して、貞観八年、一二年には、北部九州の郡司層や大宰府官人らが新羅と通謀したとして摘発されるなど、新羅が現実的な脅威として政府には認識された。それを受けて、貞観一二年には山陰道諸国に対して、弩師《どし》を任命して天平期以来の弩の製造、配置、教習という、現実的な軍備の整備も命じられている［大日方、二〇一四］。

こうした新羅への政府の危機意識は、新羅人との交流の拡大と国境を越えた人的つながりが、王権、政府の支配を揺るがすことになると認識されたことからも生じていた。しかし現実に交流を展開させる北部九州や山陰地域の人々はまた違った意識をもっていたといえよう。さまざまに認識が交錯し、併存している実態を読み解いていかなければならない。

四天王信仰の展開

四王法の修法は出雲国では一〇世紀まで続けられていたらしい。先に取りあげた「出雲国正税返却帳」には、延長四年（九二六）、同七年、同八年に四王寺修法料の支出が記されている。それ以降は史料にはみえない。ただ注意されるのは、四王寺が設置された地域で毘沙門天《びしゃもんてん》信仰

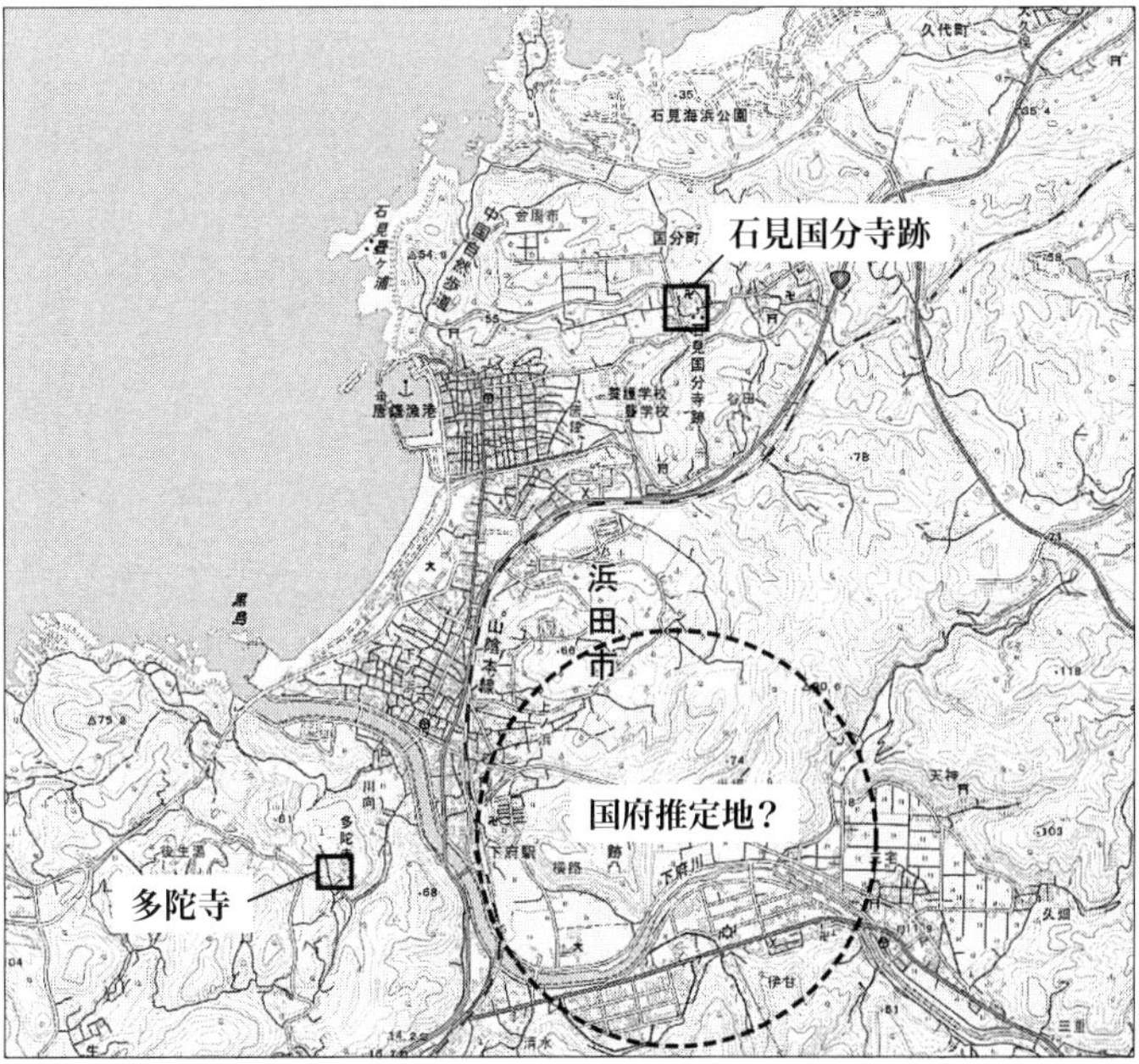

図5-3　石見国分寺周辺（地理院地図に加筆）

が展開していることである。

　伯耆国の四王寺は国府北方の四王寺山、長門国も国府北方の四王司《しおうじ》山に設置されたとみられている。大宰府の四王寺（四王院）が政庁北方の四王寺山（大野城）に設置されたことに倣っている。伯耆国の四王寺山頂には毘沙門堂が祭られ、近世以降は福の神として信仰を集めた。長門国の四王司山にも同様に毘沙門堂が祭られていた。

　石見国の四王寺は不明だが、国分寺が国府推定地域北方の日本海を望む丘陵地に所在しており、四天王法は国分寺僧が行うことになっていたので、国分寺に併設された可能性が考えられる。石見国分寺の南西、国府推定地域の近傍の日本海に近い山中の多陀寺《ただじ》には、一〇世紀ころの毘沙門天とみられる木造の天部像が五九体残っている。外洋から流れついた「流れ仏」として信仰されているが、この信仰が中世以前にさかのぼるか不明であるし、様式からして大陸から流れついたものとはみえないとされる［濱田、二〇一七］。しかし九世紀の四天王像設置地域にその後も毘沙門天信仰が展開していったことは注意すべき点である。

陸奥・出羽国にもみえるように北方の境界守護としての多聞天（毘沙門天）だったが［三上、二〇一五］、中世以降の毘沙門天は観音同体論を思想的基盤に、福の神へと転化して、人々の信仰を集めていったことはよく知られている［橋本、二〇〇八］。伯耆国四王寺山の毘沙門堂も福の神だった。外敵調伏、境界守護という国家的要請から設置された四王寺が、福の神としての毘沙門天信仰の場となっていくことは、国家的次元とは異なる地域社会の人々の信仰の展開と多様性を物語っている。

仏教的な境界意識

出雲国においても平安中期以降の四天王と毘沙門天信仰が島根半島を中心に伝えられる。島根半島西部、杵築大社や鰐淵寺《がくえんじ》の位置する山地（北山《きたやま》）の南東山麓、現在の出雲市東林木町《ひがしはやしぎちょう》の萬福寺《まんぷくじ》には一〇世紀ころの作とみられる薬師如来像、四天王像が残されている。それはもと三〇〇メートルほど奥の「大寺」にあったものだとされる［的野、一九八五］。その大寺谷《おおてらだに》遺構出土の軒丸瓦は山代郷南新造院出土の軒丸瓦と同笵《どうはん》だとされる［花谷・高屋、二〇一二］。山代郷南新造院は、前述のように四王寺ではないかとされ、両者の関係は注目される。また時代は下るが『後拾遺往生伝』中「成相寺《じょうそうじ》僧」には、出雲国成相寺の僧相印が天治元年（一一二四）四月に往生した話がみえる。生前、多聞天に専仕し、夢のなかで多聞天が邪魔を追い払うのを見たことなどが述べられている。成相寺は島根半島の朝日山麓に位置し、中世には佐陀《さだ》大社と結合した出雲国でも有力な寺院の一つだった。朝日山は『出雲国風土記』では秋鹿《あいか》郡の神名火山とされており、意宇郡神名樋野（茶臼山）南麓の山代郷南新造院と立地は類似する。

『後拾遺往生伝』にはもう一つ、出雲国の僧の往生譚がみえる。巻中「出雲国良範上人」では、出雲国能義南郡の良範が、極楽浄土から迎えに来た舟が杵築大社の西浜（稲佐浜《いなさのはま》）に着岸する夢を見、往生したとされる。稲佐浜が極楽浄土とつながる場だと認識されていた。

平安末期の『梁塵秘抄』巻二には修験の場を列挙した次のような一首が収められている。

　聖の住所はどこどこぞ　箕面《みのお》よ勝尾《かちう》よ　播磨なる書写《そさ》の山　出雲の鰐淵《わにふち》や　日《ひ》の御崎《みさき》　南は熊野の那智《なち》とかや

島根半島の鰐淵寺や日御碕が代表的な修験の場として挙げられている。鰐淵寺は杵築大社とは山を挟んだ島根半島の北側に、日御碕は島根半島の西端に位置する。杵築大社の鎮座する島根半島は、また仏教的世界観からも境界性を帯びていた。中世出雲神話*では　仏教聖地　霊《りょう》鷲山《じゅせん》の一部が海中を漂っているところを、スサノオが引き寄せてつなぎとめたのが、杵築大社の鎮座する島根半島西端の地だとする。中世の杵築大社はスサノオを祭神とする［井上、一九九一］。ここにも仏教的要素をもった境界意識をみることができよう。

古代における神話的、仏教的世界観からの観念的境界意識と、現実の渤海人や新羅人、一〇世紀以降には宋人の来航という現実的な交流からの境界意識、王権・国家レベルだけでなく、地域社会の人々、それぞれの視点からの観念と認識をみていくことが必要である。一つの見方、観念で古代出雲が説明できるほど単純ではなかった。

おわりに

古代出雲の様相を、杵築大社と出雲国造からはじめ、出雲地域、日本海縁海の境界性へとみてきた。まとまりのない文章になってしまったが、古代から中世へと展望しながら、これまであまり触れられてこなかった視点から、出雲や山陰地域の地理的、歴史的特徴を考えるための問題を提起してみたつもりである。

参考文献

出雲弥生の森博物館　二〇一三年『もう一つの出雲神話―中世の鰐淵寺と出雲大社』出雲弥生の森博物館
井上寛司　一九九一年『大社町史』上巻第三編第三章「中世」大社町
今津勝紀　二〇二二年「古代の災害」『シリーズ地域の古代日本　東アジアと日本』KADOKAWA
榎本福寿　二〇二〇年「出雲国造神賀詞の成りたちと神代紀―忌部子首の〝しごと〟―」『京都語文』二八号
大橋泰夫　二〇一六年『出雲国誕生』吉川弘文館
荻原千鶴　二〇一五年「九州風土記と『出雲国風土記』―中国南朝地方志・『水経注』をめぐって―」『古事記年報』五七

大日方克己　二〇〇七年「家司受領藤原行房と出雲国正税返却帳」『社会文化論集』四
大日方克己　二〇一〇年「長元四年の杵築大社顚倒・託宣事件―平安時代の出雲、杵築大社と受領をめぐって」『アジア遊学』一三五　出雲文化圏と東アジア』勉誠出版
大日方克己　二〇一四年「日本古代における弩と弩師」『社会文化論集』一〇
大日方克己　二〇二一年「山陰地域古代交通研究の現状と課題」『古代文化』七三―三
小山田義夫　二〇〇八年『一国平均役と中世社会』岩田書院
菊地照夫　二〇一六年『古代王権の宗教的世界観と出雲』同成社
小嶋芳孝　二〇〇四年「渤海と日本列島の交流経路」『歴史と地理』五七七
斎藤英喜　二〇一二年『荒ぶるスサノヲ、七変化〈中世神話〉の世界』吉川弘文館
佐伯徳哉　二〇一四年『中世出雲と国家的支配―権門体制国家の地域支配構造』法藏館
佐々木虔一ほか　二〇一九年　佐々木虔一・武廣亮平・森田喜久男編『日本古代の輸送と道路』八木書店
島根県古代文化センター　二〇一四年『解説出雲国風土記』島根県教育委員会、今井出版
鈴木正信　二〇〇八年「出雲国造の系譜史料とその諸本―系譜史料の「アーカイブ機能」論に向けて―」『出雲古代史研究』一八
鈴木靖民　二〇一六年「出雲大社の創建と新羅」『古代日本の東アジア交流史』勉誠出版
大社町教育委員会　二〇〇四年『出雲大社境内遺跡』大社町教育委員会
高嶋弘志　一九八五年「出雲国造系図編纂の背景」佐伯有清編『日本古代中世史論考』吉川弘文館
高嶋弘志　一九九五年「出雲国造の成立と展開」瀧音能之編『出雲世界と古代の山陰』名著出版
瀧音能之　二〇一四年『出雲古代史論攷』岩田書院
田中史生　二〇一二年『国際交易と古代日本』吉川弘文館
橋本章彦　二〇〇八年『毘沙門天―日本的展開の諸相』岩田書院
花谷浩・高屋茂男　二〇一二年「出雲国意宇郡山代郷南新造院跡と出雲郡大寺谷遺跡の同笵瓦について」『しまねミュージアム協議会共同研究紀要』二号
濱田恒志　二〇一七年「西極仏像論―島根に遺る平安時代彫刻の一側面―」島根県立古代出雲歴史博物館『島

根の仏像—平安時代のほとけ・人・祈り—』
古畑　徹　二〇一七年『渤海国とは何か』吉川弘文館
松江市　二〇一三年『松江市史史料編3古代中世Ⅰ』
的野克之　一九八五年「万福寺の四天王立像について—中央様式の地方伝播—」『季刊文化財』五四
三上喜孝　二〇一五年「古代の境界意識・対敵意識と仏教信仰—九世紀の日本海側諸国における四天王法をめぐって—」『出雲古代史研究』二五

6章　瀬戸内の古代山城

亀田修一

はじめに

日本列島の古代山城*には、朝鮮式山城と呼ばれているものと神籠石《こうごいし》系山城と呼ばれているものがある。その区分に関しては、近年、前者は『日本書紀』や『続日本紀』などの記録にみられるもので、後者はその記録がなく、本来の名前はわからないが、列石を伴う土塁や水門の遺構などから古代の山城と考えられている。特に後者に関しては、土塁前面下部の列石が大きな特徴として認識されている。ただ、一方で近年の発掘調査の進展により、改めて両者が基本的には同じ構造物であると認識され、「古代山城」として同様に扱うべきであるという考えが提示され、新規に発見される「神籠石」も「○○山城」「○○城」と名付けられるようになっている。

古代山城に関する研究は古くから進められており、明治・大正期からの「神籠石論争」は有名な論争である。小田富士雄［一九八三・一九八五］や宮小路賀宏・亀田修一［一九八七］などの研究史をまとめたものでその概要を知ることができるが、近年では向井一雄が精力的に新しい調査・研究成果をまとめ［二〇一〇など］、二〇一七年『よみがえる古代山城』で研究の歴史や現状を整理している。そして、その後も発掘調査、研究が着実に進められている。

そのような中で、筆者も、「古代山城は完成していたのか」〔亀田、二〇一四〕、「古代山城を考える―遺構と遺物―」〔亀田、二〇一五〕という一文で、未完成という考えを踏まえて、古代山城全体をもう一度見直すと、これまでとは少し異なる古代山城論が可能であろうこと、遺構と遺物、そして記録を総合的に検討することによって、「朝鮮式山城と神籠石系山城」がいくつかのグループに分けられ、それを歴史的にどのように整理するのかという方向性を示した。

なお、小稿はこの約一〇年間、述べてきた筆者の考えを踏まえて瀬戸内海沿岸地域の古代山城について整理したものであることを明示しておく〔亀田、二〇一四・二〇一五　二〇一六・二〇二一ａなど〕。内容としては、諸先学の研究成果〔出宮、一九八四／葛原、一九九四／村上・乗岡、一九九九／狩野、二〇一〇など〕によりながら、未完成な山城の存在を意識しつつ、城内の建物などの遺構と出土遺物を別々ではなく、総合的に検討する。このような考古学的な検討結果を記録や文字資料と対比することで、より具体的な瀬戸内海沿岸地域の山城の様相・変遷などを明らかにしたいと考えている。

1　朝鮮式山城と神籠石系山城（図6-1）

朝鮮式山城

前述のように『日本書紀』や『続日本紀』などにその築城・修築・廃止の記事［鈴木、二〇一一など参照］があるものを朝鮮式山城と呼んでいる。天智天皇二年（六六三）の白村江（はくそんこう・はくすきのえ）の戦いにおける敗戦、百済からの多くの人々の亡命、唐・新羅が日本列島へ攻めてくるのではないかという危機感などから、天智天皇三年（六六四）、福岡県太《だ》宰府《ざいふ》市などに水城《みずき》が築かれる。翌天智天皇四年（六六五）、長門《ながと》国の城、筑紫《つくし》国の大野《おおの》城・椽《き・きい》城が百済からの亡命貴族（将軍）達率答㶱春初《だちそちとうほんしゅんそ》、達率憶礼福留《おくらいふくる》・達率四《し》比《ひ》福夫《ふくぶ》らによって築かれる。さらに天智天皇六年（六六七）、倭《やまと》国の高安《たかやす》城、讃吉《さぬき》国山田郡《やまだのこおり》の屋嶋《やしま》城、対馬《つしま》国の金田《かなた》城が築かれる。そして文武天皇二年（六九八）、大宰府に大野・基《き》肄《い》・鞠智《くくち・きくち》の三つの城を繕治させている。一方、高安城は大宝元年（七〇一）に廃され、備後安那《あな・やすな》郡茨《うまら》城・葦田《あしだ》郡常《とこ・つね》城は養老三年（七一九）に停止されたことが記されている。

また、これら以外に文武天皇三年（六九九）、大宰府に三野《みの》と稲積《いなつみ》の二つの城を築か（修理さ）せた記事がみられるが、この二つの城の所在地については、全くわかっておらず、福岡県地域とみるか、南九州地域とみるか、意見が分かれている。さらに、天武天皇元年（六七二）の壬申《じんしん》の乱に関連して出てくる三《み》尾《お》城があるが、これもその位置などを含め詳細不明である。

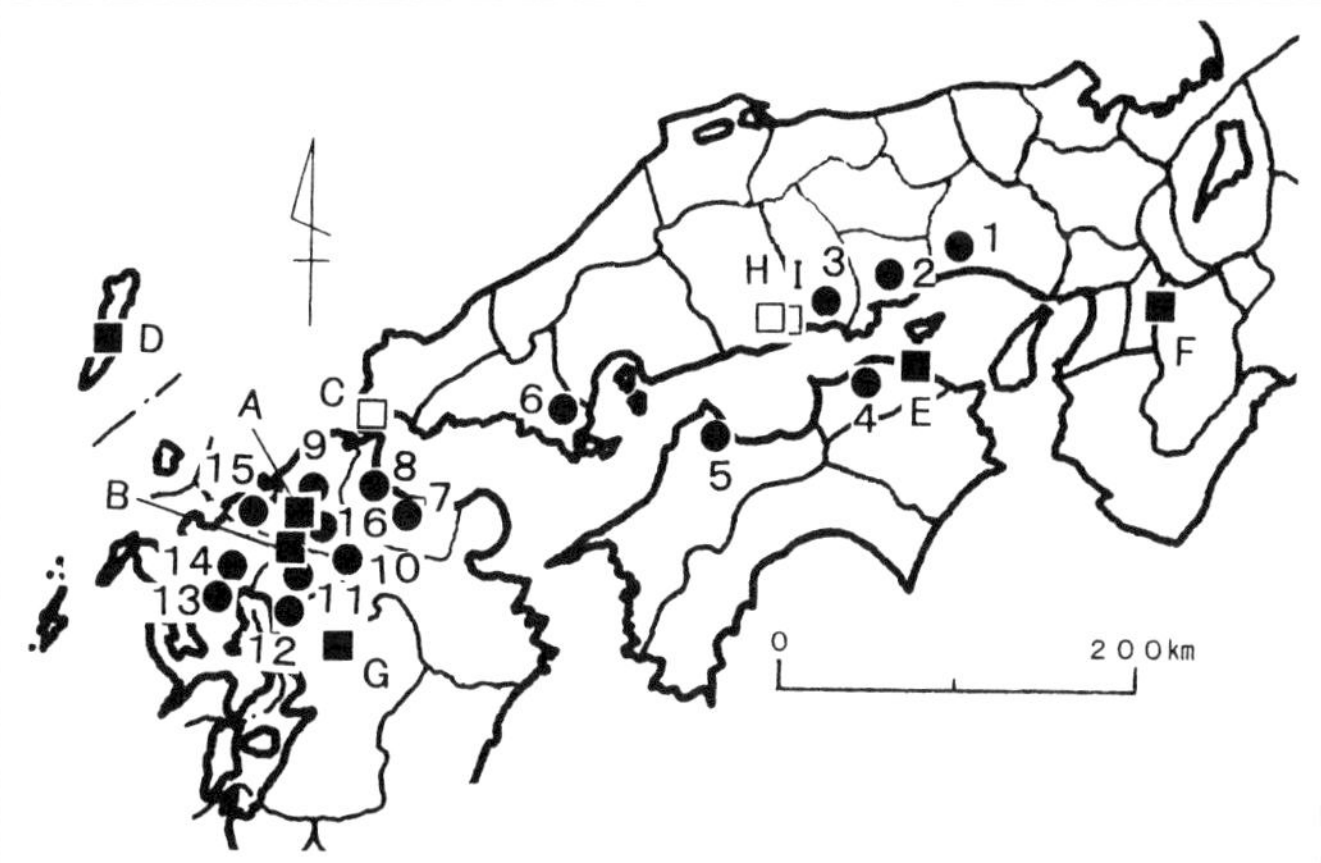

A．大野城跡　B．基肄城跡　C．長門城　D．金田城跡　E．屋嶋城跡　F．高安城跡　G．鞠智城跡　H．茨城　I．常城　三野城・稲積城は所在地不明
1．播磨城山城跡　2．大廻小廻山城跡　3．鬼ノ城　4．讃岐城山城跡　5．永納山城跡　6．石城山神籠石 7．唐原山城跡　8．御所ヶ谷神籠石　9．鹿毛馬神籠石　10．杷木神籠石　11．高良山神籠石　12．女山神籠石　13．おつぼ山神籠石　14．帯隈山神籠石　15．雷山神籠石　16．阿志岐城跡
■：朝鮮式山城　□：場所不明の朝鮮式山城　●：神籠石系山城

図6-1　古代山城の分布

このほか、後飛鳥岡本宮《のちのあすかおかもとのみや》推定地の東に位置する大和酒《さか》船石《ふねいし》遺跡は、斉明天皇二年（六五六）是歳条に記された「宮の東の山に石を累《かさ》ねて垣となす」の「垣」である可能性が推測されている［明日香村教育委員会編、二〇〇六］が、朝鮮式山城とは別のものと理解されている。

神籠石系山城

神籠石系山城は前述のように関連する古代の記録がなく、本来の名前などはわからないが、列石を伴う土塁や水門の遺構などから古代山城と考えられているものである。古く筑後高良山《こうらさん》神籠石や周防石城山《いわきさん》神籠石の切石列石などから神社の区画、「霊域（神域）」に関わるものと考えられ、論争が展開したが、現在ではほとんどの研究者が「城郭（山城）」と考えるようになっている。この土塁前面下部の列石は神籠石系山城の大きな特徴として認識されている。

このように記録にみられ、かつその所在地がおおよそ確認されている朝鮮式山城が六ヵ所、記録にはみられないが、その遺跡が確認されている神籠石系山城が一六ヵ所、合計二二ヵ所の古代山城が確認されている。さらに、記録はあるが、その所在地などがわかっていないものが五ヵ所あり、これに中国系山城といわれている怡土《いと》城を含めると、合計二八ヵ所の古代山城があることになる。

2　瀬戸内の古代山城

a　長門城《ながとのき》

長門城は、『日本書紀』天智天皇四年（六六五）八月条に、筑紫国の大野城・椽城とともにその築城記事がみえ、百済からの亡命貴族（将軍）達率答炑春初を派遣して築いたとされる。その後、同九年（六七〇）二月条に、筑紫城二つとともに築くとあるが、一般的には先ほどの記事の重出と考えられている。

この城に関しては、これまで多くの研究者がその所在地について検討しているが、いまだその場所は確定していない［石松、二〇〇八］。朝鮮半島から北部九州を経て、近畿地方の都へ向かう、まさに「関」の場所であり、関門海峡に面した火の山（標高二六八メートル）、長門国府跡の裏山である四王司山（標高三九二メートル）などがその候補になっている。日本海側の鬼ヶ城（標高六一九メートル）なども候補に挙がっている。ただ、現時点ではいずれも明確な遺構は確認できていない。一方、「おそらく長門国内に築城するという方針は決定されていたものの、結局築城されなかったのではないだろうか」という未完成説もある［倉住　一九九四］。

b　周防《すおう》石城《いわき》山《さん》神籠石《こうごいし》（図6-2）

周防石城山神籠石は、山口県光市石城・山中に所在する石城山（標高三六二メートル）に位置する。割石と切石を併用した列石土塁が二五三〇メートルめぐり、二ヵ所の門跡、四ヵ所の水門跡が確認されている。しかし、城内施設に関わる遺構は確認されていない。想定される城壁線においても土塁・列石などが確認できていない部分があり、城壁が完全にめぐらされていたかどうかの調査検討が必要である［小野、一九八三／光市教育委員会編、二〇一一］。また、北門跡（第一門跡）の方形刳《く》り込みを持つ唐居敷《からいじき》には軸摺穴《じくずり》が彫られておらず、播磨城山城跡の唐居敷と同じように軸摺穴を作らないものであるのか、そうでなければ未完成の唐居敷である可能性が考えられる。

遺物は、一九六三・一九六四年の発掘調査で出土しているが、詳細は不明である。古墳時代頃（?）のものと、平安時代頃（?）のものが出土しているようである。そして、後者の土器

図6-2　周防石城山神籠石北門（第1門）跡（北東より）
この列石の途切れたところが北門の通路部分で、入ってすぐのところに沓石と呼ばれる唐居敷（からいじき）が2個点在している。

の中に糸切り底の土師器《はじき》があり、それらが外皮版築と呼ばれている土塁の一部で出土しているようである。

また、この山城の列石土塁線と古図にみえる『延喜式』式内社石城神社の境界がおおよそ一致することから「神籠石」の霊域説の根拠の一つとなった。『日本三代実録』貞観九年（八六七）八月一六日条に、「石城神」が正五位上から従四位下に叙せられたことが記されている。

c　備後《びんご》常城《とこ[つね]のき》

備後常城は、『続日本紀』養老三年（七一九）一二月戊戌《ぼじゅつ》（一五日）条に、「備後国安那《あな・やすな》郡茨城《うまらのき》と葦田《あしだ》郡常城を廃止した」と記載されている城である。記録はこれしかなく、築城年代は不明である。

所在地に関しても、福山市新市《しんいち》町大字常《つね》の地名との関係で、この周辺地域が想定され、府中市市街地、備後国府跡の北側、七ツ池の山頂部周辺が推測されている［豊、一九六八／脇坂・小都、一九八六］。この場所には平安時代の青目寺《しょうもくじ》と呼ばれる寺院関係の礎石建物があり、その中に常城関連のものが含まれていないかとの考えもある。

このように常城に関しては、詳細不明であるが、古代山陽道の近くに位置すると推測でき、海側の茨城と合わせて、備後東部の防御を意識して築城されたものと推測される。

d　備後《びんご》茨　城《うまらのき》

備後茨城も、常城とともに『続日本紀』養老三年（七一九）一二月戊戌（一五日）条にその廃止記事があるだけで、詳細は不明である。

豊元国は福山市市街地北東に位置する標高二二五・三メートルの蔵王山を候補に挙げている［豊、一九六八］。ここは『日本霊異記』下巻第二七話の宝亀九年（七七八）の話に出てくる「深津市」の想定地に近く、まさに古代の港に近接している。しかし、現時点では何もわかっていない。この付近に位置するならば、前述の常城が陸路の古代山陽道に近接し、茨城は海上交通の要衝近くに位置することになる。

e　備中《びっちゅう》　鬼《き》ノ城《のじょう》（図6-3）

備中鬼ノ城は岡山県総社市奥坂に所在する鬼城山（標高三九六・六メートル）に位置する［総社市教育委員会編、二〇〇五・二〇〇六・二〇一一・二〇一二／岡山県教育委員会編、二〇〇六・二〇一三］。南に下がる斜面部に城壁がめぐらされた城周二七九〇メートルの土城である。この

図6-3　復元された備中鬼ノ城西門と土塁(南西より)
この復元された西門と版築土塁は遠く造山古墳や楯築弥生墳丘墓などからも見ることができ、当時、地元の人々もこの城を見ながら生活していたと思われる。

山城に関する古代の記録はなく、いわゆる神籠石系山城である。

城壁は基本的に基部に割石列石を配した版築土塁で築かれているが、一部石垣や石塁で築かれており、一般的な印象としては石城のイメージが強いようである。城壁は全周しており、城門跡が四ヵ所、通水口を持つ水門跡が五ヵ所確認されている。四ヵ所の城門跡には方形（三ヵ所）と円形（一ヵ所）の刳り込みを持つ唐居敷が使用されており、いずれも軸摺穴、方立用の穴が開けられている。西門跡南東部第三塁状区間には、いわゆる高石垣と呼ばれている石垣があるが、筆者はこの石垣の正面観における上部の石の積み具合の不揃い、石垣背後の掘方、裏込めの状況などから少なくとも一度、そして一部は修築されたのではないかと考えている。

城内の施設としては、礎石建物跡が七棟、土手を持つ貯水施設跡が二ヵ所、溜井《ためい》跡、烽火台《ほうかだい》跡（?）、鍛冶場跡三ヵ所などが確認されている。礎石建物跡は二×六間の側柱《がわばしら》建物跡が二棟、三×四間の総柱建物跡が二棟、三×三間の総柱建物跡が三棟検出されている。側柱建物跡の周辺では転用硯《けん》が出土しており、管理棟の可能性が考えられている。また鍛冶場の一ヵ所では段状遺構の中に九基の鍛冶炉跡が並び、上屋の存在も推測されている。そして七世紀後半の土器が出土している。また掘立柱《ほったてばしら》建物跡に関しては、七世紀後半〜八世紀前半のものと推測される確実なものは確認されていないようである。このほか明確な建物は確認できていないが、基壇状遺構と呼んでいる場所では基壇の一部である可能性がある石列が確認され、その付近で七世紀後半から八世紀前半の須恵器《すえき》・土師器などがまとまって出土している。

出土遺物は、土器の詳細は後述するが、時期的には七世紀後半から八世紀前半、そして九世紀から一一世紀のものに区分され、鬼ノ城は七世紀後半に築城され、八世紀前半まで使用されるが、城としての機能はこの頃なくなり、九世紀からは宗教施設として使用され、これが後の新山寺へつながった可能性が考えられている。

このように鬼ノ城は、城壁は完周し、門も構築され、城内に礎石建物などの施設があり、さらに城壁の修繕の可能性もあることから、完成した城といって良いと思われる。

f　備前大廻《びぜんおおめぐり》小廻山城跡《こめぐりさんじょうあと》（図６-４）

備前大廻小廻山城跡［岡山市教育委員会編、一九八九］は、岡山市東区草ヶ部などの標高一九

図6-4　備前大廻小廻山城跡東側列石土塁(北東より)
方形を意識した加工石を並べ、その上にきれいな版築土塁が築かれている。列石の前面には柱穴がなく、堰板が使用されなかった可能性が推測される。

八・八メートルの独立小山塊、大廻小廻山に位置する。城周約三・二キロメートルの割石列石土塁が山を囲み、その谷部の一ヵ所に石積みの水門跡が確認されている。この水門跡（一の木戸）の北側には遺構の残存状況から城門が併設されていたと推測されるが、発掘調査では確認できていない。現在の山道で削られた可能性もあるが、なんらの痕跡も確認できておらず、門が未完成であった可能性もある。関連遺物は七世紀後半〜八世紀前半頃の須恵器が六点出土しているのみである。山城に関わる土師質の煮炊き具類は確認できていないようである。

山城跡の東山腹には、平安時代後期の開基とされる築地《ついじ》山《さん》常楽寺が所在し、山城跡内から多数の室町時代の石仏が出土していることなどから、中世には当寺の宗教施設

図6-5　播磨城山城跡西石塁（石塁C、西より）
このように谷部には石塁が築かれているが、その左右に土塁は築かれておらず、城としては未完成であったと考えられる。

として使用されていたものと考えられている。

g　播磨《はりま》城山城跡《きのやまじょうあと》（図6-5）

播磨城山城跡は兵庫県たつの市新宮町馬立《うまたて》などに所在する標高四五八メートルの亀山《きのやま》を中心に築かれている［新宮町教育委員会編、一九八八／加藤、一九九五／たつの市立埋蔵文化財センター編、二〇一一］。土塁などの城壁は確認されていないが、約一六〇〇メートルの城周が想定されている。この城に関する古代の記録はない。

遺構・遺物としては、門に関わる方形刳り込みの唐居敷と蹴放《けはなし》の石材、塊石を使用した谷部の石塁、そして礎石建物跡（五×七間）などが確認されている。ただ、唐居敷には軸摺穴が開けられておらず、軸摺穴を使用しない門扉構造の唐居敷なのか、それとも未完成の唐居敷なのかよくわからない。このような軸摺穴を持たない方形刳り込み穴の唐居敷は周防石城山神籠石と讃岐城山城跡にもみられる。しかし、讃岐城山城跡では方立《ほうだて》を持たないもの、さらに方形の柱用の刳り込みも貫通していないものがあり、少なくとも讃岐城山城跡の唐居敷については未完成品が存在することは間違いないようである。

出土土器は七世紀末～八世紀代の須恵器や土師器（甕《かめ》を含む？）などが採集されている。山城に関わる瓦は未確認のようである。その後の遺物として、鉄鉢《てつぱつ》形須恵器や緑釉《りよくゆう》陶器も出土しており、平安時代に寺院または城として使用され、南北朝時代・室町時代には赤松氏の拠点的な城として使用されている。前述の礎石建物跡に関しては、山城関係の可能性もあるが、平安時代の仏堂の遺構である可能性も推測される。

城壁に関しては、現地で義則敏彦氏にご案内いただき、見学したときにはその存在は確認できず、築かれていたかどうかわからなかった。筆者は、谷部に築かれた石塁と石塁の間に土塁は確認できず、もともと築かれていなかったのではないかと推測している。

つまりこの播磨城山城跡は、谷部の石垣、未完成（？）の門（唐居敷・蹴放の石材）などはあるが、明確な城壁（土塁）は築かれていなかったのではないかと考えている。

h　伊予永納山城跡《いよえいのうさんじようあと》（図6-6）

伊予永納山城跡は愛媛県西条市の北西部に位置する通称永納山（最高所標高一三二・四メートル）と呼ばれる山塊に築かれている［西条市教育委員会編、二〇〇九・二〇一一・二〇一八・二〇

図6-6　復元された伊予永納山城跡の北東側列石土塁（北東より）
この付近の城壁はきれいに版築で土塁が築かれているが、この南側に行くと、列石はあるが、版築土塁は見えなくなる。

二二〕。一部今治市に属している。基礎部に割石列石を持つ土塁で囲まれた土城であり、その城周は約二五〇〇メートルである。東には燧灘《ひうちなだ》が接し、推定古代南海道も近くを通過すると考えられている。また伊予国府もその正確な場所は確定できていないが、北方五～八キロメートルほどのところに想定されている。『日本書紀』などの史書には記録がなく、神籠石系山城に分類されている。

　城壁は基部に列石を持つ版築土塁で、列石は基本的に割石・自然石を横位に使用しているようである。一部縦位に使用した部分もある。土塁の高さは残存状態の良いところで二・六メートル、幅は四・三メートル、外面の角度は約七〇度である。

ただし、このような版築土塁が築かれていない場所もあるようである。一方、西南部で割石・自然石を四段、高さ一・五メートルほど積んだ石垣が長さ二〇メートルほど確認されている。また、明確な門跡や水門跡は確認されていない。地形からみて門跡は北西部に開口する大きな谷部に想定され、一部調査も行われたが、主な部分が鉄道（予讃線）で壊されており、確認できていない。もし石を多く使用した城門であったならば、加工した石材が多少は残っていて良いのではないかと推測されるが、それらは確認できていないようである。

城内施設として、建物跡などはわかっていないが、東部で鍛冶炉跡が検出され、この付近で七世紀中葉〜八世紀前半の須恵器や丹塗土師器などとともに鏨《たがね》、針または錐《きり》、フイゴ羽口《はぐち》や鉄《てっ》滓《さい》、金床石《かなとこいし》などの鍛冶関係の遺物が出土している。

i　讃岐《さぬき》城《き》山城跡《やまじょうあと》（図6-7）

讃岐城山城跡は、香川県坂出市の東南部、標高四六二メートルの城山の山塊に築かれている［古代山城研究会、一九九六／渡邊、二〇二〇］。一部丸亀市にまたがる。本格的な発掘調査はされていないが、列石・土塁、割石を使用した石塁が二重にめぐらされており、外郭の城周は約四・六キロメートル、内郭の城周は約三・五キロメートルである。算木積《さんぎづ》み状の構造を残す石積城門跡が一ヵ所、水門跡が一ヵ所確認されている。城門跡はこの水門跡の横にも併設されているようである。また門の構造物となる方形刳り込みの唐居敷などの石材が数ヵ所で確認されている。ただ、その中には方立を持たないもの、さらに方形の柱用の刳り込みが貫通していないものがあり、少なくとも唐居敷に関しては未完成品が存在することは間違いないようである。

図6-7　讃岐城山城跡城門跡（北より）
内郭北側の城門跡である。門の角の石はきれいに加工され、のちの近世石垣の算木積みのように見える。

城内施設に関しては、明確なものは確認されていないが、四六二メートルの山頂部に大きな石がまとまって存在し、礎石建物のための石材が集められたが、未完成のまま残された可能性も無視はできない。

遺物は採集されたものであるが、七世紀後半～八世紀前半頃と推測される須恵器杯身《つきみ》が一一点、そのほか平瓶《へいへい・ひらべ・ひらか》、手づくねの土師器椀《わん》などがある。山城に関わる瓦は未確認のようである。

近年、この讃岐城山城跡を検討した渡邊誠［二〇二〇］は、「北西部（海側）を意識した城壁を構築しており、背面側（東から南部）は明らかに施工が完了していない。後の南海道に面する場所には列石は認めら

図6-8　復元された讃岐屋嶋城跡城門跡（西南より）
西から屋嶋城跡を見ると、この城門跡がよく見える。当時、この付近を航行した舟も城がよく見えたと思われる。

れるが、城壁という意味では未完成であるといわざるを得ない」と述べている。

j　讃岐《さぬき》屋《や》嶋城跡《しまのきあと》（図6-8）

讃岐屋嶋城跡は香川県高松市の屋島（最高所標高二九二メートル）に位置する［高松市教育委員会編、二〇〇三・二〇〇八・二〇一六・二〇一九］。城壁は屋島山上近くの断崖を利用しつつ、土塁や石垣を築いているようである。南嶺北嶺に分かれ、城周は北嶺まで含めると約七キロメートル、南嶺のみで約四キロメートルである。

屋嶋城に関しては、『日本書紀』天智天皇六年（六六七）一一月条に、倭国高安城、讃吉国山田郡屋嶋城、対馬国金田城が築かれたことが記されている。その後関連する記事はみられないが、明徳二年（一三九一）の西大寺末寺帳に「屋島普賢寺」の名前がみえる。屋島寺に関しては、北嶺千間堂跡で一〇～一一世紀の遺物が出土する基壇が検出されており、一一世紀末～一二世紀初め頃に現在の南嶺に移ったと考えられている。

考古学的には、城壁関連で水門跡二ヵ所、城門跡一ヵ所が確認されており、城内施設としては不明確ながら貯水施設が推測されている。礎石建物跡などは確認されていない。また浦生《うろ》石塁と呼ばれている西山麓地区では石塁の南側で城門跡と推測される場所、石塁の北側で雉城《ちじょう》の可能性がある場所が確認されており、一部七世紀後半と推測される平瓶が出土している。ただし、雉城の北側には土塁や石塁は続いていないようである。

屋嶋城に関連する遺物は、七世紀中葉頃と推測されるものがわずかに出土し、八世紀代のものも少々出土している。この時期の土師質の煮炊き具は、存在する可能性はあるが、よくわからない。またこの時期の瓦は未確認である。そしてそれ以降の屋島寺関連のものと考えられる資料がまとまって出土しており、平安時代の瓦もある。

3　瀬戸内の古代山城の語るもの

築城とその後

西日本の古代山城は、一般的に白村江の戦い（天智天皇二年［六六三］）における敗戦を契機として、築かれたと考えられている。朝鮮式山城の築造年代については、『日本書紀』などに記載があり、筑紫国水城が天智天皇三年（六六四）、長門国の城、筑紫国大野城・椽（基肄）城が天智天皇四年（六六五）、倭国高安城、讃吉国山田郡屋嶋城、対馬国金田城が天智天皇六年（六六七）である。これら以外の城に関しては、繕治（六九八年：肥後鞠智《くくち・きくち》城）、修（六九九年：三野城、稲積城）、停（七一九年：備後国安那郡茨城、備後国葦田郡常城）の記録はあるが、築城時期についてはわからない。

　このように瀬戸内海沿岸地域の古代山城において築造年代が明確にわかるものは長門の城と讃岐屋嶋城のみである。ただ、長門の城については、前述のようにその所在地がわからず、考古学的な資料との対比ができない。

　讃岐屋嶋城跡については、『日本書紀』に記載された築城年代は六六七年である。考古学的に確認できる遺物は七世紀中葉頃と推測される土器がわずかに出土し、八世紀代の土器が少々出土している程度である。この時期の瓦は未確認である。そしてそれ以降、屋島北嶺の千間堂が一〇世紀頃に建てられ、一一世紀末から一二世紀初め頃に屋島南嶺に移り、現在の屋島寺となったと考えられている。屋島寺には平安時代の瓦もある。また頂上部から降りた浦生石塁と呼ばれている西山麓地区では七世紀後半と推測される平瓶が出土している。

　次に、もう一つのグループの古代山城である神籠石系山城については、これまで述べてきたように、その名前や築城に関する記録がなく、正確な築城年代はわかっていない。出土遺物などによって、築城から廃城までの年代がおおよそ推測されている。そして、この神籠石系山城では備中鬼ノ城を除くとそのほとんどの山城で出土遺物が極めて少なく、年代推定を困難にしている。

周防石城山神籠石では、一九六三・一九六四年の発掘調査で遺物が出土しているが、詳細は不明である。古墳時代頃のものと、平安時代頃のものが出土しているようである。そして、後者の土器の中に糸切り底の土師器があり、それらが外皮版築と呼ばれている土塁の一部で出土しているようである。この山城の列石土塁線と古図にみえる『延喜式』式内社石城神社の境界がおおよそ一致し、『日本三代実録』貞観九年（八六七）八月一六日条に、「石城神」が正五位上から従四位下に叙せられたことが記されている。詳細は不明であるが、九世紀には「石城神社」が成立しているようである。

備後茨城と常城に関しては、養老三年（七一九）の停止記事があるのみで、その所在地や遺構などについてはよくわかっていない。

備中鬼ノ城は瀬戸内海沿岸地域の古代山城の中で最も出土遺物が多く確認されている山城である。土器は一般的な杯類がほとんどであるが、須恵器甕や土師質の甕・鍋・甑《こしき》などの煮炊き具を含み、そのほか円面硯、転用硯、鍛冶関係遺物、瓦塔《がとう》、水瓶、隆平永寶（七九六年初鋳）などが出土している。これらは七世紀後半から八世紀前半、そして九世紀から一一世紀の大きく二時期に区分され、前者の遺物（図6-9）が山城関係、後者の遺物がその後の宗教施設関係のものと考えられている。また、前者の土器は、七世紀中葉～後半の可能性があるものが少々で、多くは七世紀末前後のものである。つまり、鬼ノ城は七世紀後半に築城され、七世紀

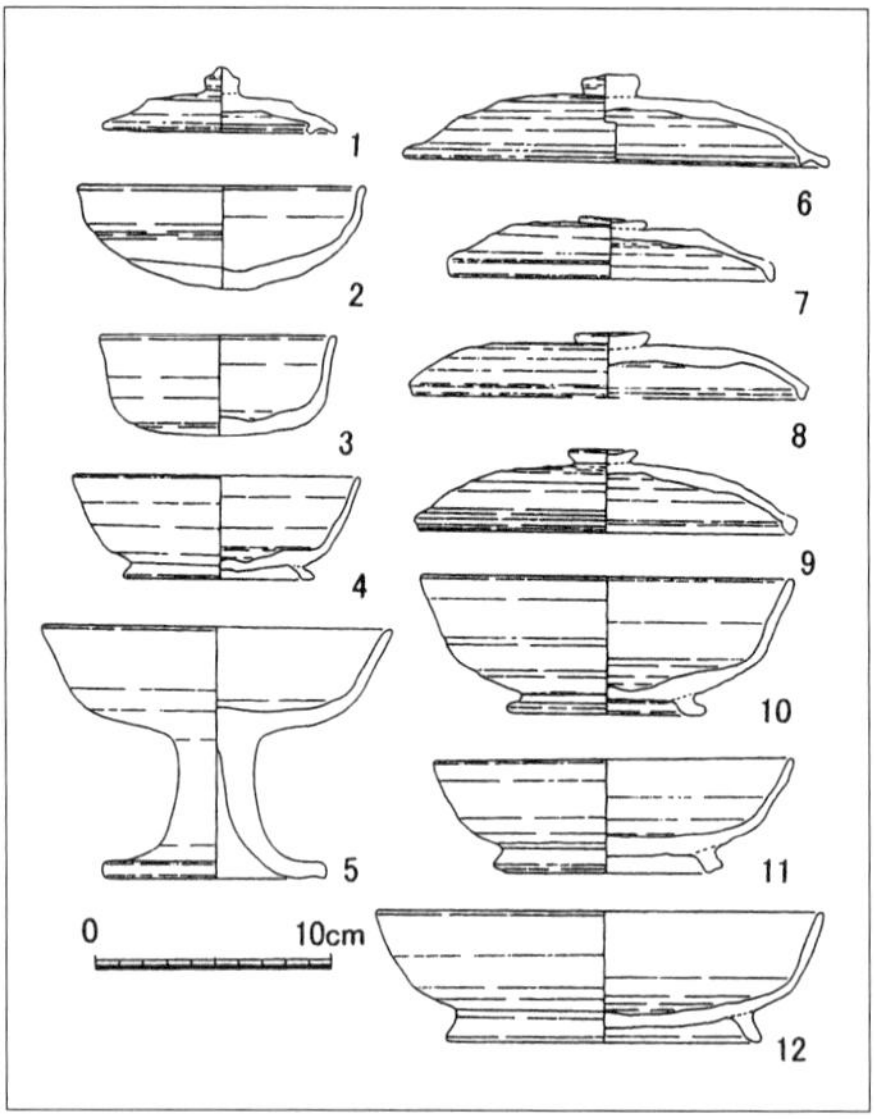

図6-9　備中鬼ノ城出土土器(1/6)
(岡山県、2013一部改変引用)

末頃に動きがみられ八世紀前半まで使用されるが、城としての機能はこの頃なくなる。そして、九世紀頃から宗教施設として使用され、これが後の新山寺へつながった可能性が考えられている。

筆者は備中鬼ノ城の詳細な築城時期に関しては、数は少ないが七世紀中葉から後半の土器、讃岐屋嶋城跡の城門と備中鬼ノ城の北門の懸門《けんもん》構造・排水溝を持つ石敷きの門道・甕城構造などの構造面の類似、そして、北部九州から都の大和に至るまでの海上航路における備讃瀬戸地域の重要性を考えると、この二つの山城は同時期に築城したものと考えざるを得ないと思っている。つまり、六六七年築城の可能性である。

備前大廻小廻山城跡の出土土器は、七世紀後半～八世紀前半頃の須恵器が六点のみで、その数は少ないが、築城年代は七世紀後半まで遡る可能性を示しているようである。その後はよくわかっていないが、平安時代後期に常楽寺が成立したと考えられている。

播磨城山城跡出土土器は、七世紀末〜八世紀代の須恵器や土師器などが採集されている。山城に関わる瓦は未確認である。その後の遺物として、鉄鉢形須恵器や緑釉陶器が出土しており、平安時代には仏堂が建てられたようである。そして一四世紀に赤松氏が中世の城を築いている。

伊予永納山城跡の遺物は、城内東部の鍛冶炉跡付近で七世紀中葉〜八世紀前半の須恵器や丹塗土師器などとともに鏨、フイゴ羽口や鉄滓、金床石などの鍛冶関係遺物が出土している。土器の点数は少なく、不確実ではあるが、七世紀中葉〜八世紀前半に築城時期はありそうである。

讃岐城山城跡の遺物は、採集されたものであるが、七世紀後半〜八世紀前半頃と推測される須恵器杯身が一一点、そのほか平瓶、手づくね状の土師器椀などがある。

以上のように、瀬戸内海沿岸地域の古代山城で出土した遺物は、発掘調査された山城を含めてもその数は少ない。その中にあって比較的数量がある山城が備中鬼ノ城である。

このほかの山城はいずれも出土点数が少なく、北部九州の朝鮮式山城や備中鬼ノ城の出土遺物と比較しつつ検討すると、やはり七世紀後半のある時期に築城され、八世紀前半頃まで城として機能を維持したのではないかと推測される。そして、周防石城山神籠石や讃岐屋嶋城などのように平安時代に神社や寺院へと変わっていったものがある。これは北部九州の古代山城（筑前大野城、肥前基肄城、筑後高良山神籠石など）と類似した変遷を見せているということができそうである。

分布の意味と総領・大宰

前節で述べたように瀬戸内海沿岸地域の古代山城は、奈良時代の国単位に一〜二ヵ所築かれている。屋嶋城が築かれ始めたのは六六七年であり、それぞれの国はいまだ成立していない時期である。ほかの神籠石系山城もそれぞれの国が成立する六八〇年頃より以前に築城が始まったと考えられ、天武朝以降に確認できる総領制との関わりについても、維持管理は総領が関与したとしても、築城はそれ以前と考えられている〔白石、一九九二／狩野、二〇一〇など〕。神籠石系山城の築城を天武朝以降の七世紀末以降とみる説もあるが、筆者は、備中鬼ノ城は讃岐屋嶋城と同じ頃とみており、吉備総領のような広域官（奈良時代の二ヵ国〜四ヵ国ほどの地域を管理）のような人物や体制との関わりは無視できないと考えている。

ちなみに、これらに関連する記録としては、以下のものがある。

①天武天皇元年（六七二）六月二六日条（『日本書紀』）に、壬申の乱において、近江方に派遣された樟使主磐手《くすのおみいわて》が吉備国守当摩公広嶋《たぎまのきみひろしま》を近江方に付かせようとしたが、うまくいかず、殺した。

②天武天皇八年（六七九）三月九日条（『日本書紀』）に、吉備大宰《だざい》石川王が病のため、吉備で薨（なくなり）、（中略）諸王二位を贈った。

③『播磨国風土記』揖保《いぼ》郡広山里。もとの名前は握《つか》の村である。（中略）そののち、石川王が総領であった頃、改めて広山里とした。

④持統天皇三年（六八九）八月二一日条（『日本書紀』）に、伊予総領の田中《たなか》朝臣法麻呂《のりまろ》らに

「讃吉国御城郡で捕まえた白い燕を放って養いなさい」と詔した。
⑤文武天皇四年（七〇〇）一〇月一五日条（『続日本紀』）に、直大壱《じきだいいち》石上《いそのかみ》朝臣麻呂《まり》を筑紫総領とし、直広参《じきこうさん》小野《おの》朝臣毛野《けの》を大弐とし、直広参波多《はた》朝臣牟後閇《むごへ》を周防総領とし、直広参上毛《かみつけ》野《の》朝臣小足《おたり》を吉備総領とした。

これらの記録から、吉備総領・大宰は吉備（奈良時代の備後・備中・備前・美作）と播磨、周防の総領は、周防・長門、伊予総領は、伊予・讃岐を管轄したと考えられている（総領と大宰は別との考えもある）。そして、瀬戸内海沿岸地域の古代山城の築城は別として、維持管理は彼らが担当したとの考えが一般的なようである。

古代山陽道・古代南海道との関わり、瀬戸内海北路・南路との関わり

瀬戸内海沿岸地域の古代山城は沿岸の海の近くや、やや陸側に入って築かれている。長門城は所在地がはっきりしないため何とも言い難いが、一般的には関門海峡に面した火の山や長門国府の裏山である四王司山が候補になっている。周防石城山神籠石は内陸に入っている。備後安那郡茨城と葦田郡常城はいずれも所在地が確定していないが、茨城はかつて海が入り込んだ福山の平野の北東側、常城は旧新市町の常、備後国府の裏山、つまり内陸側に推測されている。備中鬼ノ城は、やや内陸側に位置し、備前大廻小廻山城跡も少し内陸側に位置し、播磨城山城跡も内陸側に位置している。

一方、瀬戸内海南岸では、伊予永納山城跡は海に近接し、讃岐城山城跡は少し内陸側、そし

て讃岐屋嶋城跡は海に面している。

このようにみると王権側の人々は、唐・新羅連合軍の進行ルートを瀬戸内海沿岸地域の海伝いのルートと、のちの古代山陽道や古代南海道沿いのやや内陸の二つのルートを意識して古代山城を造った（造ろうとした）ことがわかる。古代山陽道や古代南海道がいつ敷設されたかはよくわかっていないが、筆者はこれらの官道が成立する以前からこの付近の道は利用されていたと考えている［亀田、二〇二一b］。古代山陽道や古代南海道がいつ成立したのかは今後検討しなければならないが、少なくとも古代山城築城時には、直線の官道かどうかは別にしてこれらのルートは存在したと考えている。また、筆者は初期の播磨国野磨駅家《やまのうまや》に比定されている落地《おろち》遺跡（八反坪《はったんつぼ》地区）［上郡町教育委員会編、二〇〇五］は出土遺物から七世紀後半でも古い時期に敷設されたものと考えている。すべての古代山陽道が七世紀中葉に近い後半か、七世紀末頃かというのではなく、重要な地域から道路や駅家が敷設・設置されたのではないであろうか。

例えば備中鬼ノ城は古代山陽道を見下ろす位置にあり、のちの備中国府想定地もさほど離れていない。備前大廻小廻山城跡は古代山陽道に近接し、高月駅家《たかつきのうまや》とも近接している。播磨城山城跡は古代山陽道と推定美作支路に挟まれた亀山の上にある。

四国側の讃岐城山城跡も麓に讃岐国府跡があり、古代南海道もすぐ下を通過している。つまり、瀬戸内海沿岸地域の古代山城は、沿岸部の海上交通とのちの古代官道・国衙《こくが》周辺の陸上交通を意識して配置されたと推測している。

結果的なことかもしれないが、瀬戸内海沿岸地域の古代山城造営は七世紀後半の律令国家形成過程に大きな影響を与えたものと考えている。

古代山城と地域社会との関わり：備中鬼ノ城

上記のような築城の背景を考慮しつつ、具体的な築城の状況を、備中鬼ノ城をモデルとして述べてみたい（図6-10、［亀田、二〇一一a］）。

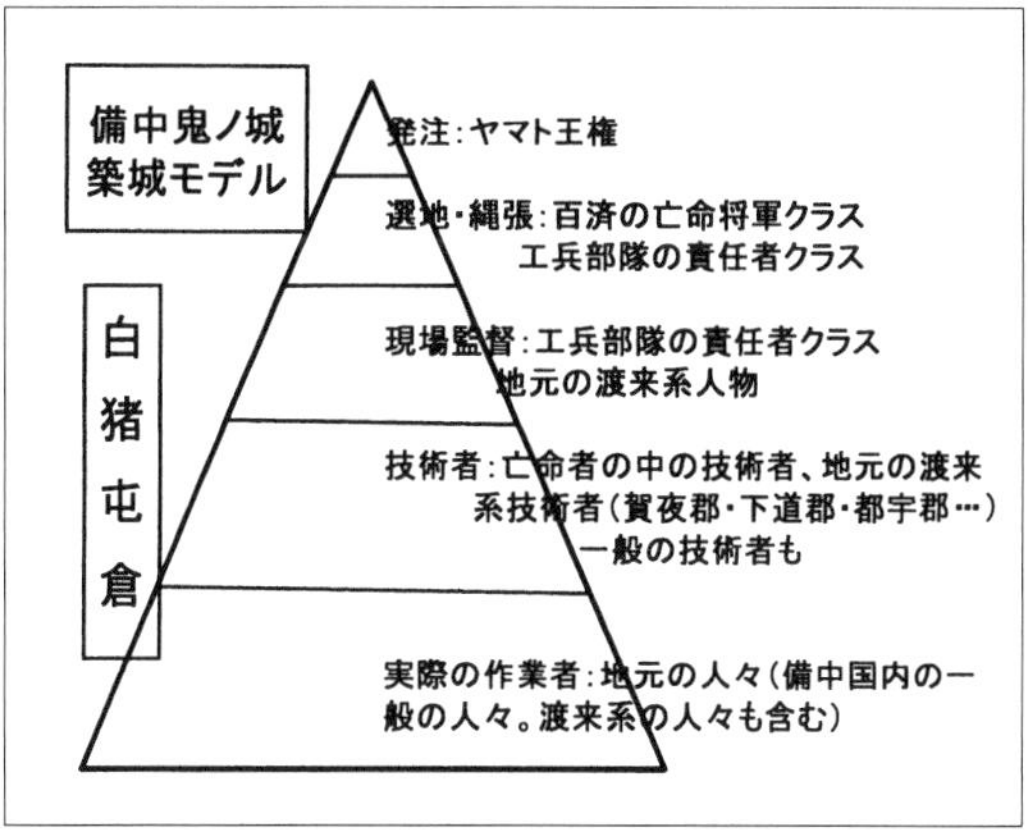

図6-10　備中鬼ノ城築城に関わった人々

備中鬼ノ城は、古代の「備中国賀夜《かや》郡」に属し、鬼城山《きのじょうさん》の南東麓に「東阿曽・西阿曽」という地名が残っていることから、この付近が「阿曽郷（阿蘇郷・阿宗郷）」に比定され、備中鬼ノ城は「阿曽郷」に含まれていたと考えられている。

備中鬼ノ城は、いつ、だれが、どのように、築いたのか。筆者は、発注者はヤマト王権で、六六三年の白村江の戦いにおける敗戦を契機として、六六七年に対馬金田城、讃岐屋嶋城、河内・大和国境に高安城が築かれるとき、備中鬼ノ城も築かれたと推測している。朝鮮半島から大和までの陸・海の交通の要衝にある「吉備」のこの場所に、王都防衛のための山城を築こうとして、この地が選ばれたのであろう。

　備中鬼ノ城の場所を選んだ人物は、少なくともこのような山城を使っての防御体制を理解していたと考えられる。当時、このような山城の配置を考え、防御網を描くことができた人物は、百済滅亡前後に日本列島に渡って来た百済の将軍・貴族たち、またはそれ以前に日本列島に来ていた渡来系の人物、その子孫たちであったのではないだろうか。

　具体的には、『日本書紀』天智天皇四年（六六五）条にあるように、百済から亡命してきた将軍・貴族クラスの人物がこの地に来て、指導して、選地・縄張などを行ったのではないであろうか。実際の工事に関しては、この地のいろいろな陸路・海路などの交通網、土地の様子を知る人物がいないと、作業は簡単に進まなかったと思われるので、将軍たちの補佐クラスの人物と地元の手伝うことができる人物が必要であったと推測している。地元の有力者（豪族層）が自ら築城に関与することも可能であるが、その人物が知識や技術を有する地元の渡来系の人物を推薦した可能性もあろう。

　このような人物が備中鬼ノ城築城の具体的なプランナーや現場監督などになり、築城に必要ないろいろな技術者、工事に必要な土・石・木などの素材、実際の作業を行う人々をどのように集めるのかなどの仕事を行ったのではないかと考えている。百済から亡命してきた人々の中のこのような知識や技術を持った工兵部隊の責任者クラスの人物、工兵部隊のような仕事をしていた人々などが、地元のそのような作業を行うことができる指導者・技術者（おもに渡来系の人々、そして一部倭人《わじん》）や実際の作業をする人々（おもに在地の倭人たち）を集め、指導しながら築城していったのではないであろうか。

この備中鬼ノ城の築かれた地域には、「備中国大税負《たいぜいふ》死亡人帳」（天平一一年：七三九）が『正倉院文書』の中に残されており、「賀夜郡阿蘇郷」の人物名も記録されている。想定されている備中鬼ノ城廃城時期より少し後の記録であるが、この中に記された人々の親兄弟の中には備中鬼ノ城の築城や修繕に参加した人物もいたかもしれない。この阿蘇《あぞ》郷宗部《そうぶ》里には、「西漢《かわちのあや》人部麻呂《ひとべのまろ》」、磐原里の「史戸阿遅麻佐《ふみひとべあぢまさ》」、「西漢人部事无賷《かわちのあやひとべのことなしめ》」など渡来系の人物の名前があり、この宗部里の「宗部」は「宗我部」であろうと、吉田晶によって指摘されている［吉田、一九九〇］。ヤマト王権中枢部にいた蘇我稲目《そがのいなめ》・馬子《うまこ》親子が関与した白猪屯倉《しらいのみやけ》・児島屯倉《こじまのみやけ》との関わりを推測させるのである。この白猪屯倉に関しては、百済系渡来人である王辰爾《おうしんに》の甥《おい》、胆津《いつ》による田部《たべ》の丁籍《ていせき》の検定という記録がある。この田部の丁籍の検定という作業は実際に築城に関わる人々を動員するときに大いに役立ったのではないかと推測している。

完成した山城と未完成の山城が語るもの

古代山城が未完成であることは古くから指摘されている。筆者は二〇一四年の論文［亀田、二〇一四］で改めて未完成であることについて取り上げ検討し、神籠石系山城の半数以上（一六分の九）が未完成、またはその可能性が推測されることを指摘した。筑前阿志岐《あしき》城跡・鹿毛《かけの》馬《うま》神籠石［頴田町教育委員会編、一九九八］・杷木《はき》神籠石、筑後女山《ぞやま》神籠石、肥前おつぼ山神籠石［鏡山ほか、一九六五／武雄市教育委員会編、二〇一一］、豊前唐原《とうばる》山城跡［大平村教育委員会編、二〇〇三・二〇〇五]、周防石城山神籠石、讃岐城山城跡、播磨城山城跡などである。

これらの未完成については、土塁造成予定場所を加工し、列石を途中まで並べたが、土塁を盛っていない豊前唐原山城跡（a）や、列石＋土塁は出来上がっているが、その列石土塁が全周していない筑前阿志岐城跡・筑後女山神籠石など（b）、また門の唐居敷用の石を途中まで加工して門の場所近くまで運んでいるが、その加工が途中で止まっている讃岐城山城跡（c）、門近くの通水口を含む石塁は築かれているが、その横に想定される門の建物が建てられていなかった可能性が推測される備前大廻小廻山城跡（d）などいろいろな段階の未完成がある。播磨城山城跡も谷部の石塁は築かれているが、その両横の土塁はなく、門も唐居敷などの石材は予定地近くまで運ばれているが、門予定の場所に設置されてはいない（e）ようである。伊予永納山城跡も列石を伴う版築土塁が出来上がっている部分と斜面を加工し、基部に列石は並べたが、その上に土塁が築かれていない部分がある（a・b）。

逆に、完成している、またはほぼ完成している古代山城は、朝鮮式山城のその所在地が確認されている六ヵ所のうち、四ヵ所が挙げられる。筑前大野城跡、肥前基肄城跡、対馬金田城跡、肥後鞠智城跡である。このほか神籠石系山城であるが、備中鬼ノ城も完成している。

このほか詳細がわからないものが多いが、上記のような完成・未完成の古代山城をすべて同列に扱って古代の防衛体制を論じて良いかというのが、筆者の考えの一つである。

さらに、文献史料から七一九年頃までには古代山城の機能は停止されたと考えられているが、六九八年の「繕治」を含めて八世紀以降も維持管理、再利用されたことが考古学・文献史料から確認できるものは筑前大野城跡、肥前基肄城跡、肥後鞠智城跡の三つの城である。これら北部・中部九州に位置する三つの城はこれまでの諸先学が述べているとおり、当時の国家・大宰府が特別に重要視・意識した山城と考えられる［亀田、二〇一八b］。

　このような「完成・未完成」の視点から瀬戸内海沿岸地域内の古代山城をみると、確実に完成したものは備中鬼ノ城のみで、敵が攻めてきたときに正面にあたる西の城門は完成し、城壁に関しては自然の崖を利用した可能性がある讃岐屋嶋城跡がある程度出来上がっていたと考えられるが、そのほかはほとんどが未完成、または未完成の可能性が推測される。

　つまり、瀬戸内海沿岸地域の古代山城に関しては、ほとんどの山城が造り始め、ある程度まては城壁や門の工事は進んだが、基本的に未完成であったと考えられる。都に最も近い河内・大和国境の高安城も敵が攻めてくる西側は自然の崖を使い、土塁も築いているようであるが、全周するか、よくわかっていない［山田、二〇一六］。瀬戸内海沿岸地域の防御体制は、このような不十分な状況ではあるが、八世紀初め頃まで造られ、維持管理されていたと推測される。

おわりに――山城の分布からみた九州・瀬戸内・畿内

　最後に、これまでの瀬戸内海沿岸地域の古代山城と北部九州の古代山城を合わせて、畿内の王都防御体制を考えてみる。

　対馬金田城跡は完成し、六六四年の水城は少なくとも博多湾側を意識した北面は堅固に造られ、大野城・基肄城は完成し、これらをつなぐ大宰府防御体制の基本的な部分は準備できたようである。ただ、もう一つのグループのいわゆる神籠石系山城はほとんどが未完成のようで、八世紀初め頃の古代山城の機能停止まで、細々と工事が続けられたのか、それとも造り始めて、ある段階で工事が止まり、そのまま山城としての機能停止に至ったのか、今後の調査検討によらなければならないが、少なくとも完成はしなかったようである。

そして、瀬戸内海沿岸地域の古代山城も備中鬼ノ城は完成し、讃岐屋嶋城も自然の崖を使ってある程度出来上がっていたと推測されるが、残りの山城は北部九州の神籠石系山城と同じように途中で工事が停止したようである。大和高安城も今後のさらなる検討は必要であるが、やはり途中で停止した可能性も無視はできない。

ただ、それぞれの山城築城に関しては、備中鬼ノ城築城モデル(図6-10)をもとに考えると、各地に残っている土塁や石塁の状況からもそのような動員・工事が七世紀後半にある程度続いていたものと推測される。

この七世紀後半はまさに古代国家が完成していく時期であり、『日本書紀』天武天皇元年(六七二)六月二六日条に、近江方は、佐伯連男《さえきのむらじおとこ》を筑紫に、樟使主磐手を吉備に遣わし、近江方に付くように交渉するが、吉備では吉備国守当摩公広嶋がいうことを聞かず、樟使主磐手に殺されている。筑紫では筑紫大宰栗隈王《くるくまおう》が「筑紫国は本来辺賊《ほかわざわい》の難を戍《まも》るところであり、城《き》を峻《たか》くし、隍《みぞ》を深くして、海に臨んで守っているのは、内賊《うちのあた》の為ではない」と拒絶し、佐伯連男は引き下がったとある。

この壬申の乱における近江方の遣いが、吉備国守と筑紫大宰のところに出向いたのは当然偶然ではなく、この二つの場所が重要であることが国家に認識されており、それなりの数の兵士がいたためであると考えられる。そして、筑紫ではここの「城」は外敵からこの地を守るためのものであると述べており、まさに大野城や基肄城、そして水城などがこの「城」にあたると考えられる。そうすると、吉備では「城」の話は出ていないが、それなりの数の兵士がいて、「城」があった可能性はあるのではないであろうか。つまり、鬼ノ城が存在した可能性も考えて良いのではないであろうか。空想が過ぎるかもしれないが、近江方がわざわざ遣いを送ってきたことは事実であり、国家がこの吉備の重要性を認識していたことは明らかである。

関門海峡をおさえる長門城、防予《ぼうよ》諸島から燧灘をおさえる周防石城山神籠石、伊予永納山城跡、そして備讃瀬戸をおさえる備後茨城、備中鬼ノ城、備前大廻小廻山城跡、讃岐城山城跡、讃岐屋嶋城跡、現在も海上交通の要衝となっているこれらの地域の防衛のために古代山城が意識され、築かれたものと推測される。特に備讃瀬戸地域に多くの山城が築かれたのは当時の国家がその重要性を意識していたからであり、壬申の乱における『日本書紀』の記事はそれを表していると考えられる。

引用・参考文献

基礎文献である報告書は当然提示すべきであるが、本書の性格からそれらを省略し、本文中にはその新しい関連文献のみを記した。それらの参考文献に提示されているものを参照していただければ幸いである。

明日香村教育委員会編　二〇〇六年『酒船石遺跡発掘調査報告書』
石松好雄　二〇〇八年「「長門城」推定地をめぐって（覚え書き）」『研究紀要』一二、下関市立考古博物館
岡山県教育委員会編　二〇〇六年『国指定史跡鬼城山』
岡山市教育委員会編　二〇一三年『史跡鬼城山2』
小田富士雄編　一九八九年『大廻小廻山城跡発掘調査報告』
小田富士雄編　一九八三年『北九州瀬戸内の古代山城』日本城郭史研究叢書一〇、名著出版
小野忠凞　一九八五年『西日本古代山城の研究』日本城郭史研究叢書一三、名著出版
小田富士雄編　一九八三年「石城山神籠石」小田富士雄編『北九州瀬戸内の古代山城』名著出版
頴田町教育委員会編　一九九八年『国指定史跡鹿毛馬神籠石』
鏡山猛ほか　一九六五年『おつぼ山神籠石』佐賀県教育委員会
加藤史郎　一九九五年「播磨・城山」『古代文化』四七―一一、古代学協会
狩野久　二〇一〇年「瀬戸内古代山城の時代―築造から廃止まで―」『坪井清足先生卒寿記念論文集』坪井清足先生の卒寿をお祝いする会
上郡町教育委員会編　二〇〇五年『落地遺跡（八反坪地区）』
亀田修一　一九九五年「日韓古代山城比較試論」『考古学研究』四二―三、考古学研究会
亀田修一　二〇一四年「古代山城は完成していたのか」熊本県教育委員会編『鞠智城跡Ⅱ―論考編1―』
亀田修一　二〇一五年「古代山城を考える―遺構と遺物―」岡山県古代吉備文化財センター編『古代山城と城柵調査の現状』平成二七年度全国公立埋蔵文化財センター連絡協議会第二八回研修会発表要旨集、全国公立埋蔵文化財センター連絡協議会
亀田修一　二〇一六年「西日本の古代山城」須田勉編『日本古代考古学論集』同成社
亀田修一　二〇一八年a「日本列島古代山城土塁に関する覚書―版築・堰板について―」『（財）ウリ文化財研究院開院一四周年記念　水利・土木考古学の現状と課題Ⅱ』ウリ文化財研究院（大韓民国）
亀田修一　二〇一八年b「繕治された大野城・基肄城・鞠智城とその他の古代山城」大宰府史跡発掘五〇周年記念論文集刊行会編『大宰府の研究』高志書院
亀田修一　二〇二一年a「古代山城と地域社会―備中鬼ノ城を中心に―」熊本県教育委員会編『令和二年度

（二〇二〇年度）鞠智城座談会　地域社会からさぐる古代山城・鞠智城』
亀田修一　二〇二一年b「備前国分寺跡・両宮山古墳周辺の古道に関する覚書」『古文化談叢』八七、九州古文化研究会
木村龍生　二〇一二年「鞠智城跡出土の土器について」熊本県教育委員会編『鞠智城跡Ⅱ』
葛原克人　一九九四年「朝鮮式山城」佐藤宗諄編『日本の古代国家と城』新人物往来社
倉住靖彦　一九九四年「いわゆる長門城について」『山口県史研究』二、山口県企画部県史編さん室
古代山城研究会　一九九六年「讃岐城山城跡の研究」『溝漊』六
西条市教育委員会編　二〇〇九・二〇一二・二〇一八・二〇二二年『史跡永納山城跡Ⅰ・Ⅱ・Ⅲ・Ⅳ』
白石成二　一九九二年「古代総領制をめぐる諸問題―伊予総領を中心に―」ソーシアル・リサーチ』一八
新宮町教育委員会編　一九八八年『城山城』
下原幸裕　二〇一六年「大野城（福岡県）」『季刊考古学』一三六、雄山閣
杉原敏之　二〇一六年「水城（福岡県）」『季刊考古学』一三六、雄山閣
鈴木拓也　二〇一一年「文献史料からみた古代山城」『条里制・古代都市研究』二六、条里制　古代都市研究会
総社市教育委員会編　二〇〇五・二〇〇六年『古代山城鬼ノ城1・2』
総社市教育委員会編　二〇一一年『鬼城山―国指定史跡鬼城山環境整備事業報告』
総社市教育委員会編　二〇一二年『古代山城鬼ノ城―展示ガイド―』
大平村教育委員会編　二〇〇三年『唐原神籠石Ⅰ』
大平村教育委員会編　二〇〇五年『唐原山城跡Ⅱ』
高松市教育委員会編　二〇〇三・二〇〇八・二〇一九年『史跡天然記念物屋島―史跡天然記念物屋島基礎調査事業調査報告書Ⅰ〜Ⅲ―』
高松市教育委員会編　二〇一六年『屋嶋城跡―城門遺構整備事業報告書―』
武雄市教育委員会編　二〇一一年『史跡おつぼ山神籠石保存管理計画書』
たつの市立埋蔵文化財センター編　二〇二一年『特別展　城山城―古代山城と赤松の城―』
田中淳也　二〇一六年「金田城（長崎県）」『季刊考古学』一三六、雄山閣
田中正弘　二〇一六年「基肄城（佐賀県）」『季刊考古学』一三六、雄山閣

出宮徳尚　一九八四年「古代山城の機能性の検討」小野忠凞博士退官記念出版事業会編『高地性集落と倭国大乱』雄山閣出版
豊　元国　一九六八年『奈良時代山城の研究』広島県立府中高等学校生徒会地歴部
光市教育委員会編　二〇一一年『史跡石城山神籠石保存管理計画策定報告書』
平井典子　二〇一六年「鬼城山（鬼ノ城）」『季刊考古学』一三六、雄山閣
福岡県教育委員会編　二〇一〇年『特別史跡大野城跡整備事業Ⅴ』
松本豊胤　一九七六年「城山」『考古学ジャーナル』一一七、ニュー・サイエンス社
宮小路賀宏・亀田修一　一九八七年「神籠石論争」『論争・学説日本の考古学6 歴史時代』雄山閣
向井一雄　二〇一〇年「古代山城研究の最前線―近年の調査成果からみた新古代山城像―」『季刊邪馬台国』一〇五
向井一雄　二〇一七年『よみがえる古代山城』吉川弘文館
村上幸雄・乗岡実　一九九九年『鬼ノ城と大廻り小廻り』吉備人出版
矢野裕介　二〇一六年「鞠智城（熊本県）」『季刊考古学』一三六、雄山閣
山田隆文　二〇一六年「高安城（奈良県）」『季刊考古学』一三六、雄山閣
行橋市教育委員会編　二〇〇六・二〇一四年『史跡御所ヶ谷神籠石Ⅰ・Ⅱ』
吉田　晶　一九九〇年「第一章 吉備と大和　第四節 吉備の部民」『岡山県史3　古代Ⅱ』岡山県
脇坂光彦・小都隆　一九八六年『日本の古代遺跡二六　広島』保育社
渡邊　誠　二〇一六年「屋嶋城（香川県）」『季刊考古学』一三六、雄山閣
渡邊　誠　二〇二〇年「古代山城からみた「地方」の成立―讃岐城山城を事例として―」『さぬき野に種をまく』「片桐さん」退職記念論集刊行会

ESSAY

「出雲大社」の古代的断想

千家和比古

小さな玉

二〇〇〇年の春、出雲大社境内の発掘調査で巨大柱による大型神殿遺構が出現し、世間の耳目は「高層神殿」に集中した。しかし他方で、刮目《かつもく》する新たな歴史情報を提供していた。四世紀後半の溝状遺構に伴う赤瑪瑙《めのう》の勾玉《まがたま》＊・滑石《かっせき》の臼玉《うすだま》など祭祀《さいし》的遺物の検出だ。刺激的なのは、古代国家揺籃《ようらん》期の畿内中央政権の発出による滑石製祭具の存在。四世紀後半という初現期の滑石製品を出土する祭祀遺跡は点的に極めて限定され、奈良県の三輪山祭祀遺跡、福岡県の沖ノ島祭祀遺跡、千葉県の小滝涼源寺《おたきりょうげんじ》遺跡が知られている。これらは国家経営上の拠点、海上交通の要路にあたり、国家経営に関わる枢要地で畿内から滑石製祭具が持ち込まれ祭祀が行われたようだ。境内出土の滑石製品もそうした祭祀痕跡となり、初期的祭祀に中央政権の関与が明瞭になった。小さな玉だが、意味するところは巨大柱に劣らず大きい。

潟湖の畔

そうした古代の出雲大社を取り巻く風景は今とは異なる。七三三年の『出雲国風土記』によれば南に潟湖《せきこ》の「神門水海《かんどのみずうみ》」が広く展開していた。周辺からは朝鮮半島系遺物の出土もあり、中央政権から見れば列島の西北端に位置する日本海に開かれた要衝地であった。ただ、ここでは前史環境に留意を要する。一六六五年、出雲大社摂社《せっしゃ》の命主《いのちぬし》社背後にあった大岩下から北九州産の銅戈《どうか》、北陸産の硬玉勾玉が出土している。神門水海を廻るこの地が弥生時代から交通要地だったことを示すが、磐座《いわくら》祭祀の埋納品であり付近が神祭りの聖地域であった歴史性を想《おも》えば、その遺風にも重なって境内地での祭祀創出が行われたのだろう。

川合の時空

その祭祀場選択で注目されるのが山と川だ。境内はカンナビ型に仰ぐ八雲山《やくもやま》を背に、その山裾両側の谷から流れ出る河川によって形成された扇状地空間で、七世紀を含む古い時代にはこの二つの河川は境内中央付近でY字状に合流し「川合《かわあい》」を形成していた。これまた今日と異なる風景であり、滑石製品など祭祀遺物の出土はその川合付近である。川合の祭祀環境は出雲大社だけではない。ヤマト王権発祥の地と目され滑石製祭具の発出地とされる奈良県桜井市の三輪山山麓の大神《おおみわ》神社も、室町時代の絵図には三輪山を背にした川合景観が明瞭に描かれる。また京都の糺《ただす》の森を擁する下鴨《しもがも》神社も川合空間にあり、奉斎神に関わる「山城国風土記」逸文の丹塗り矢伝承などから川が神の通路と見立てられていたことが分かる。川合が内包する祭祀聖地性の空間認知は、古代の神祭り世界に共有された感性であった。

このように出雲大社の古代的祭祀環境は、中央政権の畿内からすれば列島の西北隅に位置する日本海上に開かれた要衝の潟湖の奥域、出雲領域からすればまたその西北隅に位置し弥生時代の磐座《いわくら》祭祀場に隣接する八雲山を背にした川合という祭祀聖地性を帯びた時空域であった。

国つ神の祭場

日本神話の神々構造は、中央政権中枢に関わる出自性の天つ神系と地方在地に関わる出自性の国つ神系に相対化される。その基本的思潮は、天つ神系と国つ神系の補完的な共存協同にある。そこで、『日本書紀』斉明天皇五年（六五九）の出雲国造に命じた「神の宮」である。書紀において歴史的に明確な「神の宮」造営記録はこの事例のみだが、その背景に考えられるのは天皇（王権）統治の正当性を担保する神話史脈の画期をなす「国譲り伝承」の存在性だ。同天皇紀には天つ神・国つ神思潮の反映が明瞭であり、記紀編纂《へんさん》に至るこの原伝承はすでに生成していたのであろう。「神の宮」は列島の東西相対軸の天つ神系の政権中枢（東）に対する地方（西）の国つ神系「国譲り神」の出雲大社を指示すると理解する。

そこで、興味深いのが初現期の滑石製祭具を出土する祭祀遺跡の歴史性の中で誕生した「神社」との相関だ。沖ノ島↓宗像《むなかた》大社、小滝涼源寺↓安房《あわ》神社は天つ神系、国つ神系は三輪山↓大神神社、そして出雲大社。これらに遅れて五世紀に入るとされる滑石製品出土の伊勢神宮や常陸《ひたち》の鹿島神宮を含めれば、天つ神系は政権中枢の伊勢および当時の政権勢力外に対向する要路地の神社であり、国つ神系は亦名《またのな》同神関係の大神神社と出雲大社である。後にみる歴史動向をどこまで遡及できるか問題だが、出雲大社の滑石製祭具出土の背景には、日本海岸要衝の地政性もあるが、内的な祭政構造的意味での国家経営上の拠点性格が濃厚のように思われる。

答えは地下に

出雲大社の滑石製玉類を含む川合の祭祀は、背後の八雲山を意識したものでもあろう。すると、『古事記』垂仁天皇条の本牟智和気御子《ほむちわけのみこ》伝承における「出雲之《いずもの》石硐之《いわくまの》曽宮《そのみや》」が気になる。説話性の濃い詞章だが、八雲山を神籬る「宮」と見立てた表現の可能性もあろう。同天皇は四世紀後半との推論もあり、滑石製祭具使用の祭祀はカンナビの三輪山的な祭祀形態だったかもしれない。近年、出雲大社の出雲国造による祭祀の画期を六世紀の欽明天皇期にみる学説がある。四世紀後半の滑石製品祭祀から六・七世紀へとどのような祭祀展開があったのか課題だが、如上の四世紀後半以来の祭祀聖地性の歴史伝統の上に、「出雲大社」が生成したのであろう。その課題への情報は、未《いま》だ境内地下に秘されている。

もっと知りたい人のための参考文献

「新版［古代の日本］」（角川書店・一九九一〜九三）は、『第1巻　古代史総論』から『第10巻　古代資料研究の方法』まで全10巻シリーズ。出雲・吉備・伊予に関連するのは、坪井清足・平野邦雄監修『第4巻　中国・四国』。古代史の到達点の現状と展望を探る。

「街道の日本史」シリーズ、全56冊（吉川弘文館・二〇〇〇〜〇六）。街道沿いの地域にまつわる伝統・伝説・文化・生活・歴史を都道府県別に解説。『鳥取・米子と隠岐』・『出雲と石見銀山街道』・『吉備と山陽道』など、37・38・40〜47巻までが中国・四国の関連書となっている。

シリーズ「遺跡を学ぶ」（新泉社）は、二〇〇四年から150冊以上も刊行されている人気シリーズ。福本明『吉備の弥生大首長墓・楯築弥生墳丘墓』、田中義昭『古代出雲の原像をさぐる・加茂岩倉遺跡』、西田和浩『吉備の超巨大古墳・造山古墳群』、渡辺貞幸『出雲王と四隅突出型墳丘墓・西谷墳墓群』、中原斉『よみがえる金堂壁画・上淀廃寺』、橋本雄一『斉明天皇の石湯行宮か・久米官衙遺跡群』などがある。「遺跡には感動がある！」がキャッチフレーズで、豊富な図版と分かりやすい解説に定評がある。

「歴史散歩」シリーズ（山川出版社・二〇〇五〜一四）。史跡・文化財を訪ね歩く都道府県別のガイドブック。本文は2〜4色刷で携帯に便利。地域や史跡の見どころが一目でわかるキャッチフレーズなど、役立つ情報を数多く収録。

シリーズ「日本の遺跡」（同成社）は、二〇〇五年から51冊刊行されている。『両宮山古墳』『荒神谷遺跡』など。

「列島の古代史　ひと・もの・こと」（岩波書店・二〇〇五〜〇六）は、『1　古代史の舞台』『2　暮らしと生業』など全8巻シリーズ。上原真人・白石太一郎・吉川真司・吉村武彦編。

シリーズ「日本古代史」（岩波新書・二〇一〇〜一一）は『農耕社会の成立』『ヤマト王権』『飛鳥の都』『平城京の時代』『平安京遷都』『摂関政治』の全6巻。古代史のスタンダードを知りたい人向けの新書シリーズ。中国・朝鮮半島との関係性がより密になる現在、最前線の研究者が描きだす、新鮮な古代史像は刺激に満ちている。

「日本古代の歴史」シリーズ（吉川弘文館・二〇一三〜一九）。佐藤信・佐々木恵介企画編集の全6巻シリーズ。『倭国のなりたち』『飛鳥と古代国家』『奈良の都と天平文化』『平安京の時代』『摂関政治と地方社会』『列島の古代』。政治の動きを軸に、外交・文化にわたる豊かな古代史像を提示している。

「シリーズ　古代史をひらく」（岩波書店・二〇一九～二一）。吉村武彦・吉川真司・川尻秋生編。『前方後円墳』『古代の都』『古代寺院』『渡来系移住民』『文字とことば』『国風文化』の全6巻シリーズ。巻末の座談会は読み応えあり。

『新版　古代史の基礎知識』（角川選書・二〇二〇）は、古代史の理解に必要な重要事項を配置。吉村武彦編。新聞紙上をにぎわしたトピックをはじめ、歴史学界で話題となっている論争も積極的に取り上げて平易に解説している。

「県史」シリーズ（山川出版社・一九六九～七四）・「新版　県史」シリーズ（山川出版社・二〇〇〇～一五）全47巻（旧版は47巻+別巻1）。各県の原始時代～現代までを網羅。巻末には詳細な年表・遺跡のリストだけではなく、各地の行事など民俗史的資料も豊富。中国・四国地方は31～39巻。

「岩波講座　日本歴史」シリーズ（岩波書店・二〇一三～一六）。原始・古代は全5巻。

『テーマで学ぶ日本古代史』（吉川弘文館・二〇二〇）。佐藤信監修／新古代史の会編。「社会・史料編」と「政治・外交編」がある。古代社会の全体像を、様々な論点から平易に解説する。

「同成社　古代史選書」シリーズ（同成社）。二〇〇八年から刊行されており、現在全四三冊。森田喜久男『古代王権と出雲』、大日方克己『古代山陰と東アジア』など。

「歴史文化ライブラリー」シリーズ（吉川弘文館）。大橋泰夫『出雲国誕生』、前田晴人『古代出雲』など。

瀧音能之『**古代の出雲事典**』（新人物往来社・二〇〇一）。出雲の伝承や遺跡を地域毎に解説。古代史の中で大きな存在である出雲を知るための一冊。

「自治体史」　岡山県・広島県・鳥取県・島根県・山口県・香川県・愛媛県・徳島県・高知県の各県と、岡山市・広島市・松山市をはじめとする各県・市などが編さんした自治体史は、それぞれの地域の歴史を知るのに便利。各自治体の図書館・博物館などに所蔵されている。

四隅突出型墳丘墓　よすみとっしゅつがたふんきゅうぼ

方形の本体の四隅がとびだした形に造られた弥生時代の墳丘墓の一形式である。弥生時代中期後葉（紀元前１～２世紀）に、広島県北部の中国山地から島根県および鳥取県西部の日本海沿岸にかけての地域で出現した。後期後半（紀元後１～２世紀）になると大型化し、西谷３号墓（島根県出雲市）や西桂見墓（鳥取市）など、一辺が40メートルを超えるものが出てくる。この頃には福井県から富山県までの北陸にも分布を拡げるが、中国地方の例と異なって貼石をもたない。埋葬施設は木棺が多く、西谷３号のような大型墓の中心埋葬には木槨が採用される場合がある。北陸の例も含め、日本海沿岸の有力首長の間に政治的な関係が結ばれたことの反映とみる見解が有力である。２世紀末から３世紀前半にかけては、突出部は幅を拡げつつ低くなり、近畿に古墳が出現する３世紀後半以降には突出部のない長方形墳に変化していったと考えられる。

（大日方克己・加藤友康・松木武彦）

置かれていたと推定される。円礫を中心とする墳丘の頂上は広く、木柱、掘立柱建物および今日でも現存する立石が設けられ、また特殊壺・特殊器台とよばれる祭祀用の大型土器が立てられていた。これらの土器が後の円筒埴輪の原型であることや、突出部をもって石を貼った大型墳丘、排水溝などの存在から、前方後円墳を主とする古墳の祖型と評価され、ひいてはヤマト王権が古墳祭祀を創出するときに吉備勢力が重要な役割を果たしたことの反映と考えられている。

造山古墳・作山古墳・両宮山古墳
つくりやまこふん・つくりやまこふん・りょうぐうざんこふん
古代吉備の中心部である岡山市（造山）、総社市（作山）、赤磐市（両宮山）に位置する巨大前方後円墳で、墳丘の長さがそれぞれ350メートル、280メートル（推定）、206メートル（推定）と考えられ、吉備三大巨墳とも称される。５世紀の前葉から中葉にかけて、造山、作山、両宮山の順に築造された。大王墓を含む百舌鳥《もず》古墳群や古市《ふるいち》古墳群のなかの巨大前方後円墳に比肩する規模をもつことから、中央に迫る地位と勢力をもった吉備の最高首長の墓として営まれたと考えられる。ただし、３基の規模は徐々に小さくなり、５世紀の後葉以降の吉備には大型古墳が築かれなくなる。その背後に、中央と吉備との関係が変質したことを読み取る見解が多い。なお、３基はいずれも立ち入って見学でき、それが不可能な近畿地方の陵墓の代わりに、巨大前方後円墳の威容を自由に体感することができる。

勾玉　まがたま
「C」字形に屈曲し、頭部の両側面を貫通する穿孔をもった玉。原形は、動物の牙、胎児など諸説があり、類似のものは世界に散見するが、縄文時代以来の日本列島でとくに顕著に発展し、弥生時代から古墳時代にかけ、丸みを帯びて大きく均整に屈曲する列島固有の形へと定型化した。弥生時代以降はガラスも含む各種鉱質その他で製作されるが、そののち３～４世紀の古墳時代前期にかけて透明感をもった緑色のヒスイ製勾玉が、両側面の穿孔から頭部にかけて３～４本の線を刻むなどの造形（丁字頭）を付加して珍重され、有力者の古墳の中心埋葬にしばしば副葬されるなど、権威の象徴として扱われた。古墳時代後半には碧玉や水晶など他の石材によって出雲などで多産され、普及した。

に大陸から受容した日本列島では、鉄器は利器に、青銅器は祭器に、それぞれ高い比重が置かれた。弥生時代には、朝鮮半島から伝播した当初の前期末～中期初頭（紀元前４世紀）に剣・矛・戈の実用武器３種と一部農工具に、主として後期（紀元後１～２世紀）に鏃に実用された以外、青銅器はもっぱら集団の儀礼具として列島独自の形に作られた。北部九州を中心に矛形と戈形、瀬戸内や山陰を中心に剣形（両地域で型式は異なる）、近畿や東海を中心に鐸形がそれぞれ発達する。鏡も、伝播当初からすでにあるが、まもなく北部九州に中国鏡が流入し、後期には列島内でも小型鏡の生産が始まる。中国鏡の流入は古墳時代にも続き、列島内でも大型鏡が作られるようになった。鏡は、個人の墓に副葬されることが大半で、古墳時代には面径の大小に応じた地位の象徴として盛行した。

たたら製鉄　たたらせいてつ

日本列島の古代から近世にかけて発展した製鉄法で、粘土製の炉に製鉄原料（砂鉄・鉄鉱石）と木炭を入れ、炉体の側面の孔から送風しつつ燃焼させ、炉底に生成された鉄を取り出す方法である。同時代の中国や朝鮮半島のものほど高さのない、多くは横長の箱形の炉で、古墳時代後期に当たる６世紀中ごろの吉備地域（現在の岡山県南部）に原形が現れた。その後さまざまな改良を経て平安時代以降には規格化が進み、近世には、防湿のための大がかりな地下構造の上に箱形の炉を設け、足踏み式の鞴《ふいご》（天秤鞴）を備えたものへと定型化した。

楯築墳丘墓　たてつきふんきゅうぼ

岡山県倉敷市にある弥生時代後期後半（紀元後２世紀後半）の墳丘墓。径49メートル前後、高さ約７～５メートルの歪んだ円形の墳丘本体のほぼ対向する位置に突出部が付き、長さは83メートルと推定される。斜面には石を貼り、大型の板石を斜めに立てている。埋葬施設は複数あるが、中心の埋葬は木槨（木棺を収めた木の外箱）・木棺で、排水溝をもち、棺底には水銀朱を厚く敷いて、鉄製の短剣１本と、ヒスイ製勾玉、メノウ製棗玉《なつめだま》、碧玉製管玉、ガラス製小玉などからなる多数の玉類を副葬していた。この木槨を埋め戻す過程で、各種の土器・土製品、鉄器、彫刻で文様を施した石（弧帯文石）が、多くは火を受けたり打ち割られたりした状態で廃棄され、最後にその上面に多量の円礫が重ねられた。現存する大型の弧帯文石は、そこにらかにされてきている。律令制下には、国司館では国司による宴も開かれ国司・郡司が交歓することも行なわれていた。しかし、国司が受領化し国司館（受領の館）が政務の場として機能するようになるのは、平安時代後期になってからのことである。

古代山城　こだいさんじょう

7世紀後半の北部九州から瀬戸内をへて近畿中央部に分布する山上の防御施設。『日本書紀』などの文献に記されたものを「朝鮮式山城」、記されていないものを「神籠石系山城」と呼び分けてきたが、その違いは必ずしも明確でなく、近年は総じて「古代山城」と総称される。山丘のほぼ全体を利用し、頂部を大きく取り巻くように土塁や石塁で囲繞して、それらが谷を横切る部分には水門を設ける。城門や角楼などの施設や、内部に掘立柱建物や鍛冶遺構などの構造物が確認された例もある。663年の白村江での敗戦を契機に、東アジアの国際的緊張に備えた王権の主導と百済などからの渡来系技術者などの指導によって、上記の各地に構築された防御施設と考えられている。

鋳銭司　じゅせんし

古代国家の銭貨鋳造を担った令外官で、7世紀末から11世紀初めまでその存在が知られる。持統天皇8年（694）に鋳銭司官人が任命され、文武天皇3年（699）に鋳銭司が設置された。史跡長門鋳銭所跡出土の天平2年（730）の木簡や「播磨国郡稲帳」から、天平初年の鋳銭司官人の活動が判明する。長門鋳銭司に先立って河内鋳銭司が見えるほか、長門鋳銭司が一時停止された間には岡田鋳銭司・田原鋳銭司も見える。長門鋳銭司は延暦9年（790）に復置されるが弘仁7年（816）再び廃止され、同9年には長門国司を改組する形で長門鋳銭使が設置された。天長2年（825）には長門鋳銭使を廃止し、新たに周防鋳銭司が置かれた。長官・次官・判官・主典・鋳銭師・造銭形師・史生・医師のほか、鋳手・造銭形生などの技術者も編成されており、長官は周防守が兼任する体制となった。周防鋳銭司では和同開珎以下の皇朝十二銭を鋳造し、年間鋳銭量は最も多い時期（9世紀中葉）で11,000貫文であった。

青銅器　せいどうき

銅と錫を主体とした合金で、型によって鋳造されるために鍛造の鉄器よりも多様かつ微細な造形が得られるが、利器としての強靭さにはひけをとる。そのため、鉄器とほぼ同時の北側にも５棟の建物群からなる回廊北方官衙が存在する。また遺跡の北西部には７世紀中葉頃の方１町規模の区画（８世紀前半に濠を設けて拡張、10世紀前半に濠は埋没）があり、内部には総柱の倉庫群が建てられている。その東側には政庁関連施設とみられる建物の存在も確認される。また「久米評」と刻書された須恵器の甕も出土しており、律令体制成立前後の地方官衙の様相を示す貴重な遺跡である。回廊状遺構の東側で重なるように創建され、金堂基壇跡が残る国指定史跡来住廃寺跡と合わせ、発掘調査の成果を受けて久米官衙遺跡群として追加指定及び名称変更された。

高地性集落　こうちせいしゅうらく

平地での農耕生活に適さない高地に営まれた集落。弥生時代の中期後半（紀元前１～２世紀）から後期（紀元後１～２世紀）にかけて顕著に認められる。比高差数100メートルの高い山頂や尾根上にあるものから、数10メートルの低い丘陵上や斜面のものまで、立地は多様である。前者については、防御や通信など武力抗争を背景とした軍事的役割がかつては想定されていたが、その後は交通路の見張りや交易活動そのものの場とみなすなど、地域の経済活動と関連づけて理解されることが多くなった。後者については、畑作や森林資源との関わりなど、水田以外の多様な生業と結びつける考えが有力である。もとより前者と後者の間に明瞭な境界はなく、遺跡ごとに想定される性格は多様であることから、ときに複数の役割を帯びつつ、弥生時代後半の社会統合に伴う地域社会の対応として現れた居住形態の一種とみるのが穏当であろう。

国庁・国司館　こくちょう・こくしかん

律令制下、諸国の国府を構成する施設で、国庁は国司が政務を執り儀式を行なう中心施設、国司館は国司の任期中の居住施設である。発掘調査の結果では、国庁の建物の大きさや国庁域の広さは国ごとに異なるが、国庁域の建物は南面する正殿、その前面に南北棟の脇殿が広場を囲む形で東西に配置されている。このような定型化した構造をもつ国庁は８世紀第２四半期を中心に諸国で出現するが、７世紀末から８世紀初頭に遡る遺構も複数の国で発掘によって確認され初期国庁の姿も明らかになりつつある。国司館は、国庁やその周囲に設けられた役所群からなる国衙とは異なった場所に設けられ、国府域内で移転したことも発掘調査で明すことが多い。高天原を追放されたスサノオが、出雲の簸（肥）の川上に降り立つ。ヤマタノオロチを退治して、クシナダヒメと結婚し須賀に宮を営んだ。ヤマタノオロチの体内から発見した剣は天照大神に献上され草薙剣となる。その後、スサノオの子孫大国主神（オオナムチ）が国造りをし、葦原中国の支配者となるが、天孫に国譲りし身を隠す、などというものである。これに対して『出雲国風土記』が出雲在来の神話であり、『古事記』『日本書紀』とあわせて二つの出雲神話があるとする見方もある。中世には、たとえば杵築大社のある島根半島は、スサノオが海を漂う仏教聖地霊鷲山《りようじゆせん》の一部を引いてきたものだとするような、日本書紀神話を解釈し仏教的要素をもって展開する出雲神話が語られた。また『雲州樋河上天淵記《うんしゆうひのかわかみあまがふちのき》』などが、具体的に場所を特定してヤマタノオロチ神話を記すように、さまざまな出雲神話が作られていった。

『出雲国風土記』　いずものくにふどき

常陸《ひたち》・播磨《はりま》・豊後《ぶんご》・肥前《ひぜん》とともにまとまって現存する5つの古風土記の一つ。和銅6年（713）5月の詔を受けて、天平5年（733）2月30日付、国造・意宇郡大領出雲臣広島の名で撰進された。5つの風土記のなかでは最も完本に近いが、島根郡の一部に脱落がある。17世紀後半、松江藩士岸崎佐久次時照の『出雲風土記抄』が脱落部分を補訂しているが、その根拠は不明。また諸写本間で字句の異同が少なからずあり、テキストの確定が難しい。現存最古の写本は、慶長2年（1597）に細川幽斎が徳川家康の本を書写したもの（細川家本）。内容は、郡ごとに、郷とその名称の由来、寺院・神社、山、川、島、動植物などを記し、最後に出雲国全体の道路、軍団、烽《とぶひ》などを記している。地名由来の多くは神にかかわって説明される。有名な「国引詞章」は、意宇郡の名称の由来として記されている。交通や軍事的施設などの記述は、天平4～6年に設置されていた節度使と関係するという見方もある。

久米官衙遺跡　くめかんがいせき

久米官衙遺跡は、松山市東部の来住台地に立地する古代の官衙関連遺跡で、官衙政庁施設、回廊状遺構、正倉院が区画性をもって造営されている。回廊状遺構は7世紀半ば頃の方1町（一辺約109メートル）規模で、南辺中央には八脚門が取り付いている。内部には柵や正殿的な大型建物が建てられている。回廊状遺構

キーワード解説

出雲大社　いずもたいしゃ／いずもおおやしろ

島根県出雲市大社町杵築東に鎮座する。現在、正式には「いずもおおやしろ」であるが、明治4年（1871）の改称以前は、杵築大社、杵築社などともいった。『出雲国風土記』や『延喜式』巻10神名（神名帳）では「杵築大社」とみえる。『出雲国風土記』では、出雲郡杵築郷の名称は、諸皇神が集まって所造天下大神（大国主神）の宮を寸付いた（きづいた）ことに由来すると記し、所造天下大神を祭る宮として杵築大社がつくられたことを示している。創建時期には諸説あるが、『日本書紀』『古事記』の神話と密接にかかわって、大国主神（オオナムチ）を祭る神社として成立した。神殿は大規模なものだったと考えられているが、鎌倉中期以降、規模が縮小されて「仮殿式」と称される造営になった。またスサノオを主祭神とし、神仏習合も進むなど、中世には大きく変化した。近世前期、寛文7年（1667）の正殿造営を機に、神仏分離と主祭神の大国主神への復帰などが行われ、現代につながる形ができた。

出雲国造　いずものくにのみやつこ／いずもこくぞう

「こくそう」とも呼ぶ。令制以前の国造の系譜を引くと考えられているが、制度的には、律令制下に太政官で任命される地位として成立し、出雲臣氏から任命された。出雲国造系譜が何種類か伝わっているが、『続日本紀』などの史料からも確実なところは8世紀初頭の出雲臣果安以降である。代々の出雲国造は、杵築大社の祭祀を掌るとともに、朝廷に赴いて天皇に対して神賀詞奏上を行った。8世紀には意宇郡領を兼任し、政治的にも大きな力を持っていたが、9世紀に入って意宇郡領兼任を解かれたこともあって、本拠を意宇郡から杵築に移し、杵築大社の祭祀に専念するようになった。平安後期以降、国造職や杵築大社の各種神職をめぐって出雲氏一族の内紛、抗争が起き、その地位は必ずしも安定していなかった。14世紀以降、千家家と北島家に分れ、国造を継承するようになった。

出雲神話　いずもしんわ

一般的には『古事記』『日本書紀』にみえる出雲を舞台とした神話を指

◇高松市歴史資料館
香川県高松市昭和町 1-2-20
TEL：087-861-4520

◇香川県立ミュージアム
香川県高松市玉藻町 5-5
TEL：087-822-0002

◇さぬき市歴史民俗資料館
香川県さぬき市大川町富田中 3286
（みろく自然公園内）
TEL：0879-43-6401

【愛媛県】
◇愛媛県歴史文化博物館
愛媛県西予市宇和町卯之町 4-11-2
TEL：0894-62-6222

◇松山市考古館
愛媛県松山市南斎院町乙 67-6
TEL：089-923-8777

◇今治市朝倉ふるさと美術古墳館
愛媛県今治市朝倉下甲 898
TEL：0898-56-3754

◇西条市考古歴史館
愛媛県西条市福武乙 27-6
TEL：0897-55-0419

◇四国中央市歴史考古博物館―高原ミュージアム―
愛媛県四国中央市川之江町 2217-83
TEL：0896-28-6260

【高知県】
◇高知県立埋蔵文化財センター
高知県南国市篠原 1437-1
TEL：088-864-0671

◇高知県立歴史民俗資料館
高知県南国市岡豊町八幡 1099-1
TEL：088-862-2211

TEL：086-955-0710

◇総社市埋蔵文化財学習の館
岡山県総社市南溝手 265-3
TEL：0866-93-8071

◇吉備考古館
岡山県総社市地頭片山 183
TEL：0866-92-1521
（要事前予約）

◇津山弥生の里文化財センター
岡山県津山市沼 600-1
TEL：0868-24-8413

◇笠岡市立郷土館
岡山県笠岡市笠岡 5628-10
TEL：0865-63-7600

【広島県】
◇ふくやま草戸千軒ミュージアム（広島県立歴史博物館）
広島県福山市西町 2-4-1
TEL：084-931-2513

◇みよし風土記の丘ミュージアム（広島県立歴史民俗資料館）
広島県三次市小田幸町 122
TEL：0824-66-2881

◇府中市歴史民俗資料館
広島県府中市土生町 882-2
TEL：0847-43-4646

【山口県】
◇山口県立山口博物館
山口県山口市春日町 8-2
TEL：083-922-0294

◇下関市立考古博物館
山口県下関市大字綾羅木字岡 454
TEL：083-254-3061

◇土井ヶ浜遺跡・人類学ミュージアム
山口県下関市豊北町神田上 891-8
TEL：083-788-1841

【徳島県】
◇徳島県立博物館
徳島県徳島市八万町向寺山（文化の森総合公園）
TEL：088-668-3636

◇徳島市立考古資料館
徳島県徳島市国府町西矢野字奥谷 10-1
TEL：088-637-2526

【香川県】
◇讃岐国分寺跡資料館
香川県高松市国分寺町国分 2177-1
TEL：087-874-8840

出雲・吉備・伊予の古代史関係施設（2022年5月末現在）

【鳥取県】

◇鳥取県立博物館
鳥取県鳥取市東町2-124
TEL：0857-26-8042

◇鳥取市歴史博物館　やまびこ館
鳥取県鳥取市上町88
TEL：0857-23-2140

◇鳥取市青谷上寺地遺跡展示館
鳥取県鳥取市青谷町青谷4064
TEL：0857-85-0841

◇倉吉博物館／倉吉歴史民俗資料館
鳥取県倉吉市仲ノ町3445-8
TEL：0858-22-4409

◇上淀白鳳の丘展示館
鳥取県米子市淀江町福岡977-2
TEL：0859-56-2271

【島根県】

◇島根県立古代出雲歴史博物館
島根県出雲市大社町杵築東99-4
（出雲大社東隣）
TEL：0853-53-8600

◇出雲弥生の森博物館
島根県出雲市大津町2760
TEL：0853-25-1841

◇荒神谷博物館
島根県出雲市斐川町神庭873-8
TEL：0853-72-9044

◇島根県立八雲立つ風土記の丘
島根県松江市大庭町456
TEL：0852-23-2485

【岡山県】

◇岡山県立博物館
岡山県岡山市北区後楽園1-5
TEL：086-272-1149

◇岡山県古代吉備文化財センター
岡山県岡山市北区西花尻1325-3
TEL：086-293-3211

◇岡山市埋蔵文化財センター
岡山県岡山市中区網浜834-1
TEL：086-270-5066

◇倉敷考古館
岡山県倉敷市中央1-3-13
TEL：086-422-1542

◇赤磐市山陽郷土資料館
岡山県赤磐市下市337

山代郷正倉（意宇郡山代郷正倉）
千酌
黒田
野城
相見
奈和（和奈）
清水
青谷横木
気多郡衙（上原遺跡群）
因幡国府
因幡国分寺
狭結
宍道
杉沢遺跡
出雲国分寺
出雲国府
出雲国一宮（熊野坐大社）
伯耆
大山
勿賀
松原
柏尾
敷見
佐尉
山埼
岩井廃寺
土師百井廃寺
八上郡衙（万代寺遺跡）
因幡
出雲
烏帽子山
門郡衙
（古志本郷遺跡）
伯耆国分寺
伯耆国府
美作
久米郡衙（宮尾遺跡）
美作国府
美作国分寺
勝田郡衙（勝間田・平遺跡）
三室山
英賀郡衙（小殿遺跡）
者度（看度）
備後
備中
備中国分寺
備後国分寺
鬼ノ城
備前
珂磨
和気郡衙
品治
後月
備中国府
津高
高月
坂長
備後国府
安那
小田
河辺
津峴
吉備津
熊山遺跡
備前国分寺
大廻小廻山城
宮の前廃寺
備前国府
燧灘
屋島城
播磨灘
予国府
予国分寺
納山城
城山城
三谿
大岡
甕井
讃岐
河内
讃岐国分寺
讃岐国府
松本
柞田
引田
竜王山
郡頭
石隈
新居
近井
山背
丹治川
阿波国分寺
阿波国府
剣山
阿波
吾椅
比江廃寺
頭駅
土佐国府
土佐国分寺
土佐湾
国府
官衙（郡衙含む）
国分寺
一宮
延喜式の駅路及び駅
延喜式以外の主要路
主要港津
主要祭祀遺跡
寺院
山城
0
50km
N

中国・四国古代史図　古代
出雲郡衙正倉(後谷遺跡
出雲郡衙(青木遺跡
杵築大社
隠岐国府
石見国分寺跡
石見国府
伊甘
江西
江東
樟道
託農
波祢
三瓶
石見
阿佐山
参美
埴田
由宇
三隅
阿武
宅佐
小川
意福
長門
鹿野
冠山
三次郡衙(下本谷遺跡)
安芸
宅賀
埴生
阿津
長門国分寺
長門鋳銭司
臨門
長門国府
厚狭
阿潭
賀宝
周防鋳銭司
八千
周防国分寺
周防国府
勝間
平野
周防
生屋
野口
石国
遠管
濃唹
種箆
大町
伴部
安芸
大山
安芸国分寺
鹿附
都宇
荒山
安芸国府
木綿
周防
石城山城
周防灘
安芸灘
伊予灘
越智
周敷
久米官衙遺跡群(久米郡衙)
石鎚山
伊予
明神山
土佐
備中
備前
鬼ノ城
高月
箭田廃寺跡
津寺遺跡
坂長
珂磨
和気郡衙
河辺
津峴
津高
吉備津
備前国分寺
大廻小廻山城
備中国分寺
備中国府
備前国府
賞田廃寺跡
屋島城

佐太講武貝塚
山持遺跡
山代二子塚古墳
山代方墳
田和山遺跡
石屋古墳
荒神谷遺跡
谷墳墓群
岡田山古墳
仲仙寺墳丘墓群
青木遺跡
殿山古墳
向山古墳群
阿弥大寺遺跡
馬の山古墳群
青谷上寺地遺跡
三明寺古墳
北山古墳
布勢古墳
梶山古墳
古郡家1号墳
鳥取
岡山
兵庫
大谷1号墳
中山茶臼山古墳
造山古墳
片山古墳
こうもり塚古墳
鳥取上高塚古墳
作山古墳
両宮山古墳
箭田大塚古墳
浦間茶臼山古墳
二子山古墳
津雲貝塚
門田貝塚
楯築墳丘墓
百間川原尾島遺跡
彦崎貝塚
網浜茶臼山古墳
喜兵衛島遺跡
播磨灘
紫雲出山遺跡
燧灘
快天山古墳
石清尾山古墳群
大野原古墳群
香川
富田茶臼山古墳
宇摩向山古墳
丹田古墳
カネガ谷遺跡
渋野丸山古墳
高知
徳島
奥谷南遺跡
土佐湾
● 旧石器時代の遺跡
○ 縄文時代の遺跡
△ 弥生時代の遺跡
▲ 古墳時代の遺跡
0
50km
N

『古代の日本4　中国・四国』角川書店、巻末地図に加筆・修正し作成（以下同）

中国・四国古代史図　旧石器〜古墳時代の主な遺跡
隠岐島
大念寺古墳
上塩冶築山古墳
島根
周布古墳
土井ヶ浜遺跡
山口
広島
綾羅木郷遺跡
三ツ城古墳
竹島御家老屋敷古墳
御年代古墳
周防灘
柳井茶臼山古墳
白鳥古墳
安芸灘
妙見山古墳
相ノ谷1号墳
文京遺跡
伊予灘
愛媛
上黒岩岩陰遺跡
茶臼嶽古墳
一丁圦古墳
津島遺跡
津寺遺跡
百間川原尾島遺跡
楯築墳丘墓
上東遺跡
門田貝塚
貝殻山遺跡
宿毛貝塚
香川

西暦	天皇・年号	記事
894	寛平6	遣唐使（大使菅原道真）の派遣を中止、以後停止
901	醍醐／延喜1	右大臣菅原道真を大宰権帥に左遷
902	2	延喜の荘園整理令
914	14	三善清行、意見封事十二箇条を奏上
935	朱雀／承平5	平将門の乱（〜天慶3（940））
939	天慶2	伊予前掾・藤原純友の乱（〜天慶4（941））
940	3	追捕山陽南海両道凶賊使小野好古を純友追討のため派遣
969	円融／安和2	安和の変
979		宋、中国を統一
988	一条／永延2	尾張国郡司・百姓ら、国司藤原元命の非法を訴える（「尾張国郡司百姓等解文」）
1017	後一条／寛仁1	道長太政大臣、頼通摂政になる
1028	長元1	平忠常の乱（〜長元4（1031））
1051	後冷泉／永承6	前九年の役（〜康平5（1062））
1083	白河／永保3	後三年の役（〜寛治1（1087））
1086	堀河／応徳3	白河上皇が院政を始める

西暦	天皇・年号	記事
733	天平5	『出雲国風土記』成立
740	12	藤原広嗣の乱／恭仁京遷都
741	13	国分寺・国分尼寺建立の詔
742	14	紫香楽宮を造営
743	15	墾田永年私財法を公布／盧舎那大仏造立を発願
744	16	難波に遷都（後期難波宮）
745	17	平城に還都
752	孝謙／天平勝宝4	東大寺大仏開眼供養
754	6	鑑真来日、東大寺に戒壇を設置し、聖武太上天皇らに授戒
756	8	聖武太上天皇遺品を東大寺に献納（正倉院のはじまり）
757	天平宝字1	『養老律令』を施行／橘奈良麻呂の乱
759	3	大伴家持、因幡国庁で元日朝賀の饗宴をおこなう
764	称徳8	恵美押勝（藤原仲麻呂）の乱
765	天平神護1	道鏡が太政大臣禅師となる
784	桓武／延暦3	長岡京遷都
792	11	軍団制を廃止、健児制が始まる
794	13	平安京遷都
798	17	出雲国造の意宇郡郡領との兼任を解く
805	24	藤原緒嗣と菅野真道に天下の徳政を相論させる／最澄帰国し天台宗を開く
806	平城／大同1	空海帰国し真言宗を開く
810	嵯峨／弘仁1	蔵人所を設置、藤原冬嗣・巨勢野足を長官に任命／藤原薬子の変（平城太上天皇の変）
818	9	長門国司を鋳銭使に改組
825	淳和／天長2	長門鋳銭使を廃止し国司を復置、周防国に鋳銭司を新設
833	仁明／天長10	出雲国造、神賀詞を奏上（正史における最後）
842	承和9	承和の変
858	清和／天安2	藤原良房が事実上の摂政に（正式な任命は貞観8(866)）
866	貞観8	応天門の変
887	宇多／仁和3	藤原基経が関白に

西暦	天皇・年号	記事
628		唐、中国統一
630	舒明 2	第 1 回遣唐使を派遣（大使犬上御田鍬）／舒明天皇、岡本宮に遷る
643	皇極 2	皇極天皇、飛鳥板蓋宮に遷る／蘇我入鹿、上宮王家を滅ぼす
645	4	中大兄皇子・中臣鎌足らが蘇我入鹿を暗殺、蘇我本宗家が滅亡（乙巳の変）
645	孝徳／大化 1	難波に遷都、これに伴い難波長柄豊碕宮（前期難波宮）を造営
646	2	「改新の詔」を公布
650	白雉 1	穴戸（長門）国が白雉を献上、改元
656	斉明 2	斉明天皇、後飛鳥岡本宮に遷る
663	天智 2	倭と百済軍、唐・新羅連合軍と白村江で戦い敗北
670	9	全国的な戸籍（庚午年籍）をつくる
672	天武 1	壬申の乱／飛鳥浄御原宮に遷都
684	13	八色の姓制定
689	持統 3	『浄御原令』施行
690	4	庚寅年籍をつくる
694	8	鋳銭司官人の任命／藤原京遷都
698	文武 2	因幡国・周芳（周防）国、銅鉱石を献上
699	3	鋳銭司の設置
700	4	丹波国、錫鉱石を献上
701	大宝 1	遣唐使を任命（粟田真人）／『大宝律令』制定
706	慶雲 3	出雲国造に意宇郡郡領を兼任させる
708	元明／和銅 1	催鋳銭司を設置／和同開珎を鋳造
710	3	平城京遷都
712	5	太安万侶『古事記』撰上
716	元正／霊亀 2	出雲国造、神賀詞を奏上（正史における初見）
718	養老 2	『養老律令』制定
720	4	舎人親王らが『日本書紀』を撰上
723	7	三世一身法制定
729	聖武／天平 1	長屋王の変
730	2	周防国産出の銅を長門鋳銭司に充てる

出雲・吉備・伊予　古代史年表

西暦	天皇・年号	記事
紀元前1200頃	縄文時代	朝鮮半島より水稲農耕文化が伝来
300	弥生時代	北部九州に環濠集落が出現し、以後西日本に広まる
221		秦、中国を統一
202		漢、中国を統一
紀元前後		倭は百余国に分かれ、一部の国は楽浪郡に朝貢（『漢書』）
57	後漢／中元 2	倭の奴国、後漢に朝貢し光武帝から「漢委奴国王」の金印を受ける（『後漢書』）
107	後漢／永初 1	倭国王帥升ら、後漢に朝貢し生口 160 人を献上（『後漢書』）
239	魏／景初 3	卑弥呼、魏に使者を派遣し「親魏倭王」の号を受ける（「魏志倭人伝」）
266	西晋／泰始 2	倭の女王（壱与か）、西晋に朝貢（『晋書』）
3C 末	古墳時代	前方後円墳が出現
471		埼玉県稲荷山古墳出土鉄剣銘「辛亥年七月中」
478	宋／昇明 2	倭国王武、宋から「使持節都督倭新羅任那加羅秦韓慕韓六国諸軍事安東大将軍倭王」の号を受ける（『宋書』）
5C 後半		熊本県江田船山古墳出大刀銘
5C 後半		雄略天皇、吉備下道臣前津屋を誅殺
527	継体 21	筑紫国造磐井の乱
538	宣化 3	仏教が日本に伝来（552 年説もあり）
585	敏達 14	蘇我馬子、仏法崇拝の許可を求める
587	用明 2	蘇我馬子・厩戸皇子（聖徳太子）ら、物部守屋を滅ぼす
589		隋、中国統一
592	崇峻 5	蘇我馬子、崇峻天皇を殺す
593	推古 1	厩戸皇子を摂政とする
603	11	推古天皇、小墾田宮に遷る／冠位十二階の制定
604	12	十七条憲法の制定
607	15	遣隋使を派遣（大使小野妹子）、「日出ずる処の天子…」の国書を持参
610	18	高句麗王から僧曇徴が派遣され、紙・墨などの製法を伝える

口絵作成＝山下武夫（クラップス）
図版作成＝村松明夫

■執筆者一覧　掲載順、＊は編者

松木武彦（まつぎ・たけひこ）＊

執筆者紹介は奥付参照。

村上恭通（むらかみ・やすゆき）

1962年生。愛媛大学アジア古代産業考古学研究センター長。考古学。『倭人と鉄の考古学』『古代国家成立過程と鉄器生産』（青木書店）など。

新納　泉（にいろ・いずみ）

1952年生。岡山大学名誉教授。日本考古学（古墳時代）、コンピュータ考古学、日欧鉄器時代比較研究。『鉄器時代のブリテン』（岡山大学文学部）など。

加藤友康（かとう・ともやす）

1948年生。東京大学名誉教授。日本古代史。『摂関政治と王朝文化』（編著、吉川弘文館）、『古代文書論―正倉院文書と木簡・漆紙文書』（共編、東京大学出版会）など。

大日方克己（おびなた・かつみ）

1957年生。島根大学法文学部教授。日本古代史。『古代国家と年中行事』（吉川弘文館）、『古代山陰と東アジア』（同成社）など。

亀田修一（かめだ・しゅういち）

1953年生。岡山理科大学名誉教授。考古学。『日韓古代瓦の研究』（吉川弘文館）、『吉備の古代寺院』（共著、吉備人出版）など。

千家和比古（せんげ・よしひこ）

1950年生。出雲大社権宮司。『古代を考える　出雲』（共著、吉川弘文館）、『出雲大社―日本の神祭りの源流』（共編、柊風舎）など。

吉村武彦（よしむら・たけひこ）
1945年生。明治大学名誉教授。日本古代史。『日本古代の社会と国家』（岩波書店）、『新版 古代天皇の誕生』（角川ソフィア文庫）など。

川尻秋生（かわじり・あきお）
1961年生。早稲田大学文学学術院教授。日本古代史。『古代東国史の基礎的研究』（塙書房）、『日本古代の格《きゃく》と資財帳』（吉川弘文館）など。

松木武彦（まつぎ・たけひこ）
1961年生。国立歴史民俗博物館教授・総合研究大学院大学教授。日本考古学。『古墳とはなにか――認知考古学からみる古代』（角川選書）、『人はなぜ戦うのか――考古学からみた戦争』（中公文庫）など。

角川選書 659

シリーズ 地域《ちいき》の古代日本《こだいにほん》
出雲《いずも》・吉備《きび》・伊予《いよ》
令和4年8月29日　初版発行

編　者　吉村武彦《よしむらたけひこ》・川尻秋生《かわじりあきお》・松木武彦《まつぎたけひこ》
発行者　青柳昌行
発　行　株式会社 KADOKAWA
東京都千代田区富士見 2-13-3　〒102-8177
電話 0570-002-301（ナビダイヤル）
装　丁　片岡忠彦　　帯デザイン　Zapp!
印刷所　横山印刷株式会社　　製本所　本間製本株式会社

ISBN978-4-04-703698-7 C0321

この書物を愛する人たちに

詩人科学者寺田寅彦は、銀座通りに林立する高層建築をたとえて「銀座アルプス」と呼んだ。
戦後日本の経済力は、どの都市にも「銀座アルプス」を造成した。
アルプスのなかに書店を求めて、立ち寄ると、高山植物が美しく花ひらくように、
書物が飾られている。

印刷技術の発達もあって、書物は美しく化粧され、通りすがりの人々の眼をひきつけている。
しかし、流行を追っての刊行物は、どれも類型的で、個性がない。
歴史という時間の厚みのなかで、流動する時代のすがたや、不易な生命をみつめてきた先輩たちの発言がある。
また静かに明日を語ろうとする現代人の科白がある。これらも、
銀座アルプスのお花畑のなかでは、雑草のようにまぎれ、人知れず開花するしかないのだろうか。
マス・セールの呼び声で、多量に売り出される書物群のなかにあって、
選ばれた時代の英知の書は、ささやかな「座」を占めることは不可能なのだろうか。
マス・セールの時勢に逆行する少数な刊行物であっても、この書物は耳を傾ける人々には、
飽くことなく語りつづけてくれるだろう。私はそういう書物をつぎつぎと発刊したい。
真に書物を愛する読者や、書店の人々の手で、こうした書物はどのように成育し、開花することだろうか。
私のひそかな祈りである。「一粒の麦もし死なずば」という言葉のように、
こうした書物を、銀座アルプスのお花畑のなかで、一雑草であらしめたくない。

一九六八年九月一日　　角川源義

新版 古代史の基礎知識

編 吉村武彦

歴史の流れを重視し、考古学や歴史学の最新研究成果を取り入れ、古代史の理解に必要な重要事項を配置。新聞紙上をにぎわしたトピックをはじめ、歴史学界で話題の論争も積極的に取り上げて平易に解説する。

643 ｜ 416頁

978-4-04-703672-7

国際交易の古代列島

田中史生

弥生時代以来、東アジア海域で広域的・重層的に行われた国際交易により、古代社会はどう変わったのか。その実態を、首長層の交易ネットワーク、海商の登場、国家の交易管理と唐物偏重の背景などから探る。

567 ｜ 256頁

978-4-04-703567-6

古墳とはなにか

認知考古学からみる古代

松木武彦

なぜ巨大古墳が現れ、衰退したのか。墳墓の分布やかたちの継承から首長層のヒエラルキーを論じてきた古墳時代の歴史を、人の心理と認識の仕方をよりどころとして新たに読み解く。認知考古学最前線の成果。

493 ｜ 256頁

978-4-04-703493-8

平城京誕生

吉村武彦・舘野和己・林部 均

飛鳥・藤原京から平城京へといたる国のあり方と宮都の造営を、律令国家の形成という「土法」と、鎮護国家仏教の庶民への信仰の広まりという「仏法」の二つの観点から描く。考古学と文献史学の成果を投入。

483 ｜ 232頁

978-4-04-703483-9

角川選書

遣唐使船の時代
時空を駆けた超人たち
遣唐使船再現シンポジウム　編

阿倍仲麻呂、吉備真備、最澄、空海、円仁そして鑑真。遣唐使船が行き交った古代の東アジア・ネットワークと、唐の文化を移入した遣唐使、留学僧らの超人的な活躍、その精華として結実した古代文化を描く。

479 | 240頁

978-4-04-703479-2

奇蹟の正倉院宝物
シルクロードの終着駅
米田雄介

五弦琵琶は、世界中で一つ正倉院にのみ実物が伝わる。螺鈿が施された美しい琵琶は、天平人の耳にどう響いたのか。聖武天皇遺愛の品から始まる数々の宝物の受容と展開の歴史を、その魅力とともに解き明かす。

478 | 218頁

978-4-04-703478-5

遣唐使の光芒
東アジアの歴史の使者
森　公章

古代国家形成に大きな影響をもたらした遣唐使。対等外交だったか、朝貢関係か、その対外認識や政策の実態など、遣唐使事業のすべてを検証し、将来された文物と思想、日本独自の文化受容のあり方を描く。

468 | 264頁

978-4-04-703468-6

風土記
日本人の感覚を読む
橋本雅之

七一三年の官命によって編纂された「風土記」。全国各地の産物や土地、神話などを記す古代の貴重な資料である。その地誌としての性格をふまえ「風土記」を読み解き、日本人に通底する心のありようを知る。

577 | 208頁

978-4-04-703582-9

日本の古代道路
道路は社会をどう変えたのか
近江俊秀

中央と地方とを結んだだけではなく、中央の文化を地方に伝え、地方と地方とを結ぶ役割を果たした古代の道路網。駅路廃絶後も地域社会に政治・経済・文化的な影響を及ぼした歴史を、最新成果から明らかにする。

548 | 256頁

978-4-04-703548-5

遣唐使　阿倍仲麻呂の夢
上野　誠

帝国・唐の重臣閣僚となった阿倍仲麻呂。その非凡な才は新生国家としての日本を体現する知そのものだった。仲麻呂の生涯を貫く夢と、残されたただ一首の歌「天の原」の謎を、日唐交流史を背景に鮮やかに描く。

530 | 272頁

978-4-04-703530-0

万葉集と日本人
読み継がれる千二百年の歴史
小川靖彦

八世紀末の成立から千二百年。紫式部、藤原定家、佐佐木信綱らが読んだそれぞれの時代の『万葉集』は、どのようなものだったのか。時代とともに変化する歌の読み方、解釈を追い、日本人の心の歴史をたどる。

539 | 256頁

978-4-04-703539-3

邪馬台国の考古学
魏志東夷伝が語る世界
東　潮

洛陽から方万里の外は、夷狄の世界とされた三世紀東アジア。現在の中国東北部、朝鮮半島など「東夷」の国々の考古学的な新知見と『魏志』の世界観から、邪馬台国論争に決着をつけ、倭国の新たな歴史像を描く。

503 | 256頁

978-4-04-703503-4

角川選書

装いの王朝文化

川村裕子

衣服は、いつの時代も、着用している人物の位や性格など、様々な情報を示してきた。『源氏物語』『枕草子』などの記述を手がかりに装束の記号性を読み解き、作品の新たな解釈と古典を読む楽しみを味わう！

573 | 192頁

978-4-04-703575-1

武士はなぜ歌を詠むか

鎌倉将軍から戦国大名まで

小川剛生

戦乱の中世、武士は熱心に和歌を詠み続けた。武家政権の発祥地・関東を中心に、鎌倉将軍宗尊親王、室町将軍足利尊氏、江戸城を築いた太田道灌、今川・武田・北条の大名を取り上げ、伝統の足跡をたどる。

572 | 296頁

978-4-04-703589-8

怪しいものたちの中世

本郷恵子

社会事業や公共事業を請け負った勧進聖、祈祷師や占い師、芸能者、ばくち打ちや山伏――。夢見る喜びや生きる意味を考える機会を与えた中世の宗教者の知られざる役割を、豊富な事例で解き明かす新しい中世史。

566 | 200頁

978-4-04-703566-9

古典歳時記

吉海直人

日本人は自然に寄り添い、時季を楽しんできた。旬の食べ物、花や野鳥、気候や年中行事……暮らしに根ざすテーマを厳選し、時事的な話題・歴史的な出来事を入り口に、四季折々の言葉の語源と意味を解き明かす。

606 | 224頁

978-4-04-703657-4